능력주의와 페미니즘

베스텐트 한국판 8호

WESTEND

능력주의와 MERITOCRACY AND FEMINISM 페미니즘

능력주의의
약속은
깨졌는가?

지금
페미니즘은
어디로 가는가?

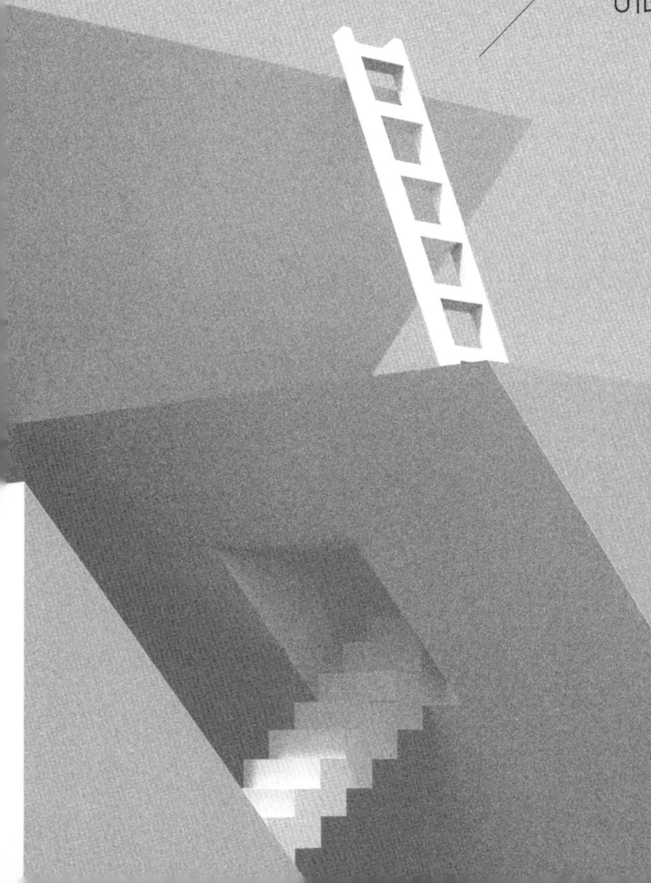

WestEnd
베스트엔트 한국판 8호

연구모임 사회비판과대안 엮음

차례

서문

현재 우리 사회는 한편으로 전대미문의 코로나19 위기 속에서 사회적 불평등과 격차가 급속히 심화되고 있으며, 다른 한편으로는 차기 유력 대권 주자부터 진보 정당 대표까지 성추행 사건으로 낙마하는 우울한 상황을 경험하기도 했다. 이러한 상황들을 고려한다면, 이번 베스텐트 한국판이 다루고 있는 주제들은 우리가 현재 직면하고 있는 문제들과 그야말로 직결되어 있는 것으로 보인다.

이번 베스텐트 한국판도 이전과 마찬가지로 크게 두 가지 주제 영역을 다루고 있다. 첫 번째 주제는 '사회적 계층 상승과 몰락'이라는 쟁점을 다루고 있으며, 두 번째 주제는 '디지털 페미니즘의 정치적 지형'을 다루고 있다. 현재 우리가 직면하고 있는 극심한 사회 양극화와 젠더 부정의의 만연 상황 등을 고려할 때, 이번 호는 독자들이 다양한 실천적 함의들을 풍부하게 발굴할 수 있는 각별한 기회를 제공할 것으로 기대된다.

먼저 '쟁점'에서는 점증하는 사회적 불평등이 구조화되면서 능력주의 원칙이 붕괴되고 사회적 계층 이동이 불가능해지는 상황에 대한 다각적 진단들이 시도되고 있다. 주로 독일 사회의 변화를 다루고 있지만 사실 불평등의 구조화와 계층 이동성의 저하는 한국 사회에서 오히려 더욱 극심하게 나타나고 있다. IMF 위기 이후 한국 사회 양극화는 가속화되어 왔으며, 특히 최근에는 코로나19 위기 속에서 그러한 경향이 더욱 확대되고 있기 때문이다.

최근에는 폭등한 부동산 가격으로 인해 청년들과 무주택자들의 좌절감도 심화되고 있다. 땀 흘려 일한 업적과 능력에 대한 보상이라고 할 수 있는 임금만을 모아서는 몸 누일 집 한 채를 구하는 것도 불가능해 보이는 세상이다. 어느 동네, 어떤 부모인가에 따라 자녀들이 가는 대학교가 달라지고, 부모의 도움이 없이는 신혼부부가 집 한 채를 구할 수도 없는 상황이다. 이런 상황에서 '개인의 능력과 공적에 따른 공정한 보상'을 내세우는 능력주의의 약속이라는 것이 도대체 무슨 의미가 있을까?

세습이나 상속이 아니라 개인의 능력과 업적에 따라서 사회적 지위가 결정된다는 믿음이야말로 근대 사회 일반을 지탱하는 중요한 규범적 원칙 중의 하나일 것이다. 이런 점에서 수저 계급론과 신(新)신분 사회의 도래가 운위되는 오늘날 한국 사회의 불평등 상황은 한국 사회의 지속 가능성 자체에 대한 근본적 도전으로 보인다.

'쟁점'의 글들이 능력주의 약속의 붕괴에 따른 인식과 문화의 변화, 행위 전략, 사례 분석 등을 풍부하게 제시하고 있기 때문에 오늘날 한국 사회 양극화를 고민하는 독자들에게도 많은 도움이 될 것으로 기대된다.

다음으로 이번 '한국판 특집'은 페미니즘이라는 주제를 디지털 공간을 중심으로 접근하는 새로운 시도들을 선보이고 있다. 최근 스마트폰과 SNS 확산 등으로 온라인 페미니즘, 디지털 페미니즘에 대한 논의가 확대되는 상황에서 현재 한국의 온라인 상황을 정면으로 다룬 현장감 높은 시도들이라고 할 수 있다.

2030 주도의 새로운 페미니즘은 저항의 대상, 방법, 전략 자체를 새롭게 구성하였으며, 이미 불법촬영물의 소지 및 시청에 대한 처벌 법안, 낙태죄 폐지 법안 등 가시적인 성과들을 산출할 만큼 우리 사회에 커다란 영향력을 행사하고 있다. 이런 상황 속에서 김보명의 글은 신자유주의적 불안이 소수자에 대한 혐오로 이어지는 정치적 지형에 대한 분석을, 김수아와 이예슬의 글은 여성 혐오를 정당화하는 신자유주의적 능력주의에 대한 분석을 구체적 사례들을 통해 현장감 있게 제시해주고 있다. 다음으로 추지현의 글은 여성을 피해자이자 보호의 대상으로만 규정해 온 기존 담론의 한계에 대한 분석을, 이현재의 글은 유리천장 부수기 담론이 신자유주의적 경쟁과 능력주의를 강화하는 역효과에 대한 분석을 제시한다.

위의 모든 저자들은 온라인 공간을 중심으로 하는 페미니즘에 대한 새로운 분석 작업을 넘어서 이를 신자유주의적 불안의 확산이라는 거시적 맥락과 연결시키고 기존 페미니즘 담론들이 젠더 정의를 구현하는 데서 가지는 한계들을 돌파하고자 하는 의지를 공유하고 있다. 이런 점에서 오늘날 한국 사회에서 젠더 정의 구현을 고민하는 독자들에게 풍부한 생각거리들을 던져줄 수 있을 것이다.

마지막 부록으로 게재된 조현준과 주디스 버틀러의 대담은 버틀러의 작업 전반에 대한 논의와 더불어 한국 내 페미니즘 상황에 대한 의견 교환도 담고 있다. 일반 독자는 물론 특별히 버틀러의 작업에 관심 있는 독자들에게는 매우 유익한 만남의 기회가 될 것이다.

김원식

베스텐트 한국판 편집자

1부

1부 쟁점 / 사회적 계층 상승과 몰락

사회적 계층 상승과 몰락

파트리크 자흐베

독일 사회에 대한 전통적 이해에 따르면 독일 사회는 보수적 사회학자 헬무트 셸스키의 규정처럼 "평준화된 중산층 사회"로서(Schelsky 1979), 대다수 사람에게 사회적 계층 상승을 위한 폭넓은 가능성이 존재했다. 물론 이러한 주장은 항상 논란의 대상이 되었지만, 독일의 사회질서에 대한 자화상처럼 여겨졌다. 영국 같은 곳에서는 항상 상업적 계급 구분이 공공연하게 인식되지만, 이와는 달리 독일에서는 오랫동안 현저한 계급 및 불평등 의식이 존재하지 않았다(Vietze 2017). 물론 1990년대부터 대중매체를 통해 사회적 불평등과 정의의 문제가 강력한 쟁점이 되었다. 하지만 2006년만 해도 당시 사회민주당 노동부 장관이었던 프란츠 뮌터페링은, 프리드리히 에버트 재단의 연구를 통해 확인되었던 독일에서의 계층 차이를 격렬하게 부정하면서 "계급 없는" 사회상의 효력을 강조하였다.

그러나 그동안 사정이 바뀐 것 같다. "계층 몰락 사회"라는 사회학적 시대진단이 여론의 반향을 얻는가 하면(Nachtwey 2016), 빈곤한 상태로부터의 계층 상승에 대한 자서전적인 이야기도 마찬가지였다(Eribon 2016; Vance 2017). 그리고 얼마 전부터 독일에서 일어난 경제적, 사회적 불평등의 증가와 함께 인간 불평등 문제에 대한 민감도도 높아진 것 같다. 사회적 계층 상승과 몰락이 공공 의식에 초점이 되었다는 것은 사회적 불평등의 형태 변화의 핵심 측면, 즉 퇴행적인 사회적 이동성과 점증하는 사회 구조의 침투 불가능성을 말해준다. 그리고 소득 분배의 양극화, 빈곤의 증가와 고착화, 미미해진 사회적 이동성은 독일 사회의 불평등 질서를 문제 삼게 한다. 또한 불안정한 고용 관계와 직업상 이력, 그리고 계층 보장 원칙에서 빈곤 퇴치, 자기 책임, 자활로 변화한 사회복지 국가적 안전망은 사회적 지위의 지속성을 약화시킨다.

사회적 침투성의 퇴행과 경제적 불평등의 상승이 함께 진행된다는 것은 결코 우연이 아니다. 캐나다 경제학자 마일스 코랙(Miles Corak)에 따르면, 자녀의 소득 기회에 대한 상속 가정의 영향력은 분배 불평등이 낮은 나라보다 높은 나라에서 더 크다. 즉 높은 불평등은 낮은 사회적 이동성을 동반한다는 것이다(Corak 2013).

분명 한 국가 내부에서도 불평등이 증가하면 이와 유사한 상황이 벌어질 수 있다. 소득과 자산 간의 괴리가 커지면 한 사회의 분배 구조만이 아니라 동기 부여 구조에도 영향을 미치기 때문이다. 경제적 불평등이 첨예화되면 자신의 지위나 자녀의 지위를 재생산하는 데 투자할 수 있는 금전적 수단이 상류 계층에서는 증대하지만, 이에 반해 중산층이나 하류 계층의 자원은 감소하거나 정체된다. 또한 이런 상황이라면 상류 계층이 잠재적으로 달성할 수 있는 수익 또한 증가한다. 따라서 상류 계층에서는 더 높은 수익을 차지하기 위해 문자 그대로 발돋움하려는 충동이 강해지지만, 이에 반해 이를 위한 금전적 수단이 충분하지 못한 계층에서는 잠재적으로 높은 수익, 그러나 거의 도달하기 어려운 높은 수익을 위해 실제로 노력하게 할 만한 자극이 존재하지 않는다. 아마도 사람들은 비록 "신 포도"라 할지라도 실제로 도달 가능한 것처럼 보이는 것에 만족할 것이다.

이렇게 사회 구조가 침투 불가능해진다면, 사회적 불평등에 대한 상징적, 규범적 질서 역시 문제가 된다. 개인이 사회적 상속 절차가 아니라 자신이 이룬 업적에 따라 사회적 지위를 획득한다는 생각은 근대 사회에 특징적인 것이다(Parsons 1996). 모든 사회 구성원은 원칙적으로 자신의 인생에서나 세대교체 과정에서 사회적 계층 상승이 이뤄질 수도 있고 몰락할 수도 있다. 그러나 사회적 상황이 경직되고 사회적 계층 사이에 새로운 장벽이 형성되면, 개인적 업적과 노력을 자극하는 상승 욕구가 붕괴할 위험이 있다. 이렇게 되면 불평등을 정당화하는 규범인 업적 원칙 역시 문제가 된다. 업적이 인간에게 지위와 자원을 배분하는 기본 원칙으로서의 중요성을 상실하게 되면, 근대 사회의 업적주의적(meritokratisch) 자기 이해가 침식된다. 많은 사람은 프리드리히 A. 하이에크처럼 "공적과 성공 사이에는 아무런 필연적인 연관성도 존재하지 않는다"는 사실을 인정하면서 실제로 잘못된 환상으로부터 벗어나길 원한다(Hayek 2005: 126). 그러나 사회심리학이 우리에게 가르쳐주고 있듯이 인간이 자신의 행위 능력을 유지하기 위해서는 누구나 자신이 공헌한 바를 얻게 된다는 정의로운 사회에 대한 믿음이 필요하다(Lerner 1980). 따라서 사회적 침투 불가능성이 점증하는 상황에서 집단적 도덕에 대한 문제만이 아니라, 불평등한 사회질서를 정당화하는 포괄적인 도식에 대한 문제 역시 제기된다.

"사회적 계층 상승과 몰락"이라는 쟁점은 이러한 포괄적인 주제에 대한 논문들을 엮은 것이다. 자흐베(Sachweh), 렌츠(Lenz), 슈타머(Sthamer)의 논문은 다양한 관점에서 그리고 상이한 강조점 하에서 사회적 계층 상승 조건이 어떻게 주관적으로 지각되고 해석되는지를 탐구한다. 시크(Schiek)와 울리히(Ullrich), 샤트(Schad)와 부르찬(Burzan)은 하류 계층이나 중산층 사람들이 자신의 지위를 개선하고, 유지하고, 보장하고, 재생산하기 위해 어떻게 노력하고 있고, 이런 노력이 무엇 때문에 실패할 수 있는지를 탐구한다. 네켈(Neckel)은 불평등 구조의 재형태화로부터 어떤 새로운 사회적 경계설정과 배제의 유형이 등장하는지를 탐구한다. 포스빙켈(Voswinkel)은 지위 상승 동기를 "암묵적 인간학"으로서 사회학적 연구에 도입하는 것이 얼마나 이론적으로 정당한지를 탐구한다. 그리고 이 논문들을 종합해본다면, 오늘날 침투 불가능해지는 사회구조에 대한 사회적 자기 이해가 무엇인지를 밝히고, 사회적 불평등에 대한 상징적, 규범적 질서가 무엇인지도 추론해볼 수 있을 것이다.

번역_문성훈

참고문헌

Corak, Miles 2013: Income Inequality, Equality of Opportunity, and Intergenerational Mobility, in: Journal of Economic Perspectives 27. 3, 79–102.

Eribon, Didier 2016 [2009]: Rückkehr nach Reims. Übers. von Tobias Haberkorn. Berlin: Suhrkamp.

Hayek, Friedrich A. von 2005 [1971]: Die Verfassung der Freiheit, in: Gesammelte Schriften in deutscher Sprache. Abt. B, Band 3. Tübingen: Mohr Siebeck.

Lerner, Melvin J. 1980: The Belief in a Just World. A Fundamental Delusion. New York: Plenum Press.

Nachtwey, Oliver 2016: Die Abstiegsgesellschaft. Über das Aufbegehren in der regressiven Moderne. Berlin: Suhrkamp.

Parsons, Talcott 1996 [1972]: Das System moderner Gesellschaften. Übers. von Hans-Werner Franz. Weinheim: Juventa.

Schelsky, Helmut 1979 [1953]: Die Bedeutung des Schichtungsbegriffs für die Analyse der gegenwärtigen deutschen Gesellschaft, in: ders.: Auf der Suche nach Wirklichkeit. Gesammelte Aufsätze. München: Goldmann, 326–332.

Vance, J. D. 2017 [2016]: Hillbilly Elegie. Die Geschichte meiner Familie und einer Gesellschaft in der Krise. Übers. von Gregor Hens. Berlin: Ullstein.

Vietze, Florian 2017: Jenseits von Stand und Klasse? Die Problematisierung »neuer« und »alter« Ungleichheiten im medialen Gerechtigkeitsdiskurs seit 1946 – Eine Deutungsmusteranalyse, in: Soziale Probleme 28. 1, 3–23.

능력주의 약속의 붕괴?
불평등 증가 추세 속의 주관적 계층 상승 인식

파트리크 자흐베, 자라 렌츠, 에벨린 슈타머

능력주의로 상징되는 근현대 사회

어떤 집단 출신이든 자신의 노력에 따라 계층 상승을 할 수 있다는 약속은 근현대 사회를 지탱해주는 버팀목이다. 성과에 기초한 지위 획득("성취")이 출신이나 출생("귀속")에 기초한 전근대적 지위 귀속으로부터 근본적으로 구별되기 때문이다(Parsons 1996). 그것은 원칙적으로 근대적 사회질서의 사회적 투명성을 보장하며, 개인 생애 내에서뿐만 아니라 세대 간에도 상하 방향의 사회적 이동성이 가능해야 한다. 그렇게 근현대 사회에서는 능력주의 규범이 당연시된다.

그러나 지난 수년간 진행된 사회적 불평등 형세의 변화—"재봉건화"(Forst 2005: 24; Neckel 2013 참조)라는 시대진단적 표현을 부여받은—로 인해, 이런 능력주의의 자명성에 의문이 제기되고 있다. 물질적 측면에서 소득 및 재산 불평등의 증가, 빈곤의 고착화 및 역진적인 사회 이동성은 사회적 위치들 사이에 구조적 경화가 일어나 그 위치들 사이의 이동이 점점 더 어려워지고 있음을 말해준다. 이런 배경 속에서, 이 논문에서는 사회적 지위 상승에 대한 일반인의 경험과 인식을 조사했다. 그리하여 우선 양적 설문 조사 자료에 기초하여 지난 40년간 계층 상승이 어떻게 경험되었는지, 그리고 주관적 경험의 수준에서 귀속적 특성이 더 중요해졌다고 보는지에 대해 분석한다. 다음으로는 여러 계층과의 집단토의 자료에 기초하여 귀속적 특성—특히 사회적 출신—이 어느 정도로 중요하다고 인지되는지를 살펴보고, 그런 인식과 성취적 특성의 중요성에 대한 인식을 비교한다.

이런 경험적 분석에 앞서서, 먼저 최근 독일의 불평등과 이동성 추이 및 그것이 계층 상승에 대한 일반인의 인식에 주는 함의에 대해 간단히 살펴본다. 이어서 자료 및 분석방법을 기술하고 경험 분석의 결과를 제시한다. 끝으로 분석 결과로부터 근현대 사회에서 능력주의의 자명성 문제로 논의를 옮겨 결론을 맺는다.

귀속성의 귀환?
사회 변동 속의 불평등 및 사회 이동성

"평준화한 중간층 사회"라는 테제를 통해 헬무트 셸스키는 사회 이동성, 즉 계층 상승이나 계층 하락 속에서, "사회계층 자체의 의미 축소"(Schelsky 1979: 328)가 핵심적인 현상이라고 지적했다. 반면, 현재는 독일 사회의 사회적 투명성—과 함께 능력주의적 사회질서의 이상—을 명백히 의심토록 하는 사회 불평등의 형태 변화가 진행되고 있다.

이 변화는 2000년대 이래 최소한 정체된, 또 부분적으로는 축소된 중하층의 실질소득에서 나타난다. 반면에 실질소득 성장의 혜택은 상위 소득 집단에게만 돌아갔다(Stein 2014 참조). 사적 재산 역시 소수에게 집중되어, 상위 10%가 전체 재산의 약 58%를 소유하고, 하위 50%는 0.1%만을 소유한다(Destatis und WZB 2016 참조). 금융자원 역시 점점 상층에 쌓여서, 그들의 지위 재생산과 그들 자녀에 대한 투자에 사용되고 있다.

이와 함께 빈곤율이 증가하고 빈곤 상황이 일생에 걸쳐 고착화한다. 빈민이 가난에서 벗어날 가능성은 확연히 줄고 있다(Groh-Samberg 2014: 313; BMAS 2016 참조). 그리하여 단순 노동자나 숙련 노동자의 경우 중상층 계급보다 빈곤 지속의 위험이 더 클 뿐만 아니라, 시간이 지나면서 또 계속 증가한다(Groh-Samberg 2004 참조). 특히 세대 간 이동성의 측면에서 볼 때, 가난한 부모를 둔 아동이 부모보다 더 높은 소득 지위로 이동할 가능성은 거의 없고, 그들 중 거의 절반은 초기 청년기를 불안정한 지위에서 보낸다(Groh-Samberg 2014: 314; Groh-Samberg und Voges 2014 참조).

이런 추세와 함께 마지막으로, 젊은 층으로 올수록 세대 간 직업 계급의 이동성이 악화하고 있다. 라인하르트 폴라크는 사회적 출신이 직업 계급의 성취에 미치는 영향이 1970년대생 코호트부터 계속 증가했음을 확인했다(Pollak 2010: 29-31; IAW 2016 참조). 중하층 직업 계급에서 상층 직업 계급으로 세대 간 이동이 일어날 가능성이 점점 없어지는 데 반해서(IAW 2016: 210), 상위 직업 계급에서 세대 내 계층 하락이 일어날 가능성은 증가한다(Groh-Samberg und Hertel 2015: 29).

이런 연구 결과는 사람들의 삶의 기회에 있어서 귀속적 특성이 갖는 의미가 점점 더 커짐을 보여준다.[1] 계층에 따른 "폐쇄"와 사회적 위치의 "고착"이 강화하면서, 독일 사회의 불평등 질서는 불투명해지는 것처럼 보인다(Mau 2015; Neckel 2012). 이런 추세가 사람들의 계층 상승 인식에 어떤 영향을 주는가? 이런 조건에서 근면이나 교육과 같은 성취 관련 특성에 대해 사람들은 어떻게 생각하는가? 사람들이 사회를 불투명한 것으로 체험하면서, 귀속적 요인들에 더 큰 의미를 부여하게 되었는가? 독일 정부의 제5차 빈부 보고서를 위해 수행된 이동성 인식 연구를 보면, 어느 집단에 속하든 계층 상승을 위해 가장 중요한 것으로 능력, 근면, 본인의 교육수준 등 개인적 요인을 꼽았다(IAW 2016: 222). 실업자나 노동자, 이민자 등 불이익을 당하는 집단에서도 예외가 아니다. 물론 특권층에 비해 이들은 사회적 출신을 중요한 요인으로 꼽는 경향이 컸다(같은 곳). 그러나 해당 연구가 횡단 연구인 만큼, 불평등 증가와 함께 귀속적 또는 성취적 특성과 관련된 주관적 인식이 변화할 가능성을 완전히 배제할 수 없다. 또 양적 방법으로는 위 두 요인 간의 관계를 알 수 없으므로, 이 논문에서는 양적 방법과 질적 방법을 함께 사용했다.

자료와 방법

우리는 종단적 혼합방법 디자인(Kuckartz 2011 참조)을 사용했다. 우선 양적 설문조사 자료에 기초하여 약 40년(1976-2014) 동안에 걸친 계층 상승 인식의 변화를 추적했다. 이 기간 내내 성취적 특성과 귀속적 특성이 모두 중요한 요인으로 인식되었으므로, 질적 조사 자료에 기초하

1 이 논문에서는 사회적 출신, 즉 부모의 직업 지위 및 교육 지위에 초점을 둔다. 여타의 중요한 귀속적 특성은 성별과 종족이다.

여 이 두 특성에 대한 인식 간의 관계를 재구성했다. 그리하여 이처럼 모순적인 인식의 공존이 어떻게 가능한지에 대해 분석했다.

양적 자료와 방법

양적 자료로 1984-2014년까지 축적된 사회과학 일반 인구 설문조사(ALLBUS; GESIS 2016 참조) 및 1976년의 한 설문조사(Bargel et al. 1981 참조)를 사용했다. 1976년과 1984년 자료에 구동독 지역이 포함되지 않았기 때문에, 구서독 지역 조사 자료만을 분석했다.[2]

또 질적 조사 결과와 비교할 수 있도록 25-64세의 연령층에 국한했다. 집단토의는 두 연령 집단(25-45, 46-64)으로 나누어 다양한 계층이 참여하도록 진행했다.

귀속적 특성 및 성취적 특성의 의미를 어떻게 인식하는지 보기 위해서, 다음과 같은 질문지를 사용했다.

> "어떻게 해야 우리 사회에서 가장 빨리 계층 상승을 할 수 있는지, 아래 제시된 특성 및 조건의 중요성에 대해 평가하십시오. […] 각각의 항목마다, 그것이 현재 우리 사회에서 계층 상승을 위해 얼마나 중요하다고 생각하는지 당신의 의견을 말해주십시오."

이 질문 아래 다양한 요인들을 열거해서, 각각 "매우 중요함"에서 "중요

2 이후 독일 인구라는 표현을 사용할 경우 구서독 지역만을 지칭한다. 그러나 집단토의에는 구동독 출신 참여자들도 포함했다. 동-서 차이에 대한 체계적 고려는 이 논문의 범위를 뛰어넘는 것이다.

하지 않음"까지 4단계 척도로 평가하게 했다. 우리의 연구 질문을 위해 재산, 사회적 출신(이상 귀속적 특성), 교육수준, 능력(이상 성취적 특성)의 네 가지 요인을 제시했다. 그리하여 각각에 "중요함" 또는 "매우 중요함"을 선택한 응답자의 비율을 시간의 경과에 따라 살펴보았다.

전체 응답자 대상으로, 그리고 소득계층별, 연령 집단별(25-44, 45-64)로 나누어 시계열 분석을 실시했다. 소득계층 구간은 독일경제조사연구소의 방식을 따랐다(DIW Berlin 2016). 그리하여 매해의 수요에 따라 가중화되고 물가 변동이 고려된 중위소득을 기준으로 하위 70%("하층"), 70-150%("중간층"), 150% 초과("상층")의 세 가지 집단으로 소득계층을 나누었다.

질적 자료와 방법

질적 분석은 2015년 9월부터 2016년 1월 사이에 라인-마인 지역에서 수행된 5회의 집단토의 자료에 대한 것이다. 집단토의 참여자들은 선택적(Kelle und Kluge 2010)이고 의도적인 방식으로, 즉 직업 지위를 고려하여 선정했다. 사회 집단들 사이의 인식 차이를 확인하기 위해서, 상층과 하층의 격차를 크게 벌려서 참여자를 선정했다.

정리하면, 상위 서비스 계급(예컨대 의사와 변호사, 25-45세 및 46-65세)의 고학력자는 3회, 중등교육 수준의 단순반복 노동을 수행하는 비육체노동자(예컨대 간호보조사 1인, 콜센터 직원 1인, 25-45세 및 46-65세)는 2회의 집단토의에 참여했다. EGP-계급분석 틀(Goldthorpe 2000 참조)에 의하면, 앞의 경우는 중상층이고, 뒤의 경우는 중하층이다. 참여자 수는 총 27명이고, 그중 여성은 14명, 남성은 13명이었다.

질적 자료 분석 방법으로는 문서 해석의 방법을 사용했다. 이 분석 방법의 목적은 사회적으로 공유된 암묵적인 지식 내용을 재구성하는 것이다(Bohnsack 2014: 33 이하). 지식 형태를 두 가지—누구에게나 접근 가능한 소통적 지식과 하위 집단 특정적인 상황적 지식—로 나눈 후, 다음의 두 단계를 밟아 분석했다. 먼저 발화된 주제들을 영역별로 묶는 **형식적 해석**을 하고, 문장들을 **성찰적 해석** 속에서 전반적으로 상호 대비해보았다. 성찰적 해석의 목적은 암묵적인 상황적 지식을 재구성하는 것이다(Bohnsack und Przyborski 2007; Przyborski 2004: 47).

양적 분석의 결과: 계층 상승이 갖는 의미의 시계열적 변화

〈그림 1〉에 나타난 1976-2014년 사이 계층 상승 인식의 변화 양상을 보면, 능력/근면, 교육수준과 같은 성취적 특성이 변함없이 사회적 지위 상승에 크게 유의미한 것으로 인식됨을 알 수 있다. 응답자의 95% 이상이 독일에서 계층 상승을 위해 그와 같은 특성이 "중요함" 또는 "매우 중요함"이라고 대답했다. 이것은 현대 사회에서 여전히 능력주의의 원칙이 유효함을 말해준다. 그렇다면 이와 나란히, 귀속적 특성에 대해서는 어떤 평가를 하고 있는가?

먼저 독일 국민이 느끼는 돈, 재산, 사회적 출신과 같은 특성의 중요성은 1990년대까지 꾸준히 감소했으나, 이후에는 증가하고 있다. 2014년에는 70% 이상이 계층 상승을 위해 사회적 출신이 중요하다고 응답했는데, 1990년대 초 그런 응답은 50%를 살짝 넘는 수준이었다. 객관적으로 이동성에 변화가 보이므로, 이와 같은 주관적 인식 변화 역시 설득력이 있어 보인다. 실제로 전후 세대가 높은 계층 상승의 혜택

〈그림 1〉 사회적 지위 상승을 위해 필요한 조건에 대한 인식

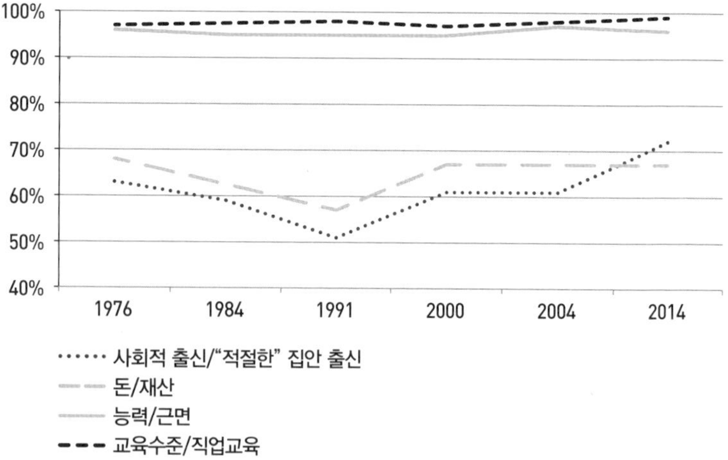

을 입은 집단이기 때문이다(WZB und IAB 2011 참조). 그러나 현재 그들보다 젊은 출생 집단에게는 사회적 출신과 자신의 직업 계급과의 관계가 점점 더 긴밀해지고 있다(Pollak 2010 참조). 뿐만 아니라, 1990년대의 교육 팽창 및 실업 증가로 인해서, 일반적인 복지정책의 변화와 저학력층과의 연결고리가 끊어지는 현상이 관찰된다(Solga 2005 참조). 또한 노동시장 유연화로 인해서, 불안정한 취업 형태들이 증가하는 경향이 오늘날까지 이어지고 있다.

이런 배경 속에서 다음과 같은 질문이 가능하다. 귀속적 특성의 중요성에 대한 주관적 인식이 불이익에 처한 사회 집단에서 특히 증가하는가, 아니면 모든 계층에서 증가하는가?

연령별 및 소득계층별 차이를 고려한 〈그림 2〉를 보면, 우선 예상 가능한 차이를 확인할 수 있다. 1990년대 말까지는 하층일수록 사회적 출신이 더 중요하다는 견해가 명백히 우세하다. 그러나 이후에는 모든 계

〈그림 2〉 사회적 지위 상승을 위해 필요한 조건에 대한 인식(연령별, 소득계층별)

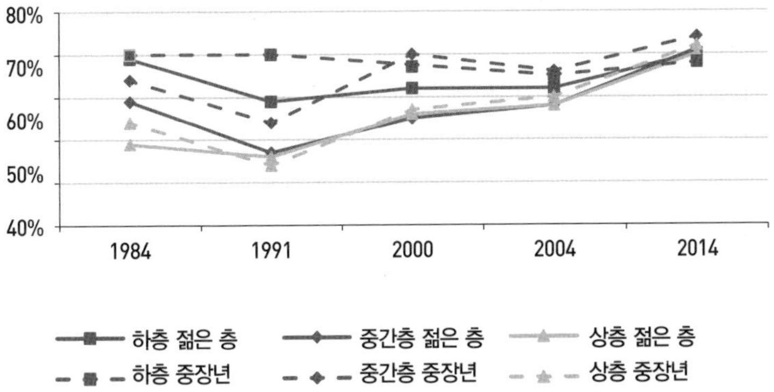

층과 연령층에서 이들과 점점 더 유사한 방향으로 변하면서, 2014년에는 매우 높은 수준에서 의견 일치가 나타나는 경향을 보인다. 그리하여 약 70%가 독일에서 지위 상승을 위해서는 사회적 출신이 중요하다는 견해를 보였다.

성취적 특성과 관련된 〈그림 3〉과 〈그림 4〉에서도 유사한 경향이 나타난다. "교육수준과 직업교육" 및 "능력과 근면"이 중요하다는 의견은 꾸준히 90%를 상회하는 높은 수준을 보이지만, 최근에는 여기서도 서로 다른 소득 집단들 사이에서 점점 의견의 일치가 나타나는 경향이다.

현재는 계층이나 연령과 무관하게, 귀속적이고 성취적 특성이 모두 계층 상승을 위해 중요하다는 의견의 비율이 매우 높다. 이런 결과가 언뜻 모순적으로 보이기 때문에,[3] 아래에서는 집단토의에 근거하여 좀

3 하층에서 귀속적 특성의 중요성이 꾸준히 높게 평가되는 가운데, 다른 집단에서는 그것의 중요성이 커지고 있다. 그러나 그럴 동안 하층에서는 거의 아무런 변화도 일어나지 않는다는 사실이 또 놀라운 점이다.

〈그림 3〉 사회적 지위 상승을 위한 교육수준 및 직업교육의 중요성 (연령별, 소득계층별)

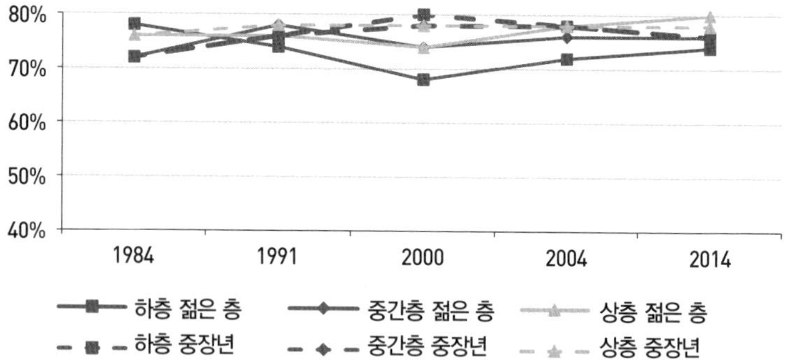

〈그림 4〉 사회적 지위 상승을 위한 능력 및 근면의 중요성 (연령별, 소득계층별)

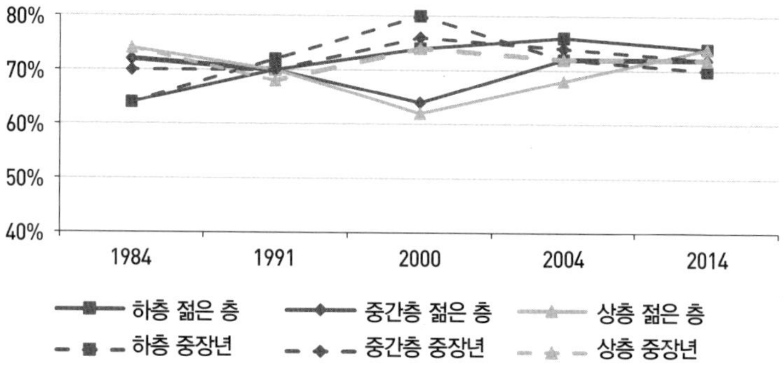

더 심도 있는 접근을 하고자 한다.

질적 분석 결과: 능력 및 사회적 출신에 대한 인식 차이

집단토의에서도 사회적 출신은 참여자들의 계층 상승 인식에서 매우 중요한 요소였다. 계층 상승의 기회가 계층별로 불평등하다는 점에 대해 합의가 있는 만큼, 개인적 노력과 능력이 중요하다는 의견 역시 모든 집단에서 나타났다. 그러나 이 두 요인의 의미를 연결하는 방식에서 계층별 차이를 보임으로써, 계층별로 계층 상승 인식이 다름을 알 수 있었다. 중상층에서는 지위 상승에 대해 **개인화 해석**을, 중하층에서는 **투쟁적 해석**을 보였다.[4]

계층 상승은 개인적 선택

우선, 불평등이 증가하는 추세 속에서 중상층 역시 계층 상승 문제를 중요하게 보고 있음을 알 수 있었다. 특히 중상층 젊은 층에서 계층별 기회 불평등에 대해 민감한 반응을 보였다. "모두에게 기회가 같지 않다"는 데에 모두가 동의했다. 31세의 해당 참여자는 다음과 같이 말했다.

"기회가 더 보장된 사람보다 그렇지 않은 사람이 최고 관리직에 오를

4 이하 인용문의 출처 괄호 안에 연령별 집단 표기 및 집단토의 자료의 쪽수를 밝혔다. 이야기 중 자주 등장하는 부분은 달리 표시하지 않았다. 개별 인용문의 경우에는 성별과 연령을 추가했다. 집단별 표기는 다음의 방식으로 범주화한 것이다. 중하층1 = 46-65세의 비육체적 반복노동, 중하층2 = 25-45세의 비육체적 반복노동, 중상층3 = 46-65세 서비스 계급 상층, 중상층4a = 25-45세 서비스 계급 상층, 중상층4b = 25-45세 서비스 계급 상층.

가능성이 적은데, 그것은 이미 어떤 식이든 부모 집에서부터 시작된다."(중상층4a: 136-138, 여, 31세)

중상층에서도 출신에 따른 불평등이 널리 인식되고 있었다. 그러나 계층 상승 가능성에 대한 그들의 견해는 개인주의적 해석으로 재구성할 수 있다. 특히 중장년층(46-65세)에서는 계층 상승의 성취를 개인적 동기와 준비된 능력의 문제로 보았다. 그들은 번번이 자신의 학력이나 직업 이력을 언급하며 그런 의견을 표명했는데, 사실상 여기에는 독일의 교육 팽창이라는 역사적 요인이 크게 작용했다. 교육 팽창으로 인해 그들이 기회균등의 이상에 더 근접할 수 있었고 또 사회적 출신의 역할이 상대화되었다는 점에 이견을 보이지 않았기 때문이다.

연령 집단별로 위와 같은 차이를 보이면서도, 두 연령 집단 모두 동기 부족에서 기인하는 계층 상승 장애물이 극복될 수 있다는 일치된 견해를 보였다. 여기서 문제가 된 불충분한 자기 동기화는 사회경제적 위치 및 그와 관련된 "사회화 결핍"의 문제로 설명되었다. 즉 "부모가 동기를 충분히 심어주지 못했다"는 것이다. 이와 함께, "교육수준이 낮은 계층에서는 인문계 고등학교로 진학하려는 동기가 일반적으로 약하다"(중상층4b: 30-34, 남성, 27세)는 생각을 확인할 수 있었다

그들의 관점에 따르면, 그런 경우에는 "종교적 대부", "좋아하는 교사", "목사님" 또는 "목표를 제시해주는 존경하는 인물" 등 외부의 도움에 의존하게 된다. 이처럼 중상층에서는 **계층 상승에 대한 개인주의적 해석**이 나타나서, 일종의 특수한 후견인주의로 그런 해석을 정당화한다. 이들은 계층 상승을 집단적 문제로 보지 않고, 불이익을 당하는 사람들에게 "손을 내밀어" "계층 상승으로 가는" 길을 제시해주는 "멘토"들과

관련된 문제로 본다. 상당히 높은 문화 자본을 갖춘 멘토들에게 구조적 계층 상승 제약과 개인적인 상승 열망을 매개하는 역할을 부여하는 것이다. 두 연령 집단 모두에서 중상층은 이런 맥락에서 민간 사업체가 운영하는 멘토링 프로그램이 필요하다고 보았다. 결과적으로, 중상층 집단이 공유하는 지식은 다음과 같이 재구성된다. 취약층에서 개인이 스스로의 노력으로 지위를 획득하기 위해서는, 출신 집단의 하위문화에서 개인을 꺼내어줄 "매개자"가 필요하다는 것이다.

계층 상승은 시험이며 압력

중하층과의 토론에서 사회적 출신의 물질적 측면은 핵심적이었다. "초기 자본 없이는 불가능하다"라는 말로 한 참여자는 정곡을 찔렀다. 덧붙여서, "재정적 뒷받침이 있으면 살기가 한결 수월한 것이 당연하다"고 했다. 또 "당연히 돈이 현관문도 대문도 다 열어주는 것"이라고 했다. 아니면 "하층민은 일하러 가야 하지만, 재정적으로 탄탄한 사람은 빨리 출세한다. [...] 아무리 더 똑똑해도 대학에 가려면 돈도 같이 벌어야 한다"고 했다. 모든 참여자가 공유하는 생각은 "그냥 기회 평등 같은 것이 없으니, 포기하는 것"이었다.

따라서 참여자들은 계층 상승에 있어서 사회적 출신이 중요하다고 강조했고, 상층의 지위 재생산은 사회의 나머지 사람들과는 무관하게 이루어진다고 비판했다. 상황이 좋은 중간층이나 상층이 계층 하락을 겪을 위험은 없다는 관점이었는데, 그 이유는 "돈으로 대부분의 문제를 해결할 수 있으니 문이 항상 열려 있어서"라고 했다. 폐쇄적인 상층에 대한 인식에서는 "귀족"이라는 비유를 썼다. 한 참여자는 다음과 같이 말했다.

"그러니까 누가 상층이냐는 문제라면, 사실 항상 똑같은 집안이다. 크반트, 티센, 그리고 크루프 집안이 있다. 이들은 사회에서 무슨 일이 일어나도, 무슨 바람이 출렁여도 항상 상층이다. 그냥 그런 것이다. 그러니까 귀족처럼. 아무도 건드리지 못하는 그런 수준에서 항상 산다. 그렇지만 그들만이 아니다. 다른 사람들도 있는데, 예를 들면 은행에서 그냥 숨만 쉬어도 떼돈을 버는 사람도 있다."(중하층2: 981-990, 여성, 51세)

덧붙여서 중하층은 문화적 차원이 계층 상승에 중요하게 작용한다고 보았다. 그러나 중상층과 달리 교사들이 장애물과 기회를 연결해주는 "매개자"라고 보지 않았다. 오히려 교사는 본인들이 알지 못하는, 안내받지 못한 채 내던져진 "낯선 세계"—여기서는 교육체계—를 대변한다고 보았다. 성공적인 교육 이수는 "교육체계의 모델과 규칙, 가치"(Bourdieu und Passeron 1971: 24)와 어울리는 계층 특수적 지식과 밀접히 관련된다는 피에르 부르디외와 장-클로드 파스롱의 분석처럼, 46-65세 연령 집단에 속한 한 참여자는 자신이 "학교에 제대로 적응하지 못한" 이유로서 자신의 몸에 체화된 문화 자본의 결여를 꼽았다. 이어서 그가 진술한 내용은 다음과 같다.

"뭐가 어떻게 돌아가는지 등을 자연스럽게 안다면 자녀에게 도움을 주거나 선생님과 대화할 수 있다. 그냥 뭐든 할 수 있는 것이다. 그런데 그런 것은 당연히 배운 사람들이나 갖춘 능력이다."(중하층2: 763-

767, 여성, 50세)

이것은 소속 계층이 달라서 경험해야 하는 문화적 낯섦에 관한 이야기이다. 성공적인 교육의 성취는 계층 특수적인 문화적 지식—예컨대 제도화한 교육의 "문지기"인 교사들과 어떻게 지내야 하는지 아는 것—과 연결되어 있다. 따라서 문화 자본의 결여가 계층 상승을 방해하는 것이다.

그렇지만 중하층에서도 계층 상승의 가능성에 대한 믿음은 매우 강한 규범적 힘을 발휘한다. 물론 스스로 지위를 성취하려면 더 큰 노력이 필요하다고 보면서도, 그것이 불가능하다고 생각하지는 않았다. 다음의 인용문을 통해 그들이 공유하는 생각을 알 수 있다.

> "[…] 모든 아이, 모든 사람이 하려고 하면 할 수 있다고, 어쨌든 부지런하면 할 수 있다고 생각한다. […] 그러나 좌절하는 경우가 더 많거나 쉽지가 않다. 훨씬 더 힘들고 의지나 그런 것도 훨씬 더 많이 필요하다."(중하층2: 782, 843, 여성, 54세)

여기서 "능력을 통한 계층 상승"이라는 규범적 요구와 구조적 장애라는 현실 간의 괴리가 명확해진다. 말하자면 참여자들은 하층 출신의 계층 상승이 원칙적으로 불가능하다고는 보지 않지만, 더 많이 노력하고 더 많은 노동 능력을 쌓아야 가능하다고 본다는 데서 차이를 드러냈다.

그런데 특히 중장년층 참여자들은 이런 문제를 정의롭지 못하다고 비판하지 않고 오히려 "시험"이라고 여겼다. 말하자면 그 시험을 통해 성숙해지고 도덕적 변화와 성장을 겪는다고 보았다. 그들에게는 계층 상승이 "투쟁"과 같다. 그 투쟁은 마치 불가피한 희생이 그렇듯이, 자신의 내면적 강점을 키움으로써 도덕적 긍정성으로 거듭날 수 있다. 한 참여자의 표현에 의하면 다음과 같다.

> "우리 애들이 그렇게 쉽게 이룬 것이 아니라는 사실로 인해 가끔은 기쁨을 느낀다. 그렇지 않았으면 지금의 그 아이들이 아니었을 테니까. 왜냐하면 무엇인가를 스스로 알아서 해내려고 노력하지 않았다면 그들이 오늘날 성취한 것을 이룰 수 없었을 테니까. 그리고 아무리 늦어도, 일해야 하고 스스로 벌어서 살아야만 할 때가 되면 불평등을 명확히 알게 된다."(중하층2: 844-849, 여성, 54세)

이와 유사하게, 프랑수아 뒤베(Dubet 2008)는 일자리 관련해서 느끼는 부정의에 대한 연구에서 "정의의 문제가 […] 도덕의 문제로, 규범적인 자아상의 문제로"(같은 책: 454) 재해석됨을 확인한 바 있다. 우리의 분석 결과가 보여주는 태도 역시, 계층 상승의 악화된 조건을 인성 강화의 출발점으로서 해석하는 것이다. 계층 상승의 장애물이 커지면서, 이런 태도를 통해 당사자는 스스로를 적어도 "도덕적 승자로 내세울"(같은 곳) 수 있다.

한편 이와 관련해서 연령 집단 간의 차이가 관찰된다. 중장년층은 악화한 계층 상승의 조건을 "시험"이자 미래 삶의 요구에 대한 준비라고 해석하는 반면, 젊은 층의 태도는 좀 더 회의적이다. 능력과 관련한 생각에서는 그들 역시 다르지 않으나, 그들은 취약 층의 계층 상승과 관련된 사회 정의의 결여에 대해 비판적이다. 아래의 발언이 그것을 보여주는데, 이에 대해 참여자들 간에는 이견이 없었다.

> "무에서 유를 만든다는, […] 그리고 강철 같은 의지로 성공을 이룬다는 그런 모범 사례는 항상 존재할 것이다. 그런 모범은 영원히 존재할 것이다."(중하층1: 989-991, 남성, 29세)

그렇지만 곧 문제를 제기하는데, 과연 그것이

> "모두를 위한 길이어야 하는지. 지위 상승을 위해서 죽도록 일할 마음을 먹으면 그냥 이를 악물 수 있는 것인지. 그것이 정말 방법인가? 그것이 공평한 길인가? 그걸 모르겠다는 것이다."(중하층1: 989-991, 남성, 29세)

여기서 드러나는 역설을 슈테판 포스빙켈은 다음과 같이 적확하게 표현했다. "계층 상승에 대한 기대와 약속—더 많은 자율성과 자아실현, 더 다양한 삶의 선택지—은 그렇게 되기 위해 필요한 희생의 심화와 맞물려 있다"(Voswinkel 2013: 30). 중하층의 젊은 토의 참여자들 역시 능력을 키우려는 의지와 인내로 계층 상승의 기회를 잡을 수 있다고 보기는 마찬가지이다. 그러나 이들은 거기에 비판적 질문을 덧붙이며 그것이 기본적 사회 정의의 문제라고 말했다. 왜냐하면 "접시닦이가 백만장자가 되려면 다른 누구보다도 훨씬 더 힘들게 노력"해야 하기 때문이다. 따라서 이들에게 계층 상승은 불공정한 "압력"으로 해석되어 경험되었다(Nachtwey 2016: 154).

요약: 능력주의의 약속은 깨졌는가?

이 논문에서는 불평등 증가와 역진적 이동성을 배경으로 해서 현재 나타나는 주관적 계층 상승 인식에 대해 다루었다. 그리하여 계층 상승에는 성취적 특성이 핵심적으로 중요하다는 인식이 모든 사회 계급에 고루 퍼져 있음을 확인했다. 동시에 질적 연구를 통해서는, 계층 상승을 보장하는 사회구조가 점점 더 불투명해지는 추세 속에서 계층 상승과 관련하여 귀속적 특성—여기서는 사회적 출신—의 역할을 중시하는 주관적 인식이 증가하고 있음을 알 수 있었다.

이와 연결하여 계층 상승 지향성이 와해하고 있다고 진단할 수 있을 것이다(Mau 2015; Voswinkel 2013 참조). 그러나 계층 상승에 대한 독일 중상층과 중하층의 인식을 비교한 우리의 연구 결과는 그와는 다른 결론을 제시한다. 우리의 양적, 질적 연구 결과를 보면, "출신 상의 이점이 재능이나 능력 발휘와 같은 개인적 특성을 능가함으로써 능력주의 모델의 약속이 깨지는"(Mau 2015: 40) 것이 아니라, 개인적인 성취적 특성—예컨대 본인의 동기, 근면, 스스로 계층 상승을 할 수 있다는 "믿음"—이 여전히 핵심적 역할을 하는 것으로 인식되고 있다. 따라서 능력을 통한 계층 상승에 대한 믿음이 깨졌다고는 볼 수 없다. 그렇다면 계층 상승 실현에서 성취적이고 귀속적인 요인이 모두 중요하다고 보는 이러한 (일견) 모순적 태도를 어떻게 이해해야 할 것인가?

우리는 주관적 계층 상승 인식이 계층 특수적으로 다르고 또 능력에 대한 (도덕적) 태도가 계층별로 상이하다는 결론을 통해 이 모순을 해결했다. 중상층의 경우, 계층 상승의 장애를 극복하는 데 있어서 특정인의 매개적 역할을 중시하는 **계층 상승에 대한 개인화 해석**을 재구성할 수 있었다. 반면, 중하층에서는 **계층 상승에 대한 투쟁적 해석**을 찾을 수 있었다. 이 해석에서는 지위 획득에서의 본인 책임이 완전히 부정되지는 않으면서도, 그를 위해 예전보다 더 많은 희생이 필요하다고 인식되었다. 이와 관련하여 젊을수록 더 비판적 태도를 보이며 그것을 기본적 사회 정의의 문제라고 발언했다. 여기에는 능력의 성취를 판단하는 잣대가 다르다는 비판적 인식이 함축되어 있다. 그러나 그런 태도가 사회적 기본 규범으로서 능력의 의미를 부정하는 정도로까지 이어지지는 않았다.

번역_홍찬숙

참고문헌

Bargel, Tino, Gerhild Framheim, Hansgert Peisert, Johann-Ulrich Sandberger und ZUMA, Mannheim 1981: Concepts of Existence of the West German Population. Köln: GESIS Data Archive.

Bohnsack, Ralf 2014: Rekonstruktive Sozialforschung. Einführung in qualitative Methoden. Opladen: Barbara Budrich Verlag.

Bohnsack, Ralf und Aglaja Przyborski 2007: Gruppendiskussionsverfahren und Focus Groups, in: Renate Buber und Hartmut H. Holzmüller (Hg.): Qualitative Marktforschung. Konzepte – Methoden – Analysen. Wiesbaden: GWV Fachverlage, 491–507.

Bourdieu, Pierre und Jean-Claude Passeron 1971 [1964/1971]: Die Illusion der Chancengleichheit. Übers. von Barbara Picht und Robert Picht. Stuttgart: Klett.

Bundesministerium für Arbeit und Soziales (BMAS) 2016: Lebenslagen in Deutschland. Der Fünfte Armuts- und Reichtumsbericht der Bundesregierung. Berlin.

Destatis und WZB 2016: Datenreport 2016. Ein Sozialbericht für die Bundesrepublik Deutschland. Bonn: Bundeszentrale für Politische Bildung.

Deutsches Institut für Wirtschaftsforschung (DIW) Berlin 2016: Berechnung des Bevölkerungsanteils der mittleren Einkommensgruppe in Deutschland, in: SOEPv31, Personen in Privathaushalten. ‹https://www.diw.de/documents/dokumentenarchiv/17/diw_01.c.533698.de/20160511_pm_mittelschicht_tabelle.pdf›.

Dubet, François 2008 [2006]: Ungerechtigkeiten. Zum subjektiven Ungerechtigkeitsempfinden am Arbeitsplatz. Übers. von Thomas Laugstien. Hamburg: Hamburger Edition.

Forst, Rainer 2005: Die erste Frage der Gerechtigkeit, in: Aus Politik und Zeitgeschichte 37, 24–31.

GESIS 2016: ALLBUS/GGSS 1980–2014 (Kumulierte Allgemeine Bevölkerungsumfrage der Sozialwissenschaften / Cumulated German General Social Survey 1980–2014).

Goldthorpe, John H. 2000: Social Class and the Differentiation of Employment Contracts, in: ders. (Hg.): On Sociology. Numbers, Narratives, and the Integration of Research and Theory. Oxford: Oxford University Press, 206–229.

Groh-Samberg, Olaf 2004: Armut und Klassenstruktur. Zur Kritik der Entgrenzungsthese aus einer multidimensionalen Perspektive, in: Kölner Zeitschrift für Soziologie und Sozialpsychologie 56, 653–682.

Groh-Samberg, Olaf 2014: No Way Out – Dimensionen und Trends der Verfestigung

der Armut in Deutschland, in: Sozialer Fortschritt 63, 307–315.
Groh-Samberg, Olaf und Wolfgang Voges 2014: Precursors and Consequences of Youth Poverty in Germany, in: Longitudinal and Life Course Studies 5, 151–172.
Groh-Samberg, Olaf und Florian R. Hertel 2015: Ende der Aufstiegsgesellschaft?, in: Aus Politik und Zeitgeschichte 10, 25–32.
Institut für Angewandte Wirtschaftsforschung (IAW) 2016: Aktuelle Entwicklungen der sozialen Mobilität und der Dynamik von Armutsrisiken in Deutschland. Follow-Up-Studie zur Armuts- und Reichtumsberichterstattung. Berlin: Bundesministerium für Arbeit und Soziales.
Kelle, Udo und Susann Kluge 2010: Vom Einzelfall zum Typus. Fallvergleich und Fallkontrastierung in der qualitativen Sozialforschung. Wiesbaden: VS Verlag.
Kuckartz, Udo 2011: Mixed Methods. Methodologie, Forschungsdesigns und Analyseverfahren. Wiesbaden: VS Verlag.
Mau, Steffen 2015: Die halbierte Meritokratie, in: ders. und Nadine M. Schöneck (Hg.): (Un-)Gerechte (Un-)Gleichheiten. Berlin: Suhrkamp, 36–45.
Nachtwey, Oliver 2016: Die Abstiegsgesellschaft. Über das Begehren in der regressiven Moderne. Berlin: Suhrkamp.
Neckel, Sighard 2012: Die Wirklichkeit des Leistungsprinzips: Ansprüche, Krisen, Kritik, in: Kurswechsel. Zeitschrift für gesellschafts-, wirtschafts- und umweltpolitische Alternativen 3, 64–70.
Neckel, Sighard 2013: Refeudalisierung – Systematik und Aktualität eines Begriffs der Habermas'schen Gesellschaftsanalyse, in: Leviathan 41, 39–56.
Parsons, Talcott 1996 [1972]: Das System moderner Gesellschaften. Übers. von Hans-Werner Franz. Weinheim: Juventa.
Pollak, Reinhard 2010: Kaum Bewegung, viel Ungleichheit. Eine Studie zu sozialem Auf- und Abstieg in Deutschland. Schriften zu Wirtschaft und Soziales. Berlin: Heinrich Böll Stiftung.
Przyborski, Aglaja 2004: Gesprächsanalyse und dokumentarische Methode. Qualitative Auswertung von Gesprächen, Gruppendiskussionen und anderen Diskursen. Wiesbaden: VS Verlag.
Schelsky, Helmut 1979 [1953]: Die Bedeutung des Schichtungsbegriffs für die Analyse der gegenwärtigen deutschen Gesellschaft, in: ders.: Auf der Suche nach Wirklichkeit. Gesammelte Aufsätze. München: Goldmann, 326–332.
Solga, Heike 2005: Ohne Abschluss in die Bildungsgesellschaft. Die Erwerbschancen gering qualifizierter Personen aus soziologischer und ökonomischer Perspektive. Opladen: Barbara Budrich Verlag.

Stein, Ulrike 2014: Erklärungsansätze für die Ungleichheitsentwicklung in Deutschland, in: Sozialer Fortschritt 63, 315–321.

Voswinkel, Stephan 2013: Was wird aus dem »Fahrstuhleffekt«? Postwachstum und Sozialer Aufstieg. Working Paper 8. Jena: DFG-Kollegforscher-Innengruppe Postwachstumsgesellschaften. ‹www.kolleg-postwachstum.de/sozwgmedia/dokumente/WorkingPaper/wp8_2013.pdf›.

Wissenschaftszentrum Berlin für Sozialforschung (WZB) und Institut für Arbeitsmarkt- und Berufsforschung (IAB) 2011: Soziale Mobilität, Ursachen für Auf- und Abstiege. Studie für den 4. Armuts- und Reichtumsbericht der Bundesregierung im Auftrag des Bundesministeriums für Arbeit und Soziales. Berlin: BMAS.

특권 없는 계층 가족들의 계층 상승 및 유지를 위한 행위와 전략

빈곤을 대물림하는 세대들[1]에 대한 "문화적" 관찰

다니엘라 시크, 카르슈텐 울리히

연구 상황과 이론적·방법론적 출발점

빈곤 또는 특권 없는 계층의 사회적 대물림은, 한편으로, 가정 및 자녀들이 자라나는 주변 환경의 구조적 여건들 위에 자리 잡는다. 물질적 환경과 교육 여건 이외에도 인적관계, 보건환경, 여가선용이 여기에 포함된다. 이러한 것들이 축적되어 아이들의 교육 가능성을 공동으로 결정짓는다.

다른 한편으로, 이와 연관되어 있지만, 가정의 신분 재생산은 문화적으로 설명된다. 여기에는 부모들이 교육할 때와 파트너를 대할 때 상대와 관계 맺는 태도와 스타일이 우선 포함되어 왔다(Ericson 1946; Bronfenbrenner 1958; Elder 1974; Walper 2008 참조). 보다 폭넓게 이해하자면

1 [역주] Armutsgenerationen. 아래에선 원문의 표현 그대로 '빈곤세대'로 번역하겠다.

이와 더불어 사회경제적 입지에 의해 제한된 해석틀과 행동틀, 가치태도, 인지능력 및 표현능력이 고려된다. 테오도어 가이거(Geiger 1972: 77)는 여기에 더해 "사회적 환경"이 "사람에게 직접 각인된 결과 및 거기서 발생되고 형성된 삶의 경험들"로서의 "심성"(Mentalität)에 대해 언급하였다. 가이거(같은 책: 78)에게 심성이 계층의 개념 안에 이미 포함된 것이고 그와 마찬가지로 미국의 연구 상황 속에서는 문화가 계층(Klasse)의 특징으로서 혹은 인류학적인 의미에서 심지어 "계층이 문화 자체로서" 파악되었다면(Gordon 1947 참조), 오스카 루이스(Lewis 1959 und 1969)는 마침내 처음으로 이 인류학적인 노선에서 빈곤을 세대로부터 세대로 전수되는 삶의 방식(way of life)으로 기술했다. 그 본질적인—서로 결합되어 있는—표징들은 다음과 같다. 충동적 태도 및 강한 현재지향성, 그리고 직접적 욕구를 지연시켜 미래에 투자하려는 태도의 결여, 미래에 대한 숙명적이고 무기력한 태도. 빈곤 가정들은 또한 아버지의 부재, 자신이 속한 지역적 공간에 애착을 갖고 머무름, 가족의 결속이 말로는 주장되지만 사실상 자녀들 간의 다툼으로 결속이 해체되는 현상으로 특징지어진다. [그런데] 끈덕진 "빈곤의 문화"(Lewis)에 대한 이러한 기술들은 무엇보다 신자유주의적 사회정책에 기여한다고 해서 비판되어 왔다(hierzu etwa Rodman 1976; Goetze 1992 참조).

이러한 점에서는 피에르 부르디외가 훨씬 혐의가 적다. 그는 구조화되고 구조화하는 실천의 순환 및 계층 특수적인 능력들의 사회적 대물림의 순환을 하비투스 개념을 가지고 가장 상세하게 작업했다. 이렇게 부모와 함께 살면서 내면화되고 체화된 "커다란 문화적 장애들"은 비록 자신의 가정을 떠난 국면이 오래 지속되더라도 여전히 적응의 문제를 일으킨다—"조용한 설득력을 가진 이러저러한 자극들"을 통해 "슬며

시" 습득된 "유산"이 다시 문제가 되는 것이다(Bourdieu und Passeron 1971: 28 이하). 따라서 부르디외는 불평등이 지속적으로 재생산되고 계층 상승의 전망이 실현되기 어려운 현실을 강조하는 입장이다. 사회적 계층 상승과 이것이 왜 거의 성공하지 못하는가의 문제가 화두로 떠오를 때 거의 배타적으로 부르디외가 참조되는 것이 현재의 상황이다. 이에 상응하여 오늘날에는, 부모들의 결여와 특유한 태도를 통해 능력과 기질이 조기에 그리고 전 생애에 걸쳐 고정됨을 인정하는 이론들이 전면에 부상해 있다(이에 관한 상세한 연구는 Schiek 2017 참조).

'빈곤은 어떻게 대물림되는가'라는 물음이 사회과학에서 다시 강력하게 테마로 부상하였다—즉 노동 사회에서 증대되면서도 점점 고정되어 가는 사회적 배제의 메커니즘(Waquant 1996; Paugam 1998 참조)을 통한 빈곤의 대물림 문제 말이다. 이러한 사회적 배제는 삶과 직장에서의 복지 문제에 대한 복지국가적 틀이 재조정되면서 실업에서 [가령 게으름과 같은—옮긴이] 개인적 태도의 차원에 초점이 맞춰지는 경향과 맞물린다. 동시에 빈곤세대 연구의 "기술적"(technischen) 조건 역시 변했다. 즉 1983년부터 지속되어 온 사회경제적 패널(Sozio-oekonomischen Panel, SOEP)[2]을 통해 처음으로 두 세대에 걸친 성인 가정들의 자료가 축적되었다. 이를 통해 비로소 세대를 관통하여 세대 간 연관을 밝히는 연구가 가능하게 되었다. 질적 연구 또한 빈곤 상황의 "진정한" 재생산에 대한 연구를 진행할 수 있게 되었으나 아직은 성인 세대들에만 의존하여 진행할 수 있어서, 오늘날 집중적으로 논의되고 있는 "하르츠 IV

2 [역주] 사회경제적 패널은 1983년에 만들어져 1984년부터 매년 동일한 인물들과 가정들에 설문을 진행해왔다. 설문 대상은 임의로 선택되었기 때문에 독일에 거주하는 사람들을 대표하게 된다. 2015년 현재 14,000 가정의 30,000명이 참여하고 있다.

세대들"[3]로서의 아이들과 청소년들의 빈곤과 체념은 여기서는 배제되어 있다.[4]

하지만 이들에 대해서는 역추론이 가능하다. 왜냐하면 1960년대, 1980년대, 1990년대와 마찬가지로, 오늘날 아이들을 혼자 양육하면서 부모 세대를 책임지고—루이스(Lewis 1969)를 따르자면—경제적으로 무능력하면서도 권위적인 태도를 보이는 아버지들을 가족구조로부터 배제하고 이러한 모델을 자녀들에게 전수하는 것은 누구보다 어머니들이기 때문이다. "가정의 복지를 책임지는 어머니들"(Wohlfahrtsmütter)은 잠재적으로 "동정 받을 자격이 없는 빈자들"(undeserving poor)[5]로 간주된다. 그들은—장기실업 상태의 아버지들과 달리—게으름이 아니라 통상적인 가정적 규범으로부터의 일탈과 성적으로 비도덕적인 태도 때문에 비난받는다(Auletta 1983; Murray 1993; kritisch Gans 1992 참조). 빈곤연구

3 [역주] 높아지는 실업률과 재정압박을 배경으로 전후의 사회복지국가적 합의를 깼다는 평가를 받는 하르츠 IV 법안은 2002년부터 2005년까지 네 차례에 걸쳐 개정된 '노동개혁안'이다. 이 안을 주도한 폴크스바겐의 페터 하르츠(Peter Hartz)의 이름을 따랐다. 2003년 사민당(SPD) 총리 슈뢰더는 "앞으로는 아무도 사회의 돈을 쓰며 쉴 수 없을 것이다"라며 사회복지 지불부담으로부터의 탈피를 선언했다. 하르츠 II 법안부터 '실업급여사무소'는 '구직센터'(JobCenter)라는 영어 이름으로 바뀌며, 이 논문에서도 주목의 대상이 된 '미니잡'(Minijob)이라는 파트타임 고용을 하나의 노동 유형으로 자리 잡도록 했다. 또한 구직자가 제안받은 일을 하지 않으면 실업급여를 중단할 수도 있는 등 실업자 관리통제가 강화되었다. 2005년 이 법안을 도입한 사민당은 내분을 겪고 좌파당(Die Linke)이 분리되어 나왔다. 2005년 이후 좌파당은 독일 시민의 자격을 갖는다면 누구나 개인의 자율성에 따라 사용을 결정할 수 있는 기본소득 운동을 벌였고, 2010년 독일 법원은 하르츠 IV 법안이 인간의 존엄성을 보장하는 방식으로 급여를 지불하지 않는다는 판결을 내렸다. 또한 2009년 헤센 수 법원은 인간의 존엄성을 해친다는 이유로 아동수당 삭감에 대해 위헌 판결을 내렸다. '하르츠 IV 세대들의 빈곤과 체념'이란 바로 이러한 상황을 반영한다.

4 2010년 5월 4일 '스테른 티프이 르포르타지'(stern-TV-Reportage) 프로그램에서 방영된 "나의 가정에선 아무도 일하지 않아요! – 하르츠 IV 2세대"(Philip Hampl 제작).

5 [역주] 빈자들은 환경의 원인으로 가난한 자들과 자신의 가난에 스스로 책임이 있는 자들의 두 종류로 나뉠 수 있다. "the undeserving poor"는 자신의 행동 때문에 가난한 사람들로서 다른 사람들의 동정을 받을 자격이 없는 빈자들을 일컫는다.

와 대중매체에서는 여전히 가정에서의 지위("홀로 양육하는 어머니") 그리고 아이의 수("유소년 빈곤")가 곧장 빈곤의 원인으로 정의되고 있다. 하지만 노동 사회에서 각자의 전기(傳記, Biografien)[6]를 꾸려 나가기 위한 첫 번째 사회경제적 안전보장 수단을 나타내는 것은 개인적인 자격능력, 취해진 생계수단, 그리고 그에 상응하는 전망이며, 남성이든 여성이든 생계를 위해 일하는 자들의 위험요인은 이에 준하여 측정되어야 하는 것이다. 물론 (파트타임으로 일하는) 주부들의 결혼생활은 정치적 · 문화적으로 (독일에서는 특히 강하게) 뿌리내린 여성의 사회화 경로이고, 빈곤 문제에 대해 일상적으로 쉬운 설명을 구하고자 할 때 [이러한 여성들의—옮긴이] "위험스런" 태도가 거론되기는 한다. 하지만 그런 이유로 "일하는 주부"가 아직은 사회학적 고찰의 독립변수가 될 수는 없다. 그보다는 차라리 빈곤에 대한 경험이라는 틀 내에서 가족구조를 생애기술적(biografische)으로 구성하는 문제가 경험적 물음으로서 해명되어야 한다.

현재 성인이 된 사람들[하르츠 IV 법안 아래서 유소년기를 보낸 사람들—옮긴이]의 집단이 빈곤 재생산 연구의 시야에 포함되는 것은 또 다른 관점에서 유의미한 사항이다. 즉 1960년대부터 1980년대까지의 시기에 문화적으로 형성된 세대는 교육정책적으로 그리고 복지국가의

6 [역주] 아래에서 여러 차례 등장하게 될 Biographie/biographisch는 저자들이 택한 사회과학적 방법론을 특징짓는다. 여기서 저자들이 염두에 두는 것은 보통 '생애사연구'(life history research)와 더불어 사회과학에서의 질적 연구의 한 전형을 이루는 '전기연구'(biographical research)로 보인다. 생애사연구나 전기연구에선 연구 대상이 되는 개인들을 단지 객관적으로 관찰·기술할 뿐 아니라 그들이 자신들의 생애이력을 **스스로** 어떻게 이해하고 기술하는가가 중요해진다. 따라서, 아래에서 보듯, 연구 대상인 가족 구성원들 스스로 서로 나누는 '집단대화'가 중요한 자료를 제공한다. 또한, 전기연구의 중요한 방법 중 하나가 이 논문의 저자들 역시 사용했던 인터뷰이다. 아래에서는 biographisch/Biographie를 '전기/전기적'이라고 번역하기보다는 '생애기술적/생애기술'이라고 옮겼다.

틀 안에서 무특권 집단의 사회적 참여가 확장되는 것을 경험했다. 이에 반해 그들의 자녀들—즉 1970년대 말 이후에 태어난 사람들—은 반대의 퇴보를 경험한(했)다(Leisering 2000; Groh-Samberg und Lohmann 2014 참조). 이미 이 때문에, 복지와 관련된 문화들—이들 중에는 소위 "빈곤의 문화"도 포함될 수 있다(Ullrich 2008: 47)—의 직접적 전수는, 교육을 통하여 그리고 하비투스 안에서 습관화되어 "이월"(移越)된다는 이 글 서두에서의 가정보다 더 복잡한 양상을 띠게 된다. 이는 특히 다시금 성별로 차이 나는 사회화라는 구상에 대해 질문하게끔 한다. 이리하여 루츠 라이제링(Leisering 1998 und 2000)은 임시변통으로서의 친밀관계 대신 사회국가(Sozialstaat)를 거친 개인적 보장 전략들을 문화적으로 수용하는 복지국가 세대의 체험에 주목하였다. 그에 반해 이 세대의 딸들은 노동이든 복지국가든 보장을 위한 수단으로서 그것들이 얼마나 부실해졌는지를 체험한다. 그러나 여성들의 생계활동에 대한 표상이 어떻게 전개되고 있는지를 알아보기 위한(Born, Krüger und Lorenz-Meyer 1996 참조) 그리고 삶의 영위 방식에 있어서 현재 진행되고 있는 복고화를 파악하기 위한(Koppetsch 2013 참조) 세대 간 비교는 지속적으로 실업 상태에 있는 빈곤여성 집단을 거의 고려하지 않는다.

한 가정 내에서도 상이한 관점들이 공존한다는 점은 (가족연구는 물론) 신분의 가족 내 전수에 대한 연구에서 거의 주목받지 못하고 있다. 물론 가족이 (비록 가족 외적인 관계들과 제도들과의 상호작용을 통해서이지만) 사회적 불평등의 재생산과 그에 본질적인 경험, 요구, 가치, 역할, 상징 등의 재생산에서 중심적인 역할을 한다는 점에 관해선 이론의 여지가 없다(Bertaux und Bertaux-Wiame 1991; Mohr und DiMaggio 1995 참조). 특히 빈곤한 가정에서 성장한 아이들이 더 나쁜 삶의 전망을 누린다는 점은 반복적으로 입증되었다(Elder 1974; Duncan et al. 1998 참조). 그러나 세대 간 관계를 고찰해야 비로소 "아이들의 삶과 교육의 진행경로의 특성들과 전형", 문화적 헤게모니에 대한 요구, 소외의 잠재적 요인들 그리고 이와 연관된 부모와 아이 간의 불안 등이 드러난다(King 2017: 29 und 2002: 54). 이를 통해 비로소 물려받은 환경으로부터의 분리라는 문제가 가족 내 세대 간 역학의—핵심적인—갈등점으로 부각된다.

빈곤세대에 대한 연구와 더불어 시야에 들어오는 가족적이면서도 경제적인—즉 복지국가 및 노동시장의 틀 내의 기회 및 위험 요인을 통해 형성된—세대 간 · 양성 간 관계 이외에도 다른 사회학적 측면들이 빈곤의 세대 간 전수에 대한 연구에서 고려되어야 한다. 가령, 마르틴 콜리(Kohli 1994: 220)는—지속적으로 빈곤한 사람들에게 결여되어 있는—상황에 스스로 영향을 미칠 수 있다는 확신의 발달을 [개인의 삶에] 외생적 요인들이 "탈마법화"되고 생애이력(Lebenslauf)의 근대적 방식이 제도화되기 위한 본질적인 부분으로 기술했다. 그러나 그는 이러한 확신이 유지될 수 있으려면, 직접적으로 강렬한 충동들이 긴 시간을 두고 충족될 수 있도록 배려되고 이로써 숙명론 및 무계획성이 문화적으로 원시적인 것으로 간주될(Schelsky 1965: 264) 수 있도록 하는 보장이 있어야 한다고 생각했다—적어도 특정 맥락에서는 말이다. 왜냐하면 무계획과 무위(無爲)의 특징들은 "가장 잘 사는 가정들", 즉 특히 고도의 전문능력을 가진 사람들에게서도, 게다가 그들이 (대개 부모 덕에 물질적으로 보장된) 하비투스에 속할 때, 나타나기 때문이다(Schlegelmilch 1987; Burkart 1992 참조).

이와 동시에, 생애이력의 사회학(Lebenslaufsoziologie)은 개인에게서의 이 생애기술적(biografischen)—행위에 적극적이고 자율적이거나 아니면 운명을 신봉하는—정향을 위한 분석도구들을 제공하고(Schütze 1981, 2006; Kohli 1981 참조) 숙명론적인 혹은 자율적인 행위 관점들을 이러저러한 계층에 엄격하게 적용하는 입장보다 더 세분화된 뉘앙스를 보여준다. 마찬가지로 이에 대해서는, 규범적으로 정착된 안전장치들이 [한 개인의] 생애이력에서 중단되면서 행위에 적극적인 관점이 사라지고 숙명론적인 관점이 얼마나 강력히 그 자리에 들어서는지 보여질 수 있다(Schiek 2010 참조).

이는, 생애기술(Biografien)이 유년기에 학습된 것을 통해 광범위하게 고착되는 것으로 이해되지 **않는다**는 것을 전제한다. 외려, 성인의 연령에 이르러서도 경험들은 변형을 겪는다(Brim und Kagan 1980; Rosenthal 2000 참조). 이러한 변형은 다시금 사회적 상호작용에서의 조정 및 적응 과정에 달려 있다. 해석적 사회학의 관점에서 볼 때 사회적 협응, 저항능력, 사회구조의 변화를 위한 열쇠가 이러한 사회적 상호작용 안에 놓여 있기 때문이다(Mead 1968; Turner 1970 참조).

이로부터 가정 내 빈곤 대물림에 대한 경험적 연구를 위한 두 가지 귀결을 끌어낼 수 있다. 즉 그 하나는, "생애기술적 방법"(biografischen Methode)의 적용이다. 이 방법은 생애기술을 행위 방향성과 자의식을 갖기 위한 (유일하게 사용가능한) 일상생활적 기술(Technik)이자 표현 형식으로 이해하고 그것을 사회학적 도구로서 활용하여 생애기술적 서사(biografische Erzählungen)를 발생시킨다. 다른 하나는, 세대 간 상호적인 전수가 어떻게 이루어질 수 있는지에 대한 인식은 한 가정 내에서 [그 구성원들 스스로에 의해 이루어지는—옮긴이] 생애기술적 집단대화(familienbiografischen Gruppengesprächen) 속에서 가장 진정한 모습으로 얻어질 수 있다는 것이다(Hildenbrand und Jahn 1988 참조). 그러한 집단대화 속에서 경험이 공동으로 누적되고 공유되는 과정, 그리고 불화의 지점들이 형성되는 과정이 직접 연구될 수 있다. 집단대화를 통한 이러한 직접연구를 넘어서는 것은 오직 문화기술지적인(ethnografisch) 거주관찰뿐이다—게다가 이러한 거주관찰은 몇 세대를 거쳐서 어렵게만 이루어질 수 있다. 비록 가족사적인 대화에서는 일상생활에서 이루어지는 상호작용이 문제가 되는 것은 아닐지라도, 그런 대화는 일상생활로부터 수단을 구하고 거기에 닻을 내리며 일상생활에 영향을 끼친다. 그것은 일상세계에서 행해지는 역할들과 행위의 경과들을 보여주는 대체수단이며, 이 대화에서 이런 역할들과 행위 경과들은 인터뷰로 변형되[어 보여지]지만 그렇다고 해서 "진실되지 못"하거나 단지 상황적으로만 타당하게 되는 것은 아니다(Goffman 2013 und 2016 참조).

이것이 우리가 독일에서의 빈곤의 대물림에 대한 질적 연구를 수행하고 이 연구가 수행되는 동안 진행된 평가로부터 이제 첫 번째 잠정적인 결과들을 제시하게 된 배경이다.

계층 상승과 계층 유지를 위한 (협상) 행위들 사이에서: 한 가족의 생애기술에 기반한 빈곤연구로부터 도출된 경험적 결과들

방법 및 자료

본 연구는 2016년 이후로 2년 동안 독일연구공동체(Deutschen Forschungsgemeinschaft)로부터 재정 지원을 받아 수 세대에 걸쳐 빈곤한 가정들에서의 행위정향과 해석틀이 세대 간 전수되는 과정을 탐구하는 연구 프로젝트로서 수행되었다. 연구의 핵심을 이루는 것은 (적어도) 두 세대,

즉 부모 및 그들의 성인자녀와 진행된 가족사적 집단대화이다. 물론 여기서 관심의 초점은 세대를 거쳐 지속되는 빈곤 상황이다. 하지만 이와 대비하기 위해, 자녀들이 상이한 범위에서 빈곤 상황을 극복할 수 있었던 또는 현재 극복하려고 노력하고 있는 가정들도 연구 대상이다.

총 11 가정에 대한 인터뷰가 이루어졌다. 인터뷰 대상이 된 것은 예외 없이 50세에서 60세 사이의 홀로 양육하는 어머니들, 대체로 20년에서 40년 동안 생계활동을 하고 있거나 이러한 활동 후 현재는 일찍 연금생활로 진입한 어머니들이다. 거주지역, (복지지원금Sozialhilfe만으로는 부족하기에 추가적으로) 수행되는 활동의 종류(공공화장실 청소, 도박장 안내데스크 등), 그리고 공간상·위생상의 거주환경과 관련하여, 그들은 분명 사회적으로 주변화되어 있거나 그러했었다. 그에 반해, 대화에 참여하는 20세에서 35세 사이의 자녀들의 상황은 아주 다양하다. [그러나] 훨씬 아래 연구 결과에서 분명해지듯, (교육 상황이나 노동시장에서의 전망과 같은) 오직 형식적인 정보에 입각해 봐도 자녀들의 사례가 계층 상승의 경우인지 아니면 계층 재생산의 경우인지는 쉽게 드러난다.

우리는 울리히 외페르만(Oevermann 2000)이 제안하는 절차에 따라 사례들을 재구성한다. 개별 사례들로부터 추상화하고 비교를 통해 가정들을 집약하기 위해, 우리는 몇몇 사례들을 동시에 근거이론방법론(Grounded Theory Methodology)의 코딩 방법[7]을 가지고 평가한다(Strauss 1991 참조). 분석의 토대를 이루는 것은 대화 녹취록의 필사본 이외에, 세 세대(조부모, 연구에 참여한 부모, 그들의 자녀)에 걸친 자격능력의 구소 및 가족구조에 관해 인터뷰 대상자들이 대화 후에 기입한 질문지와, 대

7 [역주] 수집된 자료를 엄격한 절차를 통해 분석하여 이론을 만들어내기 위한 질적 연구 방법론. 반복적 비교와 개방코딩, 축코딩, 선택코딩의 과정을 거쳐 자료를 분석한다.

상자들과 인터뷰 전후로 가진 접촉에 대한 기록도 포함하는 인터뷰 프로토콜이다.

우리는 현재 [인터뷰 자료를 토대로 한] 평가 작업 중에 있고, 그렇기 때문에 현 논문에서 다만 최초의 몇몇 측면만을 소개한다.

신분 유지를 위한 (협상) 행위들과 [가족으로부터 자녀의] 분리가 미치는 범위

[각] 세대가 상이한 인생행로를 걸어갔고, 무엇보다도 자녀들 자신이 상이한 인생행로를 걸어간 것이 자연스런 일로 여겨졌던 가족들에선 [가족으로부터 자녀의] 분리가 뒤따르(랐)는지, 그러하다면 언제 그리고 어떻게 그러한(했는)지에 대한 물음이 주제화되지 않는다. 그에 반해, [가족 간 집단대화에서 보여진] 토론의 루틴이 알게 해주듯, 같이 머물 것인가 혹은 떠날 것인가에 대하여 [부모와 자식 간에] 일상에서 협상이 반복된 다른 가정들이 있다. 어떤 논쟁들에선 부모가 그들 자신의 생애기술적 경험이 갖는 운명처럼 작용하는 힘을 [자녀들에게] 성공적으로 부각시킨 경우들이 있었는데, 이는 당면 문제제기에 관련해서 특히 흥미로웠다. 또한 부모들이 자녀들에 의해 비난을 받고 이 자녀들이 대화 및 가계 운영에서도 주도권을 갖는 사례들은 우리에게 많은 것을 알려준다. 예를 들어 신분 상승 중에 있는 어떤 딸은 대화 도중 그녀의 어머니가 행위를 계획하고 실행하는 데 많은 시간을 필요로 한다고 비난했다. 하지만 그런 경우에도 엄마에게 일자리를 구해준 것은 딸이었다. 가족이 실업급여 II(Arbeitslosengeld-II)를 받는 상황으로부터 벗어나올 수 있도록[8] 그리고 딸이 연방교육장려법(BaföG)[9]에 따른 재정 지원금을 자신의 미래를 위해 사용할 수 있도록 말이다.

부모가 얼마나 문화적인 주도권을 갖고 있는가 혹은 자녀가 자신의 의견을 얼마나 관철시킬 수 있는가가 자녀들이 가정으로부터 분리되는 범위를 상징하는 것으로 보인다. 이때 사례들 속의 자녀들은 하나의 연속성 위에서 관찰될 수 있다. 한편으로 뚜렷한 신분 상승의 성취 및 신분 상승의 열망과 그에 상응하는 적극적 행위들을 거쳐서, 그리고 다른 한편으로 사회적으로 고립된 상황을 견뎌냄 이외에도 여러 단계의 직업교육 과정의 졸업 혹은 문제 있는 경로(마약 사용, 양육 원조[10] 등)를 거쳐서야 자신의 본래 위치를 떠날 수 있었던 자녀들도 발견된다. 하지만 자녀들이 상대적으로 문제없는 경로를 거쳐 신분 상승을 이룬 후에도, 가령 대학을 졸업한 후에도 다시—물론 완전히는 아니지만—퇴행하는 경우도 있을 수 있다. 이러한 분리 및 계층 상승의 정도와 비례하여 또한 공간적·지역적 거리두기를 확인할 수 있다. 반면 부모와 강하게 결속되어 있는 자녀들은 (분가했다고 하더라도) 부모에게 공간적으로도 사로잡혀 있다.

8 [역주] 하르츠 IV 법안에서 기존의 고용보험법상 실업급여는 실업급여 I으로 변경되어 수급기간이 단축되고 급여수준이 조정되었다. 실업급여 I은 지난 2년 동안 최소 12개월 동안 직업을 가졌고 실업보험금을 납입한 사람만이 받을 수 있다. 즉 직업을 갖게 된다는 것은 실업상태가 되었을 때 실업급여 I을 받을 자격을 가질 수 있게 된다는 것을 의미한다. 실업급여 II는 근로능력이 있는 사회부조 수급자를 대상으로 삼아 국가가 지원한다.

9 [역주] 독일연방교육장려법(Bundesausbildungsförderungsgesetz)의 축약어. 교육 장려를 위한 독일 연방법 및 이에 따른 연방 재정 지원을 가리킨다. 사회 보장 혜택에 속한다. 연방통계청에 따르면 매년 600,000명의 대학생과 300,000명의 일반 학생들이 혜택을 받고 있다.

10 [역주] Erziehungshilfe. 아래에서 언급되는 수양가정(Pflegefamilie)이 대표적이다.

성장기에 가족구조로부터 떠남 그리고 형제자매 간의 차이

우리가 대화해본 많은 가정에서 자녀들은 유년기의 많은 부분을 할머니와 함께 보냈고 이 시기를 엄마와 함께하는 삶보다도 선호했으며, 따라서 부분적으로는 스스로 그렇게 할머니와 거주하기를 결정했다. 마찬가지로, 질문받은 자녀들 중 몇몇의 경우에는 집으로부터 "떠남"(Weglaufens)의 전형 혹은 자살충동이 그들을 유년기 내내 따라다녔다. 또한 보육시설 체류 및 여타의 양육 원조의 사례들이 생애기술(Biografien)에서 발견된다. 이러한 사례들은 자녀들에게 "회복"으로 체험되고, 많은 경우 심지어 직업교육이나 약물복용 중단과 같은 재도약을 시작할 수 있었다.

주목할 만한 것은 체험과 관련하여 대화를 통해 우리에게 드러나는 형제자매 간의 차이이다. 이처럼, [우리의 연구에서는] 대화에 참여하지 않는 자매들과 형제들에 관해 토론될 뿐만 아니라, 이들이 자신들의 체험된 생애역사를 얼마나 다양하게 대하는가가 토론된다. 또한, 성인이 된 형제자매들이 대화에 참여한 경우에 가족사에 관한 인터뷰는 특히 아버지의 부재, 물질적 결여, 심리적 부담과 같은 공동의 역사를 대면하여 소화하는 다양한 방식과 연관된 해명 혹은 갈등을 위한 촉매제가 된다. 그때, 부모가계로부터의 거리두기와 자신의 행위 자율성의 발생 사이의 연관이 시사된다. 즉 대화 도중 그들의 형제자매들 및 어머니와는 다르게 자신을 내보이는 자녀들은 부모의 신분적 지위로부터 위를 향해 분리되는 과정 중에 있다. 그들은 또한, "여전히 거기 머물러 있는" 그들의 형제자매들 및 부모의 신분을 재생산하는 다른 가정의 동년배들과는 다른 요구 수준을 가지고 있다.

요구 수준들 그리고 안전보장 수단들

이러한 연관에서 무엇보다도 생활수준의 개인적 보장과 관련하여 계층 상승의 경우와 대물림의 경우 사이엔 커다란 차이가 있다. 이러한 경우들은 도입부에서 논의되었던 '동정을 받을 자격이 있는/없는 빈자들'의 표상들과 교차된다. 즉 이처럼, 질문을 받은 어머니들 중에선 빈곤의 원인으로 이혼을 언급하는 경우가 발견되고, 가정 및 성적 규범으로부터 일탈했다는 비난이 자기 자신이나 다른 (가난한) 여성들에게 가해진다—헤르베르트 J. 간스(Gans 1992)는 빈자들에 대한 멸시가 갖는 기능들을 기술했는데, 그러한 기능 중 하나는 "아래로부터의 위계화"를 통해[준거집단을 깎아내림으로써—옮긴이] 자기 자신을 높게 평가하는 것이다. 한편, 계층 상승을 이룬 딸들은 빈자들이 사회경제적으로 타인에게, 특히 아버지에게 의존함을 비난하고, 교육과 소득 그리고 생계활동의 연속성에 대한 높은 요구 수준을 보인다—이 후자의 것들은 빈곤에 대항하는 본래의 안전장치들인데, 그녀들의 경우에 이것들은 당분간 안정적일 것이다. 그럼에도 불구하고 그들은, 당시의 사회국가와 손을 잡고 빈곤을 "통과"했을 뿐 아니라, 또한 마침내 빈곤으로부터 자신들을 구출한 그들의 어머니들의 경제활동에 경탄한다. 그에 반해 부모의 지위를 재생산하거나 바로 위에서 언급된 경우들처럼 눈에 띄게 그리고 문제없이 계층 상승하지 못한 자녀들은 가족관계와 소득증대에 대해 요구하는 것이 보다 적다. 물론 그들의 가족사는 명백히 더 큰 짐을 지우는 것이어서, 어떤 경우에는 "머리 위를 덮을 지붕, 먹을 것, 텔레비전"(한 인터뷰로부터의 인용)보다 더 높은 목표와 그에 도달하려는 노력을 위한 에너지가 부모 슬하의 체험에서 발생한 심리적 부담 속으로

빨려들게 된다.

결론

우리는 물론 이 글에서 아직은 어떠한 상세한 사례 재구성도, 이로부터의 추상에서 도출된 어떠한 이론도—도입부에서 논의되었던 측면들과의 "최종적인" 연관을 포함하는 결과로서—제시할 수 없었다. 그러나 이제까지의 결과들을 통해 우리는 "빈곤세대들"이 다양한 관점들을 가진 여러 문화적 세대들을 보여준다는 것을 알 수 있다. 관점들의 이러한 다양성은 그들이 출생한 빈곤 상황의 특수성에서 기인할 뿐 아니라, 복지국가와 관련해서 그리고 교육정책상 상이한 시기들에 문화적으로 각인되었다는 역사적으로 특수한 상황에서의 출생을 통해서도 특징지어진다. 이러한 차이들을 드러내기 위해서는, 세대 간 관계와 포지셔닝을 직접적으로, 즉 이론을 통해서뿐 아니라 방법론적으로 포섭해야 한다. 또한 이를 통해, 차이들로부터 공통분모 또는 나아가 공통의 생활방식이 구성되는 과정들이 드러난다. 여기서 우리에게 핵심적인 것으로 보이는 것은, 부모 곁에 "머무름"이나 상이한 범위의 "분리"가 본래의 위치에서 떠나 제각기 다른 정도의 신분 상승의 원인이 되고—그렇기 때문에 또한 이렇게 가족 내 토론에서 본질적인 점을 드러낸다는 점이다. 즉 가족 내 토론에서 중요한 것은 머무름 혹은 분리의 (협상) 행위들이다. 이것들은 물론 괜찮은 계층에 속한 부모들과 그들의 "잘 자리 잡은" 자녀들 간에도 다소간에—코르넬리아 코페치(Koppetsch 2013)에 따르면 경향상 줄어든다—성공할 수 있다. 그러나 상류층이나 중류층에 머무른다는 것은 그다지 숙명적인 것이 아니며, 자립과 분리에 대한 요구는 복지구조상 가난한 집 자녀들에게 보다 강하게 향하게 된다. 왜냐하면 그들에게서 이는 또한 그들의 계층 상승 열망을 상징하고, 가난한 부모로부터 분리되지 못함은 복지 의존성을 그들의 삶의 방향으로 삼게 됨을 의미하기 때문이다.

전체적으로 볼 때 명확해지는 것은, 가정환경 말고도 복지문화 혜택의 관점에서 본 세대 간 관계와 그에 적합한 해석틀이 이제까지의 불평등 재생산 연구에서보다 훨씬 더 고려의 대상이 되어야 한다는 점이다. 그러나 이제까지의 빈곤세대 연구에서 광범위하게 무시되었던, 하지만 인터뷰들에서는 중요한 요소가 되었던 것은 자녀들이 일시적으로 육아원(Heimeinrichtungen)이나 다른 양육부조 제도(가령, 수양가정[11])에서 살아가는 일이 자주 있다는 것이다. 사회적 지위 획득의 장소로서의 가정에 (논란의 여지없이) 포커스가 맞추어져 있는 가운데, 이 시기 혹은 유년기가 어떤 결과를 가져오는지는 불평등 재생산 연구에서 거의 완전히 배제되어 왔다(Mangold und Schroer 2014 참조).

번역_정대훈

11 [역주] Flegefamilie. 부모의 적절한 보호와 양육을 받을 수 없는 환경에 놓인 자녀를 일정 기간 동안 다른 가정에 위탁하는 제도. 한국에도 이러한 제도가 있다. 독일에선 아동청소년복지국(Jugendamt)에서 위탁을 관장하며 위탁을 수행하는 가족에게는 재정적 지원이 이루어진다.

참고문헌

Anderson, Elijah 1990: Streetwise. Race, Class, and Change in an Urban Community. Chicago und London: University of Chicago Press.

Auletta, Ken 1983: The Underclass. New York: Random House.

Bertaux, Daniel und Isabelle Bertaux-Wiame 1991: »Was Du ererbt von Deinen Vätern ...« Transmissionen und soziale Mobilität über fünf Generationen, in: BIOS. Zeitschrift für Biographieforschung und Oral History 4. 1, 13–40.

Born, Claudia, Helga Krüger und Dagmar Lorenz-Meyer 1996: Der unentdeckte Wandel. Annäherung an das Verhältnis von Struktur und Norm im weiblichen Lebenslauf. Berlin: edition sigma.

Bourdieu, Pierre und Jean Claude Passeron 1971 [1964/1971]: Die Illusion der Chancengleichheit. Untersuchungen zur Soziologie des Bildungswesens am Beispiel Frankreichs. Übers. von Barbara Picht und Robert Picht. Stuttgart: Klett.

Brim, Orville Gilbert und Jerome Kagan 1980: Constancy and Change in Human Development. Cambridge: Harvard University Press.

Bronfenbrenner, Urie 1958: Socialization and Social Class Through Time and Space, in: Eleanor Maccoby, Theodore Newcomb und Eugene Hartley (Hg.): Readings in Social Psychology. New York: Holt, Rinehart & Winston, 400–425.

Burkart, Günter 1992: Lebenszeitperspektiven – Ergebnisse qualitativer Milieustudien, in: Sylvia Gräbe (Hg.): Alltagszeit – Lebenszeit. Zeitstrukturen im privaten Haushalt. Frankfurt a. M. und New York: Campus, 139–164.

Duncan, Greg, Jeanne Brooks-Gunn, Jean W. Yeung und Judith R. Smith 1998: How Much Does Childhood Poverty Affect the Life Chances of Children?, in: American Sociological Review 63. 3, 406–423.

Elder, Glen H. 1974: Children of the Great Depression. Social Change in Life Experience. Boulder: Westview Press.

Ericson, Martha C. 1946: Child-Rearing and Social Status, in: American Journal of Sociology 52. 3, 190–192.

Gans, Herbert J. 1992: Über die positiven Funktionen der unwürdigen Armen. Zur Bedeutung der »underclass« in den USA, in: Stephan Leibfried und Wolfgang Voges (Hg.): Armut im modernen Wohlfahrtsstaat. Opladen: Westdeutscher Verlag, 48–62.

Geiger, Theodor 1972 [1932]: Die soziale Schichtung des deutschen Volkes. Darmstadt: Wissenschaftliche Buchgesellschaft.

Goetze, Dieter 1992: »Culture of Poverty« – Eine Spurensuche, in: Stephan Leibfried und Wolfgang Voges (Hg.): Armut im modernen Wohlfahrtsstaat. Opladen: Westdeutscher Verlag, 88–103.

Goffman, Erving 2013 [1959]: Wir alle spielen Theater. Die Selbstdarstellung im Alltag. Übers. von Peter Weber-Schäfer. München: Piper.

Goffman, Erving 2016 [1974]: Rahmen-Analyse. Ein Versuch über die Organisation von Alltagserfahrungen. Übers. von Hermann Vetter. Berlin: Suhrkamp.

Gordon, Milton 1947: The Concept of the Sub-Culture and Its Application, in: Social Forces 26. 1, 40–42.

Groh-Samberg, Olaf und Henning Lohmann 2014: Soziale Ausgrenzung von Geringqualifizierten. Entwicklungen der materiellen, kulturellen und politischen Teilhabe, in: Ullrich Bauer, Axel Bolder, Helmut Bremer, Rolf Dobischat und Günter Kutscha (Hg.): Expansive Bildungspolitik – expansive Bildung? Wiesbaden: Springer VS, 173–193.

Hildenbrand, Bruno und Walter Jahn 1988: »Gemeinsames Erzählen« und Prozesse der Wirklichkeitskonstruktion in familiengeschichtlichen Gesprächen, in: Zeitschrift für Soziologie 17. 3, 187–202.

King, Vera 2002: Die Entstehung des Neuen in der Adoleszenz. Individuation, Generativität und Geschlecht in modernisierten Gesellschaften. Opladen: Leske + Budrich.

King, Vera 2017: Intergenerationalität – theoretische und methodische Perspektiven, in: Kathrin Böker und Janina Zölch (Hg.): Intergenerationale Qualitative Forschung. Theoretische und methodische Perspektiven. Wiesbaden: Springer VS, 13–32.

Kohli, Martin 1981: Biographische Ordnung als Handlungs- und Strukturproblem. Zu Fritz Schützes »Prozeßstrukturen des Lebenslaufs«, in: Joachim Matthes, Arno Pfeifenberger und Manfred Stosberg (Hg.): Biographie in handlungswissenschaftlicher Perspektive. Nürnberg: Verlag der Nürnberger Forschungsvereinigung, 157–168.

Kohli, Martin 1994: Institutionalisierung und Individualisierung der Erwerbsbiographie, in: Ulrich Beck und Elisabeth Beck-Gernsheim (Hg.): Riskante Freiheiten. Individualisierung in modernen Gesellschaften. Frankfurt a. M.: Suhrkamp, 219–243.

Koppetsch, Cornelia 2013: Die Wiederkehr der Konformität. Streifzüge durch die gefährdete Mitte. Frankfurt a. M. und New York: Campus.

Leisering, Lutz 1998: Sozialstaat und Individualisierung, in: Jürgen Friedrichs (Hg.): Die Individualisierungsthese. Opladen: Leske + Budrich, 65–78.

Leisering, Lutz 2000: Wohlfahrtsstaatliche Generationen, in: Martin Kohli und Martin Szydlik (Hg.): Generationen in Familie und Gesellschaft. Opladen: Leske + Budrich, 59–76.

Lewis, Oscar 1959: Five Families. Mexican Case Studies in the Culture of Poverty. New York: Basic Books.

Lewis, Oscar 1969: The Culture of Poverty, in: Daniel Patrick Moynihan (Hg.): Perspectives on Poverty. New York: Basic Books, 187–200.

Mangold, Katharina und Wolfgang Schroer 2014: Ambivalente Bildung: Prekäre Bewältigungslagen in der Lebenslage Student_in. Das Beispiel »Studierende mit Erziehungshilfeerfahrung«, in: Diskurs Kindheits- und Jugendforschung 9. 4, 435–449.

Mead, George H. 1968 [1934]: Geist, Identität und Gesellschaft. Übers. von Ulf Pacher. Frankfurt a. M.: Suhrkamp.

Mohr, John W. und Paul DiMaggio 1995: The Intergenerational Transmission of Cultural Capital, in: Research in Social Stratification and Mobility 14, 169–200.

Murray, Charles 1993: The Coming White Underclass, in: The Wall Street Journal, 29. Oktober.

Oevermann, Ulrich 2000: Die Methode der Fallrekonstruktion in der Grundlagenforschung sowie der klinischen und pädagogischen Praxis, in: Klaus Kraimer (Hg.): Die Fallrekonstruktion. Sinnverstehen in der sozialwissenschaftlichen Forschung. Frankfurt a. M.: Suhrkamp, 58–156.

Paugam, Serge 1998: Poverty and Social Exclusion: A Sociological View, in: Martin Rhodes und Yves Mény (Hg.): The Future of European Welfare. A New Social Contract? Basingstoke u. a.: Palgrave Macmillan, 41–62.

Rodman, Hyman 1976: Culture of Poverty: The Rise and Fall of a Concept, in: Sociological Review 24. 4, 867–875.

Rosenthal, Gabriele 2000: Historische und familiale Generationenabfolge, in: Martin Kohli und Marc Szydlik (Hg.): Generationen in Familie und Gesellschaft. Opladen: Leske + Budrich: 162–178.

Schelsky, Helmut 1965: Auf der Suche nach Wirklichkeit. Gesammelte Aufsätze. Düsseldorf und Köln: Eugen Diederichs.

Schiek, Daniela 2010: Aktivisten der Normalbiographie. Zur biographischen Dimension prekärer Arbeit. Wiesbaden: VS Verlag.

Schiek, Daniela 2017: Armutsgenerationen: Das familiengeschichtliche Gespräch als methodologischer Zugang zur Transmission von Armut, in: Forum: Qualitative Social Research 18. 3.

Schlegelmilch, Cordia 1987: Taxifahrer Dr. phil. Akademiker in der Grauzone des Arbeitsmarktes. Wiesbaden: VS Verlag.

Schütze, Fritz 1981: Prozeßstrukturen des Lebenslaufs, in: Joachim Matthes, Arno Pfeifenberger und Manfred Stosberg (Hg.): Biographie in handlungswissenschaftlicher

Perspektive. Nürnberg: Verlag der Nürnberger Forschungsvereinigung, 67–189.

Schütze, Fritz 2006: Verlaufskurven des Erleidens als Forschungsgegenstand der interpretativen Soziologie, in: Heinz-Hermann Krüger und Winfried Marotzki (Hg.): Handbuch erziehungswissenschaftliche Biographieforschung. Wiesbaden: VS Verlag, 205–237.

Strauss, Anselm L. 1991: Grundlagen Qualitativer Sozialforschung. Übers. von Astrid Hildenbrand. München: Fink.

Turner, Ralph 1970: Family Interaction. New York: Wiley & Sons.

Ullrich, Carsten G. 2008: Die Akzeptanz des Wohlfahrtsstaates. Präferenzen, Konflikte, Deutungsmuster. Wiesbaden: VS Verlag.

Walper, Sabine 2008: Sozialisation in Armut, in: Klaus Hurrelmann (Hg.): Handbuch Sozialisationsforschung. Weinheim: Beltz, 203–216.

Waquant, Loïc J. D. 1996: The Rise of Advanced Marginality: Notes on Its Nature and Implications, in: Acta Sociologica 39. 2, 121–139.

중산층에서 세대 간 지위 안정화의 문제
두 자영업 가족 분석

미리암 샤트, 니콜레 부르찬

서론

중산층의 불확실성 내지 왜소화 과정에 대한 느낌은 격렬한 논쟁의 주제이다. 이 논쟁은 학문의 영역(Burkhardt et al. 2013; Burzan, Kohrs und Kuesters 2014; Lengfeld und Ordemann 2016 참조)에서만이 아니라 매체에서도 빈번히 등장한다.[1] 이런 상황에서도 자신의 지위를 재생산하고 이를 자기 자식들에게 대물림하는 일에 (어떤 자극에도 불구하고) **성공한** 중산층이 있다. 특히 "과거의 중인신분"과 마찬가지로 (종종 전통적인) 가업을 가진 중산층 일부는 비교적 안정적인 사회적 환경으로 간주되는데,

1 2017년 4월 7일 3Sat 방송프로그램 makro에서 다룬 "몰락에 대한 중산층의 두려움"이나 2017년 8월 2일 ZDF의 zoom에서 방송된 "중산층: 허우적거림, 고된 노동, 연명"을 예로 들 수 있다.

왜냐하면 이런 환경에서는 다음 세대에게 지위 상속 및 승계의 기회를 통한 지위 승계가 구조적으로 제공되기 때문이다. 역사적으로 보면 중산층에 귀속되는(Schäfer 2009 참조) 이 집단은 시민층 일부와 소위 "신중산층"(뛰어난 자격을 갖춘 직장인)과 더불어 사회적 핵심 영역을 형성하는데도 불구하고 불평등 연구에서, 적어도 중산층 연구에서 거의 주목받지 못하고 있다.

이는 놀라운 사실이다. 왜냐하면 중산층의 안정성을 위해 그리고 독일의 경제발전을 위해 가족기업이 역사적으로 중요한 역할을 했기 때문이다(Stamm 2013: 56). 회사의 규모와 조직의 유형에 따라 가족의 영향력은 기업에 아주 중요하며, 후계조직은 종종 가족의 체계 내에서 조직된다. 이때 가족은 계층의 귀속성을 관습에 맞게 그리고 가치 지향적으로 배우고 전수하는 중요한 사회적 장소로서(Ecarius 2013) 그 구조를 통해 지위 재생산의 조건에 핵심적인 영향을 미친다(McLanahan und Percheski 2008). 이 글에서 우리는 두 자영업가족을 예로 들어 이 문제를 살펴보고자 한다. 여기서 우리는 가족의 어떤 직업정신이 세대를 거치며 관찰될 수 있는지, 그리고 어떤 연관에서 이러한 정신이 세 세대를 거치는 가운데 지위 유지에 기여하는지를 물을 것이다. 이어서 중산층의 지위 유지의 역동성을 탐구하기 위한 개념적 숙고를 시도할 것이다.

이 두 가족을 나란히 두고서 우리는 어떤 마음성향(Mentalitaet, 가족의 전통, 가치 등)이 지위 재생산에 역할을 하는지를 일차자료와 이차자료들을 비교하는 형태로 하여 탐색적 지표를 찾을 수 있을 것이다.[2] 지

2 첫 번째 인터뷰는 2017년 세 세대에 걸친 기업가족의 구성원들과 이뤄졌다(일차자료). 가족 인터뷰는 지금까지 불평등 연구에서 거의 사용되지 않은 조사 방식이다(Schiek 2017; Schad und Burzan 2018 참조). 여기서 수행된 인터뷰는 (괴팅겐 대학 사회학연구소 소속

위 유지의 문화적 차원은 (문화 자원들과 결합하는 방식으로) 이러한 관점에서 아주 중요하다. 여기 다뤄지는 기업가족은 상반된 조건들로 각인되어 있어서 특별히 흥미롭다. 한편으로 기업은 가족에 지위 승계를 위한 기본적인 구조적 기회를 제공하는 반면, 다른 한편으로 시장에서의 지속적인 경쟁과 개인적 삶의 규범적 관념의 관점에서 볼 때 (모든 형제들에게) 지위 변화가 "간단하게" 이뤄지지 않는다. 세대를 거친 두 기업가문의 가족의 지위 재생산은 두 가지 질문에 기초하여 고찰된다. 1. 세 세대를 거쳐 지속되는 가족적 연속성이 어떤 구조와 전략을 통해 (무엇보다 어떤 지각된 조건들을 배경으로 하여) 만들어지거나 단절되는가? 2. 이때 세대 간을 잇는 정신성과 지위 연속성에 어떤 연관이 있는가? 그리고 이 차원이 어떻게 승계 과정에 표현되는가?

두 가지 사례

첫 번째 사례는 두 세대에 걸쳐 작은 자동차 수리공장을 운영하는 가족이다(Schad und Burzan 2018 참조). 약 20년 전 사별하고 혼자 된 할머니, 그녀의 딸과 아들, 이 아들의 아내와 이들의 딸들 중 한 명이 대화에 참여했다. 할아버지는 1960년대에 회사를 설립하고 나중에 확장했으며, 그의 두 자녀와 며느리가 회사를 계속 관리하고 있다. 할머니는 지금도 사무실에서 일을 하며 도움을 주고 있다. 아들이 자동차 수리와 관련하

Bertold Vogel과 합동으로 진행된) 프로젝트의 일환이었다. 이 프로젝트에서는 중산층에 속한 3개의 직업군에서 지위 재생산과 관련한 세대 간 전략이 탐구되었다. 두 번째 가족의 인터뷰 자료는 다른 저자가 이미 완결한 연구에 기초한다. 그 연구자의 데이터들을 우리는 정보보호법에 맞게 사용했다(이차자료).

여 장인(마이스터)이 되는 과정을 밟는 동안 여성들은 사무관리 분야에서 훈련을 받거나 경제 분야를 전공하며 대학을 마쳤고, 가족기업에서도 행정 업무를 담당하고 있다. 21살의 손녀는 법률사무소 관련 직업훈련을 성공적으로 받았으며, 지금은 현장에서 인턴으로 일하고 있다. 그녀의 어린 여동생은 종합고등학교(Gesamtschule)[3] 고학년에 재학 중이다.

가족의 연속성은 1세대에서 중간 세대로 이어지는 가운데 아버지(제1세대)의 권위적 압박으로 특징지을 수 있다. 그의 두 아들은 가족기업에서 일하는 것에 대해 어떤 거부도 할 수 없었다고 한다. 그들은 기쁘지 않은 상황에서도 아버지의 계획을 따랐다. 아버지의 행위 원칙은 그의 사후에도 가족 구성원의 중요한 방향타가 되었다. 이때 부지런함, "고되게 일하고" "휴가를 포기할" 준비자세 등과 같은 지위 유지를 위한 현실적 가치들이 가족의 기본 원칙으로 간주되었다. 초기 자본도 없이 가혹한 삶을 가꿔나간, 그리고 점점 더 "어느 정도의 행운의 몫"을 챙긴 할아버지의 "자수성가한 삶의 이력"은 전체 가족의 정체성 형성에 결정적이었다. 할머니와 제2세대는 할아버지의 유업을 지속해야 한다는 책임감을 느꼈다. (가족의 내부결속 외에도) "적합한" 배우자를 갖는 것도 할아버지 유업의 계승에 기여했다. 며느리도 작은 수공업을 운영하는 집안 출신이다. 딸은 자신이 가업에 크게 관여하는 것에 대해 이해를 잘 못한 남자친구와 헤어졌다.

젊은 세대만을 놓고 보면 그 이전 세대와 다른 점이 있다. 앞선 세대가 경험한 권위적 지시 등은 규범적으로 더 이상 문제가 되지 않으며,

3 [역자 주] 종합고등학교는 일반적으로 대학 진학을 목적으로 하는 중등학교인 김나지움과 대비되는, 독일의 중등학교(중고등학교)의 한 유형이다. 학문 이외에 뜻을 둔 학생들이 직업 등을 탐색하며 배운다. 물론 이곳의 학생들에게도 대학 진학의 문은 열려 있다.

따라서 직업 선택에서 딸들에게 더 큰 자유가 주어졌다. 자식들의 지위 유지를 바라는 부모세대의 소망을 전제할 경우 누가 승계할 것인지의 문제는 세대 내 및 세대 간 지위 유지를 위해 위험부담이 있을 수도 있는 일종의 "대표자 문제"로 나타날 수 있다. 젊은 세대의 딸들 중 누구도 현재 사업을 인수할 준비를 하고 있지 않고, 중간 세대는 어떤 경우라도 대략 15년 동안은 직업 활동을 유지할 수 있을 것이기 때문에 승계 문제는 아직 시간이 남아 있다. 이 문제에서 회사는 가능한 한 많은 이윤을 받고 매각되거나 혹은 (부모 차원에서 논의되고 있듯이) 예를 들어 수공업에 조예가 있는 남자를 사위(여기에서는 적합한-남성-배우자)로 받아들여 그 딸과 회사를 승계하도록 할 수도 있다. 이런 방식의 지속이 이뤄지지 않는다면 젊은 세대가 고등학교를 마친 후 행정 견습을 통해 이전의 지위를 유지할 수 있을지 적어도 외부에서 보면 근본적으로 불투명하다. 세대 내 지위 유지 및 세대 간 지위 유지와 관련된 잠재적 갈등 영역과 상관없이 가족 구성원들에게 조화로운 가족의 상을 제시하는 것은 중요하다. 기업의 문제에서 공동의 결정, 가족의 유대성, 전통의식과 지역적 유대 등은 인터뷰 중에 자주 표현된 측면들인데, 이것들은 가족적 책임이라는 마음상태의 유형으로 응축된다.

이 기업가족에서 가치의 연속성과 지위의 연속성이라는 생각이 무조건 일치하는 것은 아니다. 가족 결속력과 성과라는 가치는 어쨌거나 젊은 세대에게도 적용된다. 비록 이 원칙들이 일반적인 태도의 형태(예를 들어 코감기에도 작업장 가기)로 표현되지, 아주 고차적인, 말하자면 고등교육을 받아야 한다는 것 등으로 표현되지는 않지만 말이다. 이에 반해 미래에 대한 준비라는 가치는 다소 약화되었다. 젊은 세대의 많은 사람들이 고등학교 졸업 후에 자기 직업에 대한 구체적인 계획을 가지고 있지 않다는 지표가 이를 보여준다. 업무 수행을 위한 준비성과 (중간 세대에 현존하는) 계획적 예측이라는 이상만으로는 지위 유지가 안전하지는 않다. 이것은 승계 문제와 연관이 있고, 따라서 직업 선택의 자유도의 규범적 증가와 같은 사회적 변화와 관계가 있으며, 동시에 ("투자 잔고"의 맥락에서만이 아니라) 최적의 판매 시점을 예측하기 어렵게 만드는 산업의 급격한 기술 변화와 관련이 있다. 이러한 상황으로 인해 중간 세대는 창의적인 계획 수립의 태도보다는 관망하는 태도 경향을 가지게 되는데, 이들도 이런 상황에 점차 어려움을 호소한다. 이 세대는 자신의 지위 유지를 위한 전략을 결정할 때 부모의 집을 떠나본 적도, 파트너와 결합해서 살아본 적도 없는, 전문 자격 습득 등 특정한 전기적 전환을 아직 수행한 적도 없는 젊은 사람들의 결정에 의지하기도 한다.

이 가족의 이야기에는 세대 간 연속성과 불연속성의 문제를 포함하여 지위 유지와 연관된 가족 문화적 차원이 있다는 것을 보여준다. 이 점에서 우리는 그로-잠베르크, 마우 그리고 시망크의 연구를 참고할 수 있다(Groh-Samberg, Mau und Schimank 2014: 222). 이 연구자들은 개인적 자원과 권역별 (촉진)활동을 넘어 "다양한 특성들을 결합하는 생활방식의 논리"를 중점적으로 연구했다. 이들은 중산층에 속한 자들이 전체 삶의 과정 동안 자신의 삶의 지위를 유지하기 위해 끊임없이 "투자"해야 한다는 사실을 가정하며 연구한다. 이 연구들에서는 부르디외의 하비투스(Habitus)[4] 개념에 의지하여 예견적 투자(예컨대 지속적 직업교

4 [역자 주] 개인의 관점에선 '습관', 전체의 관점에선 '관습' 등 일종의 '성향'을 의미하는 라틴어 Habitus(하비투스)는 몸에 밴 자신만의 삶의 양식을 지시한다. 자신이 태어난 계급적, 사회적, 문화적 환경의 영향으로 특정한 종류의 성향이 형성된다. 따라서 인간의 이런 무의식적 성향은 그의 계급성을 보인다고 할 수 있다. 이 개념으로 부르디외는 의식 중심, 이성 중심의 근대적 사유 전통을 비판한다. 이 글에서는 부르디외의 하비투스 개념을

육)의 방식으로 실현되는 문화적 자본의 형태들 역시 중요한 역할을 한다. 업적에 대한 뚜렷한 열망과 계획의 의무 등은 저자들에게 광범위한 라이프스타일의 변화와 점점 더 단기적인 대처 전략이라는 관점을 가정하게 하는 핵심 요소이다. 여기 소개된 가족에 대한 연구는 추가적으로 한편으로 가족 내 세대 간에 이뤄지는 지위 안정화 전략이 간단하게 진행되지는 않는다는 것을 보여준다. 다른 한편으로 중산층 내에서 상대적으로 특수한 부분을 이루는 기업가족 내에서조차 계속되는 분화가 일어나고 있음을 추측할 수 있는데, 두 번째 가족을 탐구하는 데서 이 부분에 좀 더 천착하고자 한다.

두 번째 소개할 가족은 세 번째 세대에서 모터를 취급하게 된 기업가족이다. 인터뷰는 개별적으로 진행되었고, 각 세대마다 대표자 한 사람과 이뤄졌다.[5] 첫 번째 인터뷰 대상자인 할머니는 오랫동안 장사를 하였는데, 나이로 인해 사업에서 물러났다. 두 번째 대상자는 큰 아들인데, 아버지의 회사를 물려받았다. 첫 번째 가족에서처럼 그에게 다른 선택지가 없었다. 제3세대 중에서는 첫째 아들이 다음 인터뷰 대상자였다. 그는 지금 서서히 사업에 진입하고 있으며, 자신의 시각에서 사업 승계를 위한 업무를 배웠다. 제2세대의 둘째 아들은 인터뷰하지 않았는데, 그는 가족의 사업에 들어가지 않기로 스스로 결정하고 지금은 의료인으로 활동하고 있다. 제3세대의 다른 형제들도 인터뷰하지 않았다. 이들 중에는 두 부부가 있었고, 인터뷰 당시 아직 미성년자도 있었다.

Mentalität와 거의 같은 말로 쓴다. 일반적으로 정신성으로 번역되지만 정신으로 번역되는 Geist와 구별될 뿐 아니라 저자 역시 이 글에서 구별하고 있기에, 여기서는 (썩 맘에 들지는 않지만) '마음성향'으로 번역한다.

5 이어지는 분석에서 우리는 개별 인터뷰와 가족 인터뷰를 비교하여 어떤 차이가 드러나는지를 방법론적으로 성찰할 것이다.

제1세대에서 가족의 연속성은 두 아들에 대한 아버지의 권위적 압력 위에서 형성되었고, 아버지의 "자수성가"가 강조되었다. 첫째 아들은 기술대학을 졸업했고, 자기 동생에게 같은 것을 추천했다. 둘째 아들 역시 기술 관련 전공을 시작했지만 의학을 공부하기 위해 그만뒀다. 직업에 대한 이런 변화된 생각으로 인해 가족회사의 설립자인 아버지와의 관계에 단절이 생겼다. 할아버지의 죽음 이후 큰아들이 몇 년 전부터 회사를 넘겨받았고, 자신의 표현에 따르면 혁신은 많이 하지 않았지만 사업을 단단하게 만들었다. 그는 자기 자식들에게 이 일을 그들의 일생의 직업으로 삼도록 강요하지 않는다고 말했다. 그리고 그 아들은 자기 아버지가 자신이 일하는 회사가 "자신의" 가업임을 오랫동안 말하지 않았다고 말한다.

제3세대에서, 특히 부모의 이혼 이후 아버지의 재혼과 더불어 첫 번째 부인에게서 태어난 아이들에게서 문제가 생기기 시작했다. 딸은 아버지와 형제의 이야기에 거의 등장하지 않으며, 처음부터 후계 구도에 있지도 않았다. 그녀는 인문학 분야에서 두 개의 전공으로 대학을 마쳤는데, 이 문제는 지나가면서 그저 슬쩍 언급하는 정도였다. 그녀는 새엄마 및 이복형제들과 그렇게 매끄럽지 못했다. 아들은 달랐다. 그는 학업성적이 나빴고 거친 청년이었지만 이미 어려서부터 가족기업을 업으로 삼기 시작했고, 할머니와 아버지로부터 할아버지와 매우 유사하다는 말을 듣곤 했다. 기술에 대한 관심과 혁신의지 등을 가진 이 "타고난 기질"로 인해 아들의 위치는 가족 내에서 후계자로 정당화되었다. 그의 아버지는 외국에서 직업 경험을 쌓도록 격려하고 또 염려 없이 대학 공부를 하도록 해줬다. (성공적 사업가로서의) 이전 세대들의 지위에 도달할 수 있을 것인지의 불안감은 적어도 인터뷰한 아들에게서는 찾아볼 수 없었다. 이전 세대와 비교해볼 때 기업이 확장되었고, 이로 인해 더 나아간 사회적 상승이 관찰될 수 있다.[6]

기업의 성공이 가장 중요하다는 것은 가족의 일차적 원칙이다. 따라서 할아버지의 유언장은 회사에 실질적인 위험 요소가 내포되어 있기 때문에 할아버지의 죽음 이후 유산은 새롭게 분배될 것이다. 할머니가 상속을 "의미 있게" 새로이 분배할 수 있게 하기 위해 상속을 거부하기로 가족은 모두 의견의 일치를 봤다. 이때 이 외의 다른 가족 구성원도 전략적 관점에서 계수하기도 하고 또는 고려하지 않기도 했다. 여러 지점에서 (독일 통일 시기의) 변혁의 시간에 "많은 행운을 가졌"다고 강조하였다. 가족의 이야기를 종합하면 혁신적 기업가 정신 및 지배와 관철능력 등은 세대를 넘어 지속되었고, 할아버지에서 손자에 이르기까지 체현되었다. 중간 세대의 아들은 유산의 공정한 분배를 자신이 심혈을 기울이는 마지막 큰 과업이라고 생각한다. 여기에서 기업을 유지하고 후계를 안정시키면서도 공정해야 하고 또 재혼으로 얻은 어린 아이들의 직업 경력도 고려해야 한다는 목표가 설정되었다. 첫 번째 가족과 비교할 때 여기서는 자녀의 지위 유지에 대한 소망이 더 분명하게 표현된다.

토론

이 두 가족을 탐색하여 비교함으로써 중산층 가족의 지위 유지에 대한

6 이 가족기업은 오랫동안 한 지역에서 50명 이하의 종업원을 가진 회사였다. 2000년대 이후 다른 몇몇 회사를 인수하여 국제화에 돌입했다. 이런 이유로 이 가족은 지난 두 세대의 가족사에서 중산층으로 기술되었다. 하지만 제3세대에 속한 아들의 계층 귀속은 명백히 커진 회사 덕분에 최상층의 경계에 있다고 하겠다(Burzan und Berger 2010 참조).

인식을 볼 수 있다.

a) 자원 및 적확한 (교육-)진흥활동 이외에도 가족적 마음성향은—세대를 관통하여서도—지위를 유지하는 데 중요한 역할을 한다. 이러한 사실이 자원의 중요성의 쇠퇴를 의미하지는 않는다. 자원은 가족이라는 영향 요인의 맥락에서 그리고 경우에 따라 사회적 변동에서 직장이라는 영향 요인의 맥락에서 의미를 갖는데, 이 영향 요인들은 개별적 설문조사를 통해 제한적으로만 파악될 수 있다. 여기 서술된 예들의 경우 할아버지의 "자수성가"는 이후 세대에 영향을 미친다. 게다가 (가족 구성원들에게는) 자신을 가족 사업가로 이해하는 것이 형식적인 성공적 교육보다 더 중요했다. 가족적 책임이라는 마음성향의 유형은 직업적으로 엄격해야 한다는 것만을 의미하지 않는다. 그것은 또한 예컨대 삶의 적합한 배우자를 발견하고자 하는 것도 의미한다. 우리는 여기서 이러한 예들 및 가족적 가치와 목표 등의 강조를 테오도어 가이거(Geiger 1967)와 연결하여 고찰할 수 있다. 그는 마음성향(Mentalitäat)을 "정신적-심리적 기질"로, "사회적 생활세계를 통한 인간의 직접적 자기 각인으로, 기질에서 발산하고 만들어진 삶의 경험들"로 파악한다. "마음성향은 (집합적인 경우에도) 주관 정신이다"(같은 책: 77 이하). 따라서 마음성향 개념은 목표와 가치의 차원만이 아니라 행위 실천을 위한 기질과도 관계한다. 여기서 계층 귀속성과 마음성향 사이의 연관은 인과적 관계는 아니지만 하나의 전형적 관계이다(Geißler 1985: 393). (위에서 분석한 중산층에 속한 세대들처럼) 세 세대에 대한 분석은—예컨대 책임감, 관철능력 혹은 지원 등과 같은—장기간에 안착된 마음성향 모형을 인식할 수 있게 한다. 페스터, 폰 외르첸, 가일링, 헤르만 그리고 뮐러 등은 시간이 흐르

면서도 완전히 새로운 마음성향을 산출하지 않은 채 가족나무가 분화되고 현대화된다는 사실을 강조한다(Vester, von Oertzen, Geiling, Hermann und Müller 2001: 13 이하). 부모 내지 아버지의 직업의 시작이 갖는 의미에 대한 그런 강조는 부르디외의 "국가귀족"에 대한 연구에서도 나타난다(Bourdieu 2004). 그는 이 연구에서 부모들의 관습적 행위 양식이 자식들에게 세대 간에 전달되는 문화적 구조와, 특히 프랑스의 엘리트 학교에서 자식 내지 청년의 교육에서 아버지의 직업이 갖는 의미 등을 기술한다. 그런데 이 토대에서 우리가 "마음성향" 내지 "관습성"(Habitus)을 우선 개인의 속성으로서가 아니라 집단의, 가족의 속성으로, 특히 세대에 걸쳐 각인된 정형화로 이해한다는 점이 강조되어야 한다.[7]

b) 방금 말한 논의는 중산층에 적용되는 것으로만 이해되어서는 안 되고 대체로 여러 세대를 거쳐 가치가 이행해 가는 것을 다루는 연구에도 적용되며(업무능력에 대해서는 Baier und Hadjar 2004, 종교성에 대해서는 Becker, Daniel und Steinbach 2014 참조), 가족의 정체성 형성에 대한 연구에도 적용된다(가족 신화의 의미에 대해서는 Thompson et al. 2009 참조). 켈러할스, 페레이라 그리고 페레눈드는 이후 세대의 형성에 영향을 미치는 (**신앙 논리**나 **카리스마적인 인물 논리** 등과 같은) 가족의 6가지 문화를 구별한다(Kellerhals, Ferreira und Perrenound 2002). 수공업을 가업으로 가진 가

7 페스터, 폰 외르첸, 가일링, 헤르만 그리고 뮐러 등은 독일어권에서 "관습성"(Habitus)과 "마음성향"(Mentalität)이 유사하게 사용된다는 사실을 지적한다(Vester, von Oertzen, Geiling, Hermann und Müller 2001: 162-167). 경험적 연구에서 마음성향 개념의 사용에 대해서는 예컨대 포페를, 실링 그리고 브란트의 환경에 대한 태도(Umweltmentalitäten) 개념 연구(Poferl, Schilling und Brand 1997)나 그림, 히르젤란트 그리고 포겔의 취약한 삶에 놓인 중간지대 태도(Zwischenzonenmentalitäten) 연구(Grimm, Hirseland und Vogel 2013)를 보라.

족에 대한 베르토와 베르토-위암의 연구는 정체성과 연관된 가치와 마음성향의—여기서는 다섯 세대에 걸친—전달이 무조건적으로 가정될 수는 없다는 사실을 보여준다(Bertaux und Bertaux-Wiame 1991). 그런데 중산층에서 지위 유지의 전략과 관련된 한 가지 연관점이 앞에 언급한 연구에서 명료하게 제시되어 있지 않으며, 따라서 가족의 문화나 전통 그리고 그 구조 등에 대한 연구가 더 진행될 필요가 있다(Baader, Götte und Groppe 2013 참조). 가족의 지위 계승이라는 주제는 자주 차별받는 사회 상황에 놓인 사람들과 연관되어 있는 불평등 연구에서 다뤄진다 (이에 대해서는 하르츠 개혁 IV의 가족 항목을 다룬 Schiek 2017 참조).

중산층의 경우 "불평등 행위"(Behrmann et al. 2018 참조)라는 의미에서 이에 상응하는 문화적 전달 과정이 재구성되어야 하고, 무엇보다 변화하는 거시사회학적인 맥락 조건을 고려하여 성찰되어야 한다. 그런 관점은 무엇보다도 상당 기간 성공적으로 기능한 중산층에 전형적인 가치들과 사회적 조건들 및 그 조건 변화에 대한 전형적인 지각과 해석 등의 자원 제약적 상호작용을 통해 특화된다. 여기서 중산층의 전형적인 가치는 성과와 계획과 같은 것이며(Hradil und Schmidt 2007 참조) 변화된 조건이란 신세대에 나타나는 개인화된 삶의 과정에 대한 원칙적 인정(Beck und Beck-Gernsheim 2015 참조), 혹은 혁신에 대한 선호(Hoon 2016 참조) 등을 의미한다.

c) 그런데 이러한 사실은, 하르트만이 중산층에 특화된 정신성을 비즈니스 엘리트 집단의 계급적 하비투스라고 서술한 것(Hartmann 2000)과 달리, 중산층에 특화된 그런 동질적 마음성향이 있다고 전제할 수 있다는 것을 의미하지 않는다. 오히려 지위 안정화 전략에 대한 이 연구

는—여기에서 중산층 기업가문에 대해 하듯이—발견론적 귀속의 방식에서 출발함으로써 중산층 내부의 여러 부분들을 유사한 마음성향 및 전략들과 일치시킬 수 있는 기회를 제공한다. 이런 의미에서 여기 서술된 예들은 지위 계승을 위해 운영되는 구조의 기회들이라는 공통분모를 특징으로 하는, 그리고 적어도 몇몇 가족 구성원들이 스스로를 기업가족으로 이해하는 것을 특징으로 하는 부분에서 내적인 세분화 노선의 기준들을 시사하기도 한다. 따라서 "가족적 책임", "사업의 안녕을 위한 적절한 후계자의 관철", 혹은 (이 실험적 연구에서 아직 체계적으로 정리할 수 없는) 다른 가치들 등이 지위 안정화에 기여하는지 등은 마음성향의 차원에 차이를 만들어낸다. 이 마음성향은 다시 가족의 조건이라는 다른 차원의 상황에 의존한다. 여기 소개된 경우들로부터 탐색한 예들은 (여기서는 예를 들어 나이와 성에 따른) 형제 상황, (예를 들어 다양한 기술변화 속도를 가진) 분야들, 가족의 지역적 (탈-)중심화, 혹은 지각된 안정 내지 가족 경영의 내·외부에서 젊은 세대의 지위 유지의 위험부담 등이다.

계속된 연구들에서 조건들이 그렇게 분화하는 상황에 더 접근해 갈 수 있었으며, 그건 "과거의 중산층" 내부만이 아니라 다른 직업군에도 해당한다. 예컨대 중산층의 상층에 속하는지 아니면 하층에 속하는지, 혹은 유산의 크기는 어떠한지 등 이런 종류의 수직적 자원들의 중요성에 대한(Beckert 2013 참조), 혹은 예컨대 직업군에 따른, 혹은 도시 지향의 삶의 유형에 따른 소위 수평적 분화 노선의 중요성에 대한(Reckwitz 2017) 경험적으로 열려 있는 질문은 중산층의 직업 안정화의 문화적 역동성에서 불평등 이론의 관점을 살펴보기 위해 아주 중요하게 남아 있다.

번역_정대성

참고문헌

Baader, Meike Sophia, Petra Götte und Carola Groppe (Hg.) 2013: Familientraditionen und Familienkulturen. Theoretische Konzeptionen, historische und aktuelle Analysen. Wiesbaden: Springer VS.

Baier, Dirk und Andreas Hadjar 2004: Wie wird Leistungsorientierung von den Eltern auf die Kinder übertragen? Ergebnisse einer Längsschnittstudie, in: Zeitschrift für Familienforschung 16. 2, 156–177.

Beck, Ulrich und Elisabeth Beck-Gernsheim (Hg.) 2015: Riskante Freiheiten. Individualisierung in modernen Gesellschaften. Frankfurt a. M.: Suhrkamp.

Becker, Oliver Arranz, Lois Daniel und Anja Steinbach 2014: Kontexteffekte in Familien – Angleichung von Paaren und intergenerationale Transmission am Beispiel Religiosität, in: Kölner Zeitschrift für Soziologie und Sozialpsychologie 66. 1, 417–444.

Beckert, Jens 2013: Erben in der Leistungsgesellschaft. Frankfurt a. M. und New York: Campus.

Behrmann, Laura, Falk Eckert, Andreas Gefken und Peter A. Berger (Hg.) 2018: »Doing Inequality«. Prozesse sozialer Ungleichheit im Blick qualitativer Sozialforschung. Wiesbaden: Springer VS.

Bertaux, Daniel und Isabelle Bertaux-Wiame 1991: »Was du ererbst von deinen Vätern ...«. Transmissionen und soziale Mobilität über fünf Generationen, in: BIOS 4. 1, 13–40.

Bourdieu, Pierre 2004 [1989]: Der Staatsadel. Übers. von Franz Hector und Jürgen Bolder. Konstanz: UVK.

Burkhardt, Christoph, Markus M. Grabka, Olaf Groh-Samberg, Yvonne Lott und Steffen Mau 2013: Mittelschicht unter Druck? Gütersloh: Verlag Bertelsmann Stiftung.

Burzan, Nicole und Peter A. Berger (Hg.) 2010: Dynamiken (in) der gesellschaftlichen Mitte. Wiesbaden: VS Verlag.

Burzan, Nicole, Silke Kohrs und Ivonne Küsters 2014: Die Mitte der Gesellschaft: Sicherer als erwartet? Weinheim und Basel: Beltz Juventa.

Ecarius, Jutta 2013: Familie – Identität – Kultur, in: Meike Sophia Baader, Petra Götte und Carola Groppe (Hg.): Familientraditionen und Familienkulturen. Theoretische Konzeptionen, historische und aktuelle Analysen. Wiesbaden: Springer VS, 53–70.

Geiger, Theodor 1967 [1932]: Die soziale Schichtung des Deutschen Volkes: Soziographischer Versuch auf statistischer Grundlage. Stuttgart: Lucius & Lucius.

Geißler, Rainer 1985: Die Schichtungssoziologie von Theodor Geiger, in: Kölner

Zeitschrift für Soziologie und Sozialpsychologie 37. 3, 387–410.
Grimm, Natalie, Andreas Hirseland und Berthold Vogel 2013: Die Ausweitung der Zwischenzone. Erwerbsarbeit im Zeichen der neuen Arbeitsmarktpolitik, in: Soziale Welt 64. 3, 249–268.
Groh-Samberg, Olaf, Steffen Mau und Uwe Schimank 2014: Investieren in den Status. Der voraussetzungsvolle Lebensführungsmodus der Mittelschichten, in: Leviathan 42. 2, 219–248.
Hartmann, Michael 2000: Class-Specific Habitus and Social Reproduction of the Business Elite in Germany and France, in: The Sociological Review 48. 2, 241–261.
Hoon, Christina 2016: Management und Erfolgsfaktoren von Familienunternehmen, in: Aus Politik und Zeitgeschichte 66. 16/17, 12–18.
Hradil, Stefan und Holger Schmidt 2007: Angst und Chancen. Zur Lage der gesellschaftlichen Mitte aus soziologischer Sicht, in: Herbert Quandt-Stiftung (Hg.): Zwischen Erosion und Erneuerung. Die gesellschaftliche Mitte in Deutschland: ein Lagebericht. Frankfurt a. M.: Societäts-Verlag, 163–226.
Kellerhals, Jean, Cristina Ferreira und David Perrenound 2002: Kinship Cultures and Identity Transmissions, in: Current Sociology 50. 2, 213–228.
Lengfeld, Holger und Jessica Ordemann 2016: Die Angst der Mittelschicht vor dem sozialen Abstieg revisted. Eine Längsschnittanalyse 1984–2014, in: SOEPpapers 862. ‹https://www.diw.de/documents/publikationen/73/diw_01.c...de/diw_sp0862.pdf›.
McLanahan, Sara and Christine Percheski 2008: Family Structure and the Reproduction of Inequalities, in: Annual Review of Sociology 34, 257–276.
Poferl, Angelika, Karin Schilling und Karl-Werner Brand 1997: Umweltbewusstsein und Alltagshandeln. Eine empirische Untersuchung sozial-kultureller Orientierungen. Opladen: Leske + Budrich.
Reckwitz, Andreas 2017: Die Gesellschaft der Singularitäten. Zum Strukturwandel der Moderne. Berlin: Suhrkamp.
Schad, Miriam und Nicole Burzan 2018: Von Generation zu Generation. Strategien des Statuserhalts im Kontext von Familien- und Berufsmentalitäten in der Mittelschicht, in: Nadine M. Schöneck und Sabine Ritter (Hg.): Die Mitte als Kampfzone. Wertorientierungen und Abgrenzungspraktiken der Mittelschichten. Bielefeld: transcript (im Erscheinen).
Schäfer, Michael 2009: Geschichte des Bürgertums. Stuttgart: UTB.
Schiek, Daniela 2017: Armutsgenerationen: das familiengeschichtliche Gespräch als methodologischer Zugang zur Transmission von Armut, in: Forum Qualitative Sozialforschung 18. 3, Art. 3. ‹www.qualitative-research.net/index.php/fqs/article/

view/2776›.

Schimank, Uwe 2015: Lebensplanung!? Biografische Entscheidungspraktiken irritierter Mittelschichten, in: Berliner Journal für Soziologie 25. 1/2, 7–31.

Stamm, Isabell 2013: Unternehmerfamilien. Über den Einfluss des Unternehmens auf Lebenslauf, Generationenbeziehungen und soziale Identität. Opladen u. a.: Barbara Budrich Verlag.

Thompson, Blair, Jody Koenig Kellas, Jordan Soliz, Jason Thompson, Amber Epp und Paul Schrodt 2009: Family Legacies. Constructing Individual and Family Identity Through Intergenerational Storytelling, in: Narrative Inquiry 19. 1, 106–134.

Vester, Michael, Peter von Oertzen, Heiko Geiling, Thomas Hermann und Dagmar Müller 2001: Soziale Milieus im gesellschaftlichen Strukturwandel. Zwischen Integration und Ausgrenzung. Frankfurt a. M.: Suhrkamp.

포섭적 배제
글로벌 금융계급 환경에서의 사회적 구별짓기

지그하르트 네켈

최근 리처드 세넷과 카를로 라티(Sennett und Ratti 2016)는 개인 재산이 없는 세계에서 어떻게 사회적 명성을 얻을 수 있느냐는 물음을 던진 통찰력 있는 글을 한 신문에 기고한 바 있다. 이 글에서 세넷과 라티가 염두에 두고 있던 것은 소유물을 가진 개인들의 구별짓기 가능성이 없는 비현실주의적 사회주의가 아니라 우버(Uber)에서 에어비앤비(Airbnb)까지, 시티바이크(Citybike)에서 카투고(car2Go)까지 21세기 물질문화를 특징짓기 시작한 현대적 공유경제였다. 19세기 말 소스타인 베블런(Thorstein Veblen)은 저서 『유한계급론』(1899)에서 물질문화는 유용성만을 위한 것이 아니라 가정의 위엄과 상류층에서 사회적 지위를 드러내는 상징인 과시적 소비를 위한 것이기도 하다는 유명한 말을 남겼다(Veblen 1986 참조). 베블런의 시대까지도 지위는 다른 사람들이 갖지 못한 것을 소유했다는 것과 결부되어 있었고, 공동으로 사용하는 재화에는 위신이 결여되어 있었다. 그런데 위신 있는 재산을 전혀 가지고 있지 않으면서 자동차, 아파트, 또는 서비스를 타인과 공유하는 사람들은 어떻게 주목받을 수 있을까? 소유하지 않고도 주목받는다는 것은, 그러니까—함께 공유하는 타인이 자기 소유물이라고 하지는 않는—높은 위신을 지닌 무언가를 공유를 통해 내보인다는 것은 분명 독특한 도전이다.

세넷과 라티가 짐작하건대, 인터넷과 소셜 네트워크에서 볼 수 있는 공유 활동에서의 공유(분배)가 이런 공유에 속하는데, 그렇기에 물질문화의 공유는 오늘날 구별짓기의 문제가 된다. 공유하는 자는 더 많이 체험하고 더 많은 삶의 이야기를 만들어낸다고 한다. 무엇보다 사람들은 네트워크화되어 있고 역동적이며 초현대적인 모습을 보인다. 세넷과 라티에 따르면, 상징적 가치가 큰 이런 속성들을 디지털 채널에서 주고받는 자는 상당히 시대에 맞게 "과시적으로" 행동하는 것이다. 지위를 물질적 상징으로 드러내는 문화 못지않게 우열을 따지는 공유된 체험의 경제가 지위를 드러내는 개인적 소비를 대체해 간다.

포섭과 배제

세넷과 라티가 소셜 네트워크를 지위 투쟁의 새로운 매개물로 특징짓는 것이 다소 과하다고 생각될지도 모른다. 하지만 이들이 제시한 공유경제의 사회학적 축소판은 오늘날 벌어지고 있는 지위 투쟁 동학의 징후가 되는 현대적 역설을 보여준다. 『평등한 이들의 사회』에서—저자인 프랑스 역사학자 피에르 로장발롱(Rosanvallon 2013)이 평등 요구가 보편화된 시대라고 명명했듯이—상하(上下)의, 그리고 포섭과 배제의 실천들과 상징들이 평등한 사회의 형태를 띠는 것은 드문 일이 아니다.

본고는 이에 비견할 만한 방식, 즉 일단은 정반대로, 그러니까 평등 쪽으로 지향된 실천들이 역설적으로 사회적 불평등을 만들어내는 방식을 포섭적인 사회적 배제의 전형들을 예시로 분석할 것이다. 공유경제의 구별짓기에서 중요한 것은 평등 위에서 불평등을 야기한다는 역설, 더 정확히 말해 포섭을 통해 배제한다는—타인을 포섭함으로써 배제적이라는, 그러니까 타인의 포섭을 통해 배제를 야기한다는—역설이다.

사회적 배제의 사회학은 이제까지 주로 사회적 폐쇄를 통해 배타성을 만들어내는 실천적 방법들과 문화적 기술들을 참조로 배제를 분석해 왔다. 예컨대 프랭크 파킨(Parkin 1983)의 사회적 폐쇄 이론이나 피에르 부르디외(Bourdieu 2016)의 구별짓기 이론은 폐쇄적 집단들의 네트워크와 공유화에 참여하는 데 있어 사실상의 또는 상징적 제약을 가하는 것으로 배제를 묘사한다. 또한 이미 막스 베버(Weber 1980: 203 이하)가 다양한 지위집단들을 서로로부터 유리시키고 위계화하는 배제라는 의미로 사회적 폐쇄의 개념을 사용한 바 있다. 제약을 가하는 실천들이 어떻게 사회적 배제로 귀결되는지를 보여주는 잘 알려진 예들—교육제도에서 입학을 규제하는 게이트키퍼(Gatekeeper), 입장을 통제하는 문지기, 공적 공간에서 아웃사이더와 이탈자의 주변화, 원치 않는 종류의 주민들을 고상한 품행의 장소에서 멀찌감치 물러나게 만드는 외부인 출입 제한 주택지(gated communities)—은 사회적 불평등의 일상 경험을 다룬 수많은 사회학적 현장 연구에도 있다.

이러한 사회적 배제의 권력이론적 개념들과 연구들은 사회 연구가 대체로 사회 집단들의 일상에서 이루어지는 불평등의 재생산을 정확히 이해하는 데 기본적으로 이바지해 왔다. 제약을 가하는 사회적 배제의 실천들이 과시적 소비의 고전적 지위 상징처럼 별로 그 중요성을 잃지 않았음은 물론이다. 특정 집단의 배제는 사회적 서열을 만들어내는 데 있어 여전히 그 현실적 의미를 담지하고 있다. 하지만 사실상의 또는 상징적 제약들의 표출로만 볼 수 없는 사회적 배제의 현상들이 지난 20년간 경험 연구에서 점점 더 많은 주목을 받아온 것도 사실이다. 그리하여 문화사회학 같은 데서는—해당 연구에서 문화적 잡식성(cultural omnivorousness)의 전형으로도 그려지는—매우 상이한 문화적 실천들을 통합하는 전략 못지않게—문화 양식의 우위를 분명하게 보여주는—위계적 구별짓기가 현대적인 당대 사회에서 벌어지고 있느냐를 놓고 논쟁이 전개되기도 했다.

잡식 동물

"문화적 잡식성"은 1990년대 중반 사회 주도층의 취향에서 의미 있는 변화를 관찰한 미국 사회학자 리처드 피터슨(Richard Peterson)의 연구들에서 처음 발견된다(Peterson und Kern 1996; Parzer 2010 참조). 그에 따르면, 사회구조의 상층부라고 해서—가령 부르디외가 『구별짓기』에서 진단했던 것처럼—이전처럼 꼭 어떤 특색 있는 문화에 대한 정통적(legitim) 취향을 가지고 있다거나 대중의 선호와 분명하게 선을 긋는 것은 아니라고 한다. 오히려 문화적 구별짓기는 정통적 문화의 산물과 실천 이외에 대중적 장르를 개인 레퍼토리에 통합하는 것으로 변한 것 같다. 정통적인 것과 대중적인 것을 하나로 묶어낼 수 있느냐가 문화적 우위의 주요 기준이 되었다는 것이다. 피터슨에 따르면, 문화적 잡식 동물로서 주도층은 오늘날 다른 사회 계층과 달리 특정 취향에 매여 있지 않다는 것으로 자기네 생활양식의 우월성을 과시한다. 주도층은 경계를 넘어설 능력을 갖추고 있다. 그리고 매우 지속적으로 과시적 개방성을 중시한다. 문화사회학자 미셸 올리비에(Ollivier 2004)가 한 논문에서 오늘날에는 "다양성에 대한 과시적 개방성"이 베블런이 분석한 "과시적 소비"를 대신한다고 말한 것도 이 때문이다.

높은 교육 수준, 경제적 특권, 권력 근접성을 지닌 사회 환경에서 주로 나타나는 이 새로운 유형의 정통적 문화는[1] 포섭적이고 다양하며 코스모폴리탄적이다. 이 유형은 경계를 넘어서는 취향을—매우 상이한 네트워크들을 넘나들면서 환경상의 한계와 국가적, 문화적 제약들을 극복하기 때문에—가치 있는 자원으로 보는 사회적 구별짓기의 논리를 따른다. 이에 반해 별 대안 없이 자신의 문화적 지향에 매여 있고 세계관이 매우 협소하거나 경직되고 완고하며 폐쇄적이고 편협한 이들은 배제되어 있다. 뤽 볼탕스키와 이브 시아펠로(Boltanski und Chiapello 2003: 166)가 말한 바 있듯, 개방성이 요구되는 현대의 네트워크 자본주의와 글로벌 경제에서 "매여 있음"(Verhaftet-Sein)은 코스모폴리탄적이고 다문화적인 자본주의에서 제대로 무장하지 못한 이들이 지닌 가장 큰 결함이다.

따라서 다른 집단을 하위에 두면서 특권적 위치에 이르려는 사회 행위자의 전략은 이제 배제를 통해 자신의 가치를 내세우는 것에만 의존하는 것 같지 않다. 자기의식적으로 큰 반감 없이 문화적 다양성을 통

1 "다른 한편으로는 잡식 동물들이 새로운 미학을 표현하는 것으로 보여질 텐데, 이 새로운 미학은 이전 문화 엘리트들의 미학보다 더 포섭적이고 더 '코스모폴리탄적'이라고 할지라도 문화적, 사회적 우월성을 과시하는 데 적잖이 맞춰져 있다."(Chan und Goldthorpe 2007: 3)

합할 수 있다는 것이 바로 사회적 구별짓기가 말하는 바라면, 배제의 메커니즘에 포섭적 특성들이 있을 수도 있다. 배제성은 배제를 통해 생겨나지 않는다. 그것은 오히려 역설적 포섭 과정이 진행되면서 생겨난다. 다른 것과 낯선 것을 포섭할 수 있는 능력이 크게 부족한 사회 집단들과 이들의 실천에 비해 우월하다는 것을 편견 없이 다양성을 받아들이는 태도로 보여줌으로써 포섭은 구별짓기의 힘을 얻는다.

프랑크푸르트와 시드니의 글로벌 금융계급

이 포섭적 배제의 전형을 사회학적으로 분석해보자. 이는 기존의 문화사회학적 연구를 넘어서는 것으로 현대의 경제 엘리트가 형성되는 분야와 관계된다. 경험 연구의 결과는 금융기관 종사자, 인베스트먼트 뱅커, 트레이더, 애널리스트로 구성된 글로벌 사회계급이 국제 금융시장에서 형성되어 있는가, 그러하다면 어떤 식으로 형성되어 있는가라는 문제의식을 가지고 2014년부터 2017년까지 금융도시 프랑크푸르트와 시드니에서 진행된 연구 프로젝트에서 얻은 것이다.[2] 글로벌 계급은 글로벌 금융시장의 사회적 배태를 통해 생겨난 직업적, 문화적 공통점을 토대로 형성된다. 이 공통점은 프랑크푸르트와 시드니의 금융산업 중심가와 글로벌 금융기관과 함께 발전한 도시 공간에서의 문화기술지적 현장 연구를 통해 조사되었다.

이 연구는 공간과 관련하여 두 가지 사회학적 근거를 가진다. 첫째, 사회계급의 형성은 항상 특정한 지역 공간과 결부된 것이지, 금융시장

2 독일연구재단(DFG) 프로젝트 "Global Financial Markets and Global Financial Class"의 결과다. 특히 Neckel, Hofstätter und Hohmann (2018)을 참고하라.

과 같은 글로벌 시장 어딘가에서 일어나는 것이 아니다. 19세기 노동계급의 형성이 도시 산업과 결부되었던 것처럼 글로벌 금융계급의 형성은 그에 적합한 곳—이 연구에서 다루고 있는 금융도시 프랑크푸르트와 시드니는 그 전형적 예이다—에서 일어나고 있다. 둘째, 지역 공간과 그것의 활용은 구체적 장소들에 응축된, 따라서 매우 입체적이고 상세히 관찰될 수 있는 실천들의 물질성에 있어 다른 중요한 측면들을 나타낸다. 특히 사회적 불평등의 심화는 도시 공간 조성에서 매우 가시적인 방식으로 나타난다. 로장발롱의 말로 하자면, 도시 공간은 "새로운 불평등을 가장 분명히 읽어낼 수 있는 지표의 영토가 되었다"(Rosanvallon 2013: 331).

프랑크푸르트와 시드니에서 현장 연구를 진행하면서 우리가 새로운 글로벌 금융계급이 형성되는 한가운데서 확인할 수 있었던 것은 낯익은 사회적 우월성의 승리주의(Triumphalismus)와 별 관련이 없는 사회적 배제의 문화적 전형들이었다. 새로운 특권계급은 정말 과시적으로 팝문화적 실천들에 관대한 태도를 보이고 반대의 사회적 경향들까지 통합하려고 시도하는데, 이들의 포섭적 제스처는 점이(漸移)·투과(透過)지대[3]로서 도시의 금융 중심지들에 붙어 있는 사회적 공간에서 특히 잘 나타난다. 도시의 점이·투과지대는 더 강력한 사회적 혼합을 보여주고 혁신과 문화적 실험에 적합한 문화 습득의 다양한 실천들이 나타난다는 특징을 띤다. 이 지대에는 집중된 공간에 각양각색의 공급구조들(Angebotsstrukturen)이 준비되어 있는데, 다양한 사용자 집단이 각기 나름의 방식으로 그것들을 국지적으로 큐레이팅한다.

3 점이·투과지대" 개념은 미국 사회학의 시카고학파가 수행한 도시 연구에서 등장한 "점이지대"(zone in transition)라는 용어를 받아들여 만들었다(Burgess 1967 참조).

점이지대

프랑크푸르트에서 점이지대는 철도역 인근 구역이다. 이곳은 매춘업만이 아니라 인근의 높다란 은행 건물들에서 일하는 금융시장의 전문직 종사자, 창의적인 스타트업 기업, 이주 기업가, 예술적 전위그룹, 팝문화의 트렌드세터가 존재하는 문화 혼합지대가 된 이후 상대적으로 동질적이었던 홍등가에서 투과성 있는 도시 사회공간으로 변모했다.[4]

글로벌 금융계급에 속한 이들이 이 시구(市區)의 문화적 레퍼토리에 관계된 유일한 이들은 아니다. 하지만 글로벌 금융계급의 실천에는 이들의 경제적 이해관계와도 일치하는 특수한 사회적 의미가 있다. 이 시구의 다양한 형태와 실험적 변화는 금융계급이 아직 실현되지 않은 가치의 창출 가능성을 인지하고 경계를 넘나드는 개방성의 아비투스를 체득하는 데 적합하다. 그렇기 때문에 기존의 사회 환경을 일방적으로 밀어내거나 지역의 풍광(Szenen)이나 상품(Angebote)을 제한 없이 상업화하는 것이 금융계급에게 직접적으로 이익이 되는 것도 아니다. 도시의 투과지대에서는 낯선 문화적 전형들이 소수민족 공동체, 문화 전위주의자, 사회적 아웃사이더뿐만 아니라 지역 특유의 환경에 의해 실천되는데, 금융계급, 특히 젊은 금융계급은 이곳에서—물론 프랑크푸르트에는 극도로 배타적인 문화 시설도 있다—낯선 문화적 전형들을 습득한다. 그래서 동남아 이주민 식당뿐만 아니라 팝문화적인 바(Bars)에

4 프랑크푸르트역 인근 구역에 관해서는 *Sozialräume der Global Financial Class. Untersuchungen in den Finanzzentren Frankfurt und Sydney*. 〈www.fb03.uni-frankfurt.de/61639192/Working-paper-3-.pdf〉; 그 외에 Neckel, Hofstätter und Hohmann (2018: Kap. 6.4), 이미 오래된 사례 연구인 Neckel (2000)을 참고하라.

서도, 새로운 미술관뿐만 아니라 적잖은 뱅커들이 그 서민적 분위기를 특별하게 느낄 길거리 주점(Trinkhalle)에서도 금융 전문가들을 볼 수 있는 것이다.

배제의 방식으로 포섭을 하는 데 쓰이는 사회적 기술들을 사회학적으로 유형화하고자 한다면, 볼탕스키와 시아펠로가 제시한 사회적 실천의 "탈범주화" 개념을 살펴볼 필요가 있다(Boltanski und Chiapello 2003: 360 이하). 이 개념은 문화적 실천들이 행해질 때마다 그 사회적 범주들로부터—나름의 형태로 문화를 습득하기 위해 사회적 범주들을 마음대로 다루려고—벗어난다는 것을 뜻한다. 앞서 언급했던 프랑크푸르트역 인근 구역의 장소들이 그 예이다. 탈범주화의 기술은 프랑크푸르트의 경우로 한정되지 않는다. 시드니에도 유사한 도시 공간들—예컨대 뉴타운(Newtown)이나 서리힐즈(Surry Hills) 같은 구역들—이 있다. 점이·투과지대는 지역 환경을 습득하는 과정에서 생겨나고, 무엇보다—생소하고 때로는 완강하기도 한 환경을 상황에 따라 용해할 수 있는—일종의 사회적 삼투를 통해 금융계의 전문직 종사자들에게 흥미로운 공간이 된다. 사회적 범주의 해체는 금융계급에게 문화적 가치를 과시할 수 있는 기회를 제공하기도 한다. 개방적이고 실험을 즐기며 관용적인 상태에서 사회적으로 낯선 것과 다른 것을 습득하는 것이 우월하기 위해 사회적으로 요구되는 것인데, 이로 말미암아 포섭 가능성이 더 제한적인 사회환경에 대한 상징적 경계가 그어진다. 상징적 접근 불가능성은—이는 하이(high)하고 힙(hip)하며 마이티(mighty)한 것을 통한 포섭적 습득으로 인해 문화적 아웃사이더에게 초래된 것이다—상징적 수고의 비용이 급증하면 결국 경제적 배제로 이어진다. 대개 그 뒤를 잇는 것은 여태껏 포섭되지 않은 실천들에 맞춰진 새로운 단계의 탈범주화이다.

이와 관계된 포섭적 배제의 두 번째 방법은 볼탕스키와 시아펠로가 비판을 내부로 흡수하는 새로운 자본주의 정신을 다루면서 보여준 바 있듯이 "내생화"(Endogenisierung)이다(같은 책: 476 이하). 그 일례는 과거 항만지구였으나 현재는 금융지구의 확장이 진행되는 점이지대 바랑가루(Barangaroo)가 있는 시드니이다—이와 유사한 내생화 구역은 프랑크푸르트에서도 볼 수 있는데, 예컨대 유럽중앙은행 본부가 들어선 오스텐트(Ostend)가 그러한 곳이다.

시드니의 항만지구 바랑가루는—이 이름은 영국 식민주의자의 현지 안내자였던 한 호주 원주민의 이름에서 가져왔다—호주 원주민들의 전통적인 교역 중심지이자 이들의 어장이 있던 곳이다. 20세기의 바랑가루는 인근의 노동자 주택 단지인 밀러스포인트(Millers Point)에서 자신들의 역사적 정착지를 점유한 지역 항만 노동자들의 계급투쟁으로 각인되었다. 오늘날 바랑가루는 미래에 수많은 금융회사들의 최적지가 된다는 매우 야심찬 도시개발 프로젝트가 진행되고 미래지향적 분위기 속에서 문화, 소비, 예술, 창의성을 품어낼 뿐만 아니라 호주 최초의 탄소중립 지역이자 지속성의 모범이 될 역동적 구역이 있는 곳이다.

언급했던 내생화는 호주 원주민들에게서도 나타난다. 신규 상업지구인 바랑가루는 역사적으로 계속 교역이 이루어졌던 곳이다. 4만 년 전 호주 원주민들에 의해 교역이 시작되었고, 현재는 당대의 금융 교역이 벌어지고 있다. 표제 밑에 "이야기가 계속된다"라고 적힌 바랑가루 프로젝트의 안내판에 쓰여 있는 것처럼 "이곳은 항상 교역 장소였다." 금융산업과 같은 분야가 대체로 생겨나려면—호주 원주민들이 경제를 영위했었던 것처럼—어떤 경제의 모든 흔적들이 일단 완전히 지워져야 함에도 불구하고 바랑가루는 이렇게 하나의 공동의 경제사를 쓰고 있다.

부두 노동자들의 유산도 사정이 비슷하다. 금융계급의 거대한 신규 프로젝트 역시 부두 노동자들이 시에서 경찰과 기득권층에 맞서 벌였던 대결을 상기시킨다. 밀러스포인트와 바랑가루의 경계에 설치된 구술사 프로젝트 시설이 그 실례이다. 바닥 중앙부에 박아 넣은 기념 동판은 밀러스포인트의 군중이 경찰에 맞서 부른 풍자곡을 담고 있다. 기념 동판에 기록된 옛 부두 노동자들의 거친 일상 문화는 활력을 나타내는데, 밀러스포인트의 현재 개발을 주도하는 이들은 이 활력과 상징적으로 결합되어 보이고 싶어 한다. 하지만 실제로 밀러스포인트에서 벌어지고 있는 일은 자기네 구역이 남김없이 팔리는 것과 그로 인한 젠트리피케이션에 맞서는 지역 사회의 투쟁이다. 이 갈등 속에서 금융업계 투자자들과 노동계 주민들이 서로 대척점에 서 있는데, 그것이 밀러스포인트에서 있었던 지역 사회 투쟁들을 서사적으로 내생화하는 데 방해가 되는 것은 아니다. 다만 이 투쟁들은 역사적인 것으로, 말하자면 끝나서 이제는 과거가 된 것으로 그려진다.

바랑가루는 노동자 투쟁과 토착 주민들의 연속성 속에 위치하면서 역사의 진보 정신을 당대로 실어 나르는 해방적 프로젝트임을 자처한다. 이것이 금융산업의 홍보 캠페인과도 관련이 있다는 점은 의심의 여지가 없다. 그럼에도 홍보 캠페인에 담긴 서사는 사회학적으로 주목받는데, 그것이 똑같이 이중적인 방식으로 내생화 프로젝트를 정당화하기 때문이다. 이 서사는 일단 금융산업이 개방성을 위한 것이라고 정당화하는데, 개방성을 가지고 이 경제적 야심이 흥미롭고 다양성에 민감하다는 이미지를 보여준다. 그러고는 자기네 경제적 목표를 좇으면서도 사회의 진보적 힘이어야 한다는 요구를 스스로 확인하는 차원에서 다시 금융산업을 둘러싼 환경의 내부로 향한다.

이런 식으로 역사적 투쟁들의 내생화는—호주 사회에 대한 비판은 항상 이 역사적 투쟁들로부터 형성되었다—열등한 집단이 원하는 바를 이룰 수 없게끔 하는 모든 것을 일률적으로 포섭할 수 있다고 생각하는 현대 금융계급의 사회 논리를 따른다. 배제된 이들의 역사를 말할 권리를 빼앗은 자가 이들에게 자기네 역사를 직접 말할 권위를 부여한다. 바랑가루에서 정치적 투쟁을 벌였던 주민 집단들이 오늘날 이 도시의 문화 행사에 초대받으면 그저 객으로 있을 뿐이라는 점은 포섭적 배제의 이 상징적 형식과 어울린다.

진보적 신자유주의

프랑크푸르트역 인근 구역과 시드니 바랑가루는 금융 대도시의 한복판에서 포섭적 방식으로 배제가 이루어지는 점이·투과지대이다. 이 조사 결과와 결부된 보다 보편적인 세 가지 결론이 있다.

첫째, 포섭적 배제의 전형이 글로벌 금융계급의 환경에서 발생했다는 것은 사회학적으로 우연이 아니지만, 사회의 금융화에서 경제적 가치 창출의 한계를 인식하지 않는다는 것은 금융산업의 비즈니스 모델과 "세계상"을 보여준다. 금융경제는 아직 가치가 실현되지 않은 재화와 실천을 나름의 가치를 창출할 수 있도록 통합해 내려고 한다. 그리고 경제적 목적을 실현하고 자기 아비투스를 확인하는 데 이용 가능한 재화와 실천을 습득한다. 포섭적 배제의 방법들은 장래에 특히 사회의 금융화라는 이유로 사회적 배제의 구조와 동학을 결정하는 데 있어 매우 중요하게 작용할 것이다.

둘째, 오늘날의 변용된 사회적 불평등이 포섭적 배제의 전형에 부합한다. 로장발롱은 『평등한 이들의 사회』에서 오늘날 위기에 처한 평등에 주목했다(Rosanvallon 2013: 15 이하). 평등의 위기는 두 가지 상이한 형태로 발현한 불평등이 정반대로 발전해 나가면서 발생한다. 차별과 같은 불평등은 우리네 사회적 관계의 세계를 인정과 무시(Missachtung)로 분할하는 데 반해, 분배 불평등은 경제적 강자와 약자의 서열을 만들어낸다. 지난 20년간 진보적 사회 세력은 무엇보다 차별이라는 악에 맞서는 데 진력해 왔다. 하지만 같은 시기에 경제적 불평등은 멈추지 않고 증가했다(Milanovic 2016 참조). 사회적 처지에 바탕을 둔 신봉건적인 물질적 불평등의 증가가 차별의 근거가 되는 불평등의 철폐와 대조를 이룬다(Neckel 2016 참조). 인정투쟁에서는 여러 번 승리했지만 재분배 투쟁에서는 대패한 것이다. 그래도 호의적 인정으로 나타날 수 있는 포섭적 배제 전략은 차별 철폐의 득을 본다. 반면 신봉건적 불평등은 문화적 야심을 위해 거의 무제한적으로 자원을 이용할 수 있는 글로벌 금융계급을 등장케 했다.

셋째, 낸시 프레이저(Fraser 2017)는 포섭적 배제의 전형이 당대 사회 분석에 있어 대체로 어떤 의미를 갖느냐는 물음에 진전된 제안을 했다. 프레이저는 도널드 트럼프(Donald Trump)가 미국 대통령으로 선출된 선거 이후 며칠 지나서 잡지 『디센트』(*Dissent*)에 "해방과 금융화의 비신성(非神聖) 동맹", 좌파자유주의적 사상과 신자유주의의 "뒤틀린 정치적 접합(Konfiguration)"에 민주당 패배의 책임을 묻는 글을 발표했다.

프레이저에 따르면, 페미니즘, 반인종주의, 다문화주의, 성소수자 권리를 위해 진력하는 진보 세력 내 당대의 주도적 흐름들은 사실상 월스트리트, 실리콘밸리, 할리우드의 현대적 인지자본과 동맹 관계에 있다. 근본적으로 다양성, 역량 강화와 같은 매우 상이한 목적을 위해 유용한 이상들이 실제로 불평등 심화와 무제한적인 자본의 힘으로 특징지어지는 사회 발전을 미화하는 데 도움이 되었다는 것이다. 특히 금융산업은 심지어 다양성, 다문화주의, 여성 권리의 후원자라는 카리스마를 진보 세력으로부터 빌려 왔을 것이다. 관계된 행위자 모두가 자신의 진보성을 보여주지만 자본주의적 지배의 근저를 건드리지도 못하는 "진보적 신자유주의"의 시대는 이런 식으로 열렸다. 이제는 자본주의적 위계질서의 철폐가 아니라 그것의 다양화가 해방의 척도가 되었다. 평등, 그리고 "상업적인 승자독식 위계질서" 너머의 삶을 관철하는 것이 아니라 여성, 소수민족, 동성애자가 경제적 경쟁에 동등하게 참여할 수 있다는 것이 진보의 이상이 되었다. 해방에 대한 좌파자유주의적-개인주의적 이해가 점차 사회적 자유에 대한 매우 광범위한 견해를 대신하고 본래 정치적 좌파의 규범적 징표인 평등주의적 반자본주의에서 벗어났다.

낸시 프레이저가 말하는 "진보적 신자유주의" 시대의 본질적 토대는 본고가 포섭적 배제를 분석하면서 그 주요 요소들을 제시한 사회적 과정들이다. 왜냐하면 진보적 신자유주의는 자본주의를 더 유연하고 더 혁신적이며 더 현대적으로 만들기 위해 진보적 흐름들의 요구의 내생화에 기인한 사회구성체와 다를 바 없기 때문이다. 따라서 포섭적 배제라는 구별짓기의 전형은 진보적 신자유주의에 있어 전형적인 것 그 이상이다. 진보적 신자유주의에서는 금융산업이 대변하는 경제 자유화가 진보적 운동들이 쟁취하려는 문화 자유화와 짝을 이룬다. 오늘날 점차 사회적 구별짓기의 전형들을 규정하는 것은 이와 같은 역설적 발전이다.

번역_김주호

참고문헌

Boltanski, Luc und Ève Chiapello 2003 [1999]: Der neue Geist des Kapitalismus. Übers. von Michael Tillmann. Konstanz: UVK.

Bourdieu, Pierre 2016 [1979]: Die feinen Unterschiede. Kritik der gesellschaftlichen Urteilskraft. Übers. von Bernd Schwibs und Achim Russer. Frankfurt a. M.: Suhrkamp.

Burgess, Ernest W. 1967 [1925]: The Growth of the City. An Introduction to a Research Project, in: Robert E. Park and Ernest W. Burgess: The City. Suggestions for Investigation of Human Behavior in the Urban Environment. Chicago und London: University of Chicago Press, 47–62.

Chan, Tak Wing und John H. Goldthorpe 2007: Social Stratification and Cultural Consumption. Music in England, in: European Sociological Review 23, 1–19.

Fraser, Nancy 2017: The End of Progressive Neoliberalism, in: Dissent, 2. Januar. ‹https://www.dissentmagazine.org/online_articles/progressiveneoliberalism-reactionary-populism-nancy-fraser›.

Milanovic, Branko 2016: Die ungleiche Welt. Migration, das Eine Prozent und die Zukunft der Mittelschicht. Berlin: Suhrkamp.

Neckel, Sighard 2000: Ein Schaufenster sozialer Gegensätze. Unterwegs im Frankfurter Bahnhofsviertel, in: ders.: Die Macht der Unterscheidung. Essays zur Kultursoziologie der modernen Gesellschaft. Frankfurt a. M. und New York: Campus, 165–171.

Neckel, Sighard 2016: Die Refeudalisierung des modernen Kapitalismus, in: Heinz Bude und Philipp Staab (Hg.): Kapitalismus und Ungleichheit. Die neuen Verwerfungen. Frankfurt a. M. und New York: Campus, 157–174.

Neckel, Sighard, Lukas Hofstätter und Marco Hohmann 2018: Die globale Finanzklasse. Business, Karriere, Kultur in Frankfurt und Sydney. Frankfurt a. M. und New York: Campus (im Erscheinen).

Ollivier, Michèle 2004: Towards a Structural Theory of Status Inequality. Structures and Rents in Popular Music and Tastes, in: Research in Social Stratification and Mobility 21, 187–213.

Parkin, Frank 1983: Strategien sozialer Schließung und Klassenbildung, in: Reinhard Kreckel (Hg.): Soziale Welt. Sonderband 2: Soziale Ungleichheiten. Göttingen: Schwartz, 121–135.

Parzer, Michael 2010: Leben mit Pop. Kulturelle Allesfresser im Netzwerkkapitalismus, in: Sighard

Neckel (Hg.): Kapitalistischer Realismus. Von der Kunstaktion zur Gesellschaftskritik.

Frankfurt a. M. und New York: Campus, 165–183.

Peterson, Richard A. und Roger M. Kern 1996: Changing Highbrow Taste. From Snob to Omnivore, in: American Sociological Review 61, 900–907.

Rosanvallon, Pierre 2013 [2011]: Die Gesellschaft der Gleichen. Übers. von Michael Halfbrodt. Hamburg: Hamburger Edition.

Sennett, Richard und Carlo Ratti 2016: Will the Internet Kill Off Conspicuous Consumption?, in: The Guardian, 29. September. ‹https://www.theguardian.com/commentisfree/2016/sep/29/internetconspicuous-consumption-sharing-servicesrichard-sennett›.

Veblen, Thorstein 1986 [1899]: Theorie der feinen Leute. Eine ökonomische Untersuchung der Institutionen. Übers. von Suzanne Heintz und Peter von Haselberg. Frankfurt a. M.: Fischer.

Weber, Max 1980 [1922]: Wirtschaft und Gesellschaft. Grundriß der verstehenden Soziologie. Tübingen: Mohr (Paul Siebeck).

사회학의 경제적 인간으로서의 지위적 인간

슈테판 포스빙켈

경제적 인간이란 모형이 현실과 거리가 먼 단순한 이론이라고 비판하는 것은, 다시 말해 복잡한 것을 단순하게 줄여 수학화할 수 있는 모형들로 만들 수 있는 데만 이바지하는 근거가 약하고 경험적 근거도 충분하지 못한 가설이라고 비판하는 것은, 경제이론들에 대한 가장 널리 퍼져 있는 비판들 가운데 하나다. 이 모형 가설에 대한 비판은 그동안 경제학 안으로까지 깊숙이 들어 왔다. 경제학자들도 인간은 늘 자기 이익만을 좇는 것도 합리적으로 행동하는 것도 아니라는 사실을 받아들이고, 복잡성을 늘려야 한다고 생각하게 되었다. 하지만 경제학이 경제적 인간 모형으로부터 실제로 작별하기는 어렵다.

그러나 경제적 인간은 하나의 모형 가설 이상이다. 그것은 드러나지 않았을 뿐 하나의 인간학이다. 다시 말해 당연한 것으로 받아들여진다는 바로 그 이유 때문에 현실적인 힘을 가지고 있는 하나의 인간상이다. 하지만 우리가 사회학 글들을 살펴보면 여기서도 때때로는 잘 드러나지 않지만 때때로는 분명하게 드러나는 하나의 인간상을 찾을 수 있다. 인간은 자신의 지위를 높이는 게 무엇보다 중요한 존재로 여겨지는 듯이 보인다. 여기에는 두 가지 변화된 종류가 있다. 하나는 모든 인간은 **원래** 지위 다툼을 한다는 것으로부터 출발한다. 다른 하나는 현대 사회에서는 원래 모두가 지위 다툼을 **해야 한다**고 생각한다. 이 두 가지가 생각을 같이하는 점은 (지위 다툼을 하지 않는다고 스스로 믿든 남들에게 그렇게 말하든) 지위 다툼을 하지 않는 사람들이 지위 다툼을 하지 않는 이유가 그들이 지위를 성취할 수 없다고 믿기 때문이거나, 자신의 낮은 사회적 위치에 습관적으로 적응해서 또는 겸손하도록 교육을 받아 자신에게 걸맞거나 사람들이 자신에게 기대함직한 지위에 대해 자신이 원래 지니고 있는 열망을 깨닫지 못하기 때문이라고 생각한다는 점이다. 내가 주장하고 싶은 바는, 지위적 인간이란 모형은 "경제적 인간"이란 모형만큼이나 사회학의 영역들에 널리 퍼져 있는 인간학이라는 것이다.

이것은 당연히 과장되어 있다. 나는 앞으로 이것을 상대화하고 차별화할 것이다. 나는 지위 지향이라는 생각에는 당연히 올바른 것들도 많이 있다는 것을 인정한다. 그럼에도 나는 이 인간학과 관련된 한 측면만 보거나 현실을 가릴 위험을 살펴보려고 한다.

먼저 나는 사회학의 다양한 이론가들을 간단히 조명해보려 한다. 이로써 지위 지향이라는 생각이 사회학 속 드러나지 않은 인간학으로서 얼마나 널리 퍼져 있는지를 주목하게 하려 한다. 이어서 나는 우리가 지위라고 말할 때 정확히 무엇을 뜻하는지에 대해 이야기해볼 것이다. 그다음에 지위 지향의 한계들에 대한, 다시 말해 "지위 다툼을 거부하는 것들"에 대한 몇 가지 경험적 암시들을 살펴보고, 이어서 그러한 행동의 동기들에 대해 생각해볼 것이다. 이러한 암시들에서 사회학자들은 때때로 "의심의 해석학"과 만난다. 그 결과로 담론의 얽힘이 생긴다는 것을 보일 것이며, 사회학적 이론 형성을 위한 몇 가지 귀결들을 스케치할 것이다.

사회학 속 지위 지향

이미 **애덤 스미스**에서도 우리는 인정과 좋은 삶을 얻으려는 노력을 지위나 이미지를 얻으려는 노력과 겹쳐놓는 것을 발견한다. 스미스는 부, 권력, 지위를 주목을 끄는 것을 뜻하는 이미지를 얻으려는 노력 속에 집어넣고, 이 노력을 사회적 지위의 위계질서와 관련짓는다. 가난한 이는 자신의 가난뿐만 아니라 주목받지 못한다는 사실에도 괴로워하는 반면에, "지위와 특출함이 있는 이는 모든 세상으로부터 주목을 받는다."(Smith 2004: 72) 놀라울 정도로 대단한 인정은 부와 높은 지위와 관련되어 있다는 점을 그는 한편으로 체계의 기능에 의한 것으로 여긴다. 그럼에도 다른 한편으로 이것은 동시에 도덕적 비난들을 동반한다(같은 책: 86 이하). 여기서 인정을 얻으려는 노력의 두 가지 길이 나뉜다. 하나는 지혜와 덕으로써 인정을 얻으려 노력하는 길이며, 다른 하나는 부와 높은 지위로써 인정을 얻으려 노력하는 길이다.

탤컷 파슨스는 인정을 얻는 두 가지 길을 나누는 데 이바지했지만 이것을 사회 가치들을 뜻하는 지위 위치와 연결함으로써 인정을 얻는 두 가지 길에 대한 이 통찰은 묻히게 된다. 기능주의 계층화 이론(Davis und Moore 1967 참조)이 모두 그렇듯이, 파슨스도 잘 통합된 사회에서 "모든 개인의 지위는 […] 사람들이 함께 평가한 결과로 여겨질 수 있다"(Parsons 1973a: 189)고 확신한다. 그러므로 여기서 지위는 행위들이 지위 위계질서를 겨냥하거나 지위 위계질서가 가치들을 새겨 넣음이 없이 가치를 지향하는 행동들을 하여 얻은 결과다. 가치를 지향하는 행동에 지위를 연결하는 것은 동시에 개인들의 행동을 위한 동기의 바탕이 된다. 그 결과로 개인들은 지위 보상을 통해 사회적 가치들을 뜻하는 행동을 하게 된다.

이제 사람들은, 이러한 생각은 통합적-기능주의적 이론들에서 특징적으로 드러난다고 말할지도 모른다. 우리는 **조지 허버트 미드**도 인정을 "뛰어남"을 추구하는 노력과 연결하는 것을 본다. 그는 정체성들이 사회적인 것이라는 사실로부터 출발하여, 정체성들은 다른 이들의 인정을 받고 다른 이들보다 뛰어남을 알게 되면서 실현된다고 말한다(Mead 1995: 248). 미드는 이 주제를 상호작용의 수준에서 다룬다. 그러한 한에서 계층화들이나 지위 서열들이 중요하다는 사실이 그에게서 분명하게 드러나지 않는다. 그러나 그는 더 나은 실력들이나 더 큰 능력들에 의지하는 뛰어남의 느낌(유능한 전문가, 훌륭한 의사)과 뛰어남 자체로부터 비롯되는 뛰어남의 느낌을 나눈다(같은 책: 332 이하). 그러니까 미드도 뛰어남을 추구하는 노력으로부터 출발하지만 더 나아가 더 나은 실력들이나 능력들로부터 생기는 뛰어남을 추구하는 노력과, 서열 다툼들의 결과로 생기는 뛰어남을 추구하는 노력을 나눈다.

위치적 지위 지향은 동시에 비판 사회학이 가지고 있는 드러나지 않는 기본 가정이다. **피에르 부르디외**에게 중요한 것은 다름 아니라, 문화적 논쟁들과 구별 전략들 속에 지위 다툼들이 숨겨져 있음을 드러내 보이는 일이다. 행위자들은 그것들이 지위 다툼의 문제가 아니라고 스스로 믿고 있을지라도 그렇다(Bourdieu 1998 참조). 사회적 영역들에서 성공은 그 영역들에서 서열 하나를 차지하는 것을 뜻한다. 부르디외의 관점에서 사회적 다툼들의 목표도 서열 하나를 차지하는 것이다. 부르디외는 단순한 사회적 불평등 이론들보다 더 복잡하다. 그 까닭은 무엇보다 그가 아비투스 이론으로 사람들의 갈망들 자체를 사회적 불평등의 요소로 보기 때문이다. 낮은 계급들에 속하는 이들은 자신들의 아비투스가 자신들이 도달함직하다고 말해주는 것의 수준에서 자신들의 서열을 받아들인다. 그것에 걸맞게 사회적 불평등은 아비투스를 통해 지위 갈망들 속에서 재생산된다. 그럼에도 부르디외에게서 사회적 삶의 역학은 지위 위치들을 둘러싼 다툼들 속에 뿌리를 두고 있다.

악셀 호네트는 자신의 인정 이론 속에서 분배 이익들을 둘러싼 다툼과, 정체성들과 도덕적 가치들을 둘러싼 다툼을 나누었다. 부르디외와 달리(Honneth 1984 참조), 호네트는 규범적 다툼들이 가지는 그 고유한 의미에서의 의미를 강조한다. 그럼에도 호네트에게서도 가치를 평가하는 인정 방식은—법적인 인정과 달리—위계적이다. 그가 가치 평가의 등급을 실력이란 기준에 따라 구별하는 것을 보면 그렇다. 물론 그에게서 중요한 것은, 행동이 가치를 지향하는 **동기**에서 비롯되는지, 지위를 지향하는 **동기**에서 비롯되는지의 문제가 아니라 누구를 더 가치 있게 평가하는지의 문제다. 호네트는 파슨스와 여기서 매우 가깝지만 그럼에도 그가 인정이 지닌 다툼이라는 성격을 강조한다는 점과 실력이나 가치평가에 대한 기준들에 대해 다툴 가능성이 있다는 것을 강조한다는 점과 그 다툼 가능성 속에 들어 있는 역사적-규범적 진보 가능성을 강조한다는 점에서 다르다.

사회학과 사회철학 속 매우 다양한 생각들을 이렇게 간단하게나마 훑어본 것은, 인간 행동이 사회적 서열이나 남다른 가치평가나 위치적 지위 획득을 지향하고 있다는 가설이 그곳에 얼마나 강하게 뿌리내리고 있는지를 보이기 위함이다.

무엇이 문제인가?

우리가 지위라고 말할 때 우리는 무엇을 뜻하는가? 사회학에는 지위 개념의 두 가지 변화된 종류가 함께 존재한다. 하나는 사람과 관계있는 지위 개념이고, 다른 하나는 위치와 관계있는 지위 개념이다(Reisch 1995: 44 이하). 앞의 지위 개념은 지위를 사람이나 사람 집단을 사회적으로 가치평가하는 것으로 이해한다. 뒤의 지위 개념은 사회적 불평등 위계질서 속 위치와 관계가 있다. 앞의 지위 개념은 상호작용을 중요하게 여기는 생각에 뿌리를 두고 있고, 뒤의 지위 개념은 구조를 중요하게 여기는 생각에 뿌리를 두고 있다.

이러한 구분은 중요하다. 왜냐하면 그것은 내가 여기서 씨름하려고 하는 문제에 있어, 다시 말해 사람들은 자신들의 가치평가를 추구하는 노력을 불평등 위계질서에서 높은 위치에 이르려는 것과 연결하는지, 아니면 그들에게 본질적으로 중요한 것은 다른 이들이나 공동체의 가치평가인지, 다시 말해 정체성과 가치들을 인정받는 것인지를 밝히려는 문제에 있어 커다란 차이를 만들기 때문이다. 그러나 위치와 관계있는 지위 지향에서도, 위치적 지위 **자체**가 긍정적인 재화인지, 그 지위는 긍정적 재화들을 더 쉽게 얻을 수 있게 해주는—아마도 사물화된—수단일 뿐인지를 더 구별해야 한다. 이러한 차이는 광범위하다. 다시 말해 위치가 단지, 더 많은 소득이나 영향력을 약속해주는 수단일 뿐이라면, 또는 인정을 얻어내거나 더 자율적이고 더 건강한 삶을 희망할 수 있게 해주는 수단일 뿐이라면, 지위 상승을 대가로 더 나은 삶이란 목적이 포기되는 등 수단과 목적이 갈등을 일으킬 가능성이 있다. 지위 상승이 대가를 치를 수 있다는 말은 다름 아니라 지위 상승을 둘러싼 다툼이 삶에 스트레스를 주거나 사회적 관계를 끊어지게 하거나 자율성이 줄어들게 만드는 부작용을 낳는 것을 뜻할 수 있다.

지위 지향을 이해하려면 또 다른 구별을 할 필요가 있다. 지위 지향에 있어 무엇보다 중요한 것은 내적인 동기화인가, 아니면 다른 이들이 정해주는 지위에 대한 반응인가? 아마도 지위를 지향하는 세계에서 사람들에게 높은 지위가 중요한 것은 내적인 동기 때문이 아니다. 그들이 행동하는 맥락 속에서 그들은 마치 높은 지위가 그들에게 중요한 것처럼 행동하도록 강요됨을 느낀다. 그러니까 직장 생활의 넓은 영역들에서 지금의 지위에 만족하며 더 이상의 경력 쌓기를 원하지 않으며 더 이상 지위에 맞게 자신을 "최적화"하지 않는다는 것을 드러내면 틀림없이 의욕이 없고 무기력하며 신뢰할 수 없는 이라고 비난을 받을 것이다.

내가 여기서 말하려는 마지막 구분이 그것과 관계가 있다. 지위 다툼이라고 말할 때 상승 노력과 하락 불안들은 같은 맥락에서 다루어진다. 그래서 사람들은 일반적으로 "지위 다툼"이나 "지위를 추구하는 일"이라고 말한다(Schimank, Mau und Groh-Samberg 2014 참조). 실제로 상승 노력과 하락 불안은 부분적으로 서로 다른 논리에 따른다. 상승을 지향하는 이는 이기길 원하지 안정적으로 머물기를 원하진 않는다. 하락에 대한 불안을 가지고 있는 이들은 무조건 이기기를 원하지는 않지만 아마도 기꺼이 안정적으로 머물기를 원한다. 그들은 그러한 안정적으로 머무는 것이 불가능할까봐 두려워한다. 그들은 지위를 추구하는 일을 하지 않으면 자신들의 지위가 나빠질까봐 두려워한다. 그들의 지위 다툼은 강요된

다툼이다. 하지만 그렇다고 그러한 다툼이 원한을 품지 않고 다툰다는 것을 뜻하지는 않는다. 이 다툼을 이겨내는 것은 새로운 상승 가능성들을 열어주기 때문이 아니라 안전을 지키는 데 도움이 되기 때문이다.

상승 노력과 하락 불안의 논리들을 이렇게 구분하는 것은 중간층들을 살펴볼 때 도움이 된다. 그 구분은 낮은 사회적 위치에 있는 이들에게는 적용하기 어렵다. 왜냐하면 그들에게 그대로 머무는 것은 포기를 뜻하기 때문이다. 지위가 낮은 이들은 지위를 숙명으로 받아들이거나 (Kocher 2009 참조) 상승을 지향하거나 둘 가운데 하나를 선택할 수밖에 없다. 따라서 늘 사회적 위치는 사람들이 그 위치를 차지함직 하다고 보는 이들에게만 해당된다.

지위 다툼 거부의 경험적 증거들

모두가 자신의 환경 속에서 자신을 둘러보고 자신이 알고 있는 사람 가운데, 얼마나 많은 사람이 상승 노력을 결코 행동의 전면에 내세우지 않고, 아마도 "단지", 자신의 일을 훌륭하고 의미 있게 해내고, 다채롭고 만족할 만한 삶을 살고, 우정을 가꾸고, 사랑을 체험하고, 동료 관계를 유지하고, 자신과 다른 이들에게 지나치게 요구하지 않는 삶을 추구하는지를 생각해보는 것으로 원래 충분할 것이다. 그러나 일상 경험에 대한 이러한 주관적인 인상이 충분하지 않다면 나는 사람들이 결코 늘 지위 위치들을 둘러싼 다툼에 동참하지 않는다는 것을 보여주는 사회학 연구로부터 나온 경험적 발견들을 몇 가지 더 조명하고자 한다. 여기서는 단지 힌트들만 줄 수 있으며 더 자세히 이야기할 수 없다. 그러나 이 힌트들이 매우 다양한 맥락들에서 나온다는 사실은 아마도 여기서 내세우는 주장을 설득력 있게 만들어줄 수 있을지도 모른다.

처음으로 조명하고 싶은 것은 카를 울리히 마이어의 예전 양적 연구다. 그는 "콘스탄츠 이동성 프로젝트"의 틀 속에서 사회적 이동성을 알아내고 해석하는 일을 했다. 1969년 여름에 398명의 33살 남성 콘스탄츠인들에게 설문조사를 했다. 마이어의 연구 결과들 가운데 두 가지가 특히 흥미롭다. 첫째, 직업 이동에 대해 다양하게 이해하고 있다는 것이 드러났다. 직업 이동을 그들은 소득 증가, 물질적 안정 증가, 자신의 능력들을 사용할 가능성 증가, 노동 환경 개선, 일을 할 때의 자율성 개선 등으로 다양하게 이해하고 있었다. 게다가 개선은 일과 직업 분야에서만 고려될 뿐이지 삶에서의 개선은 고려되지 않았다. 다른 한편으로 마이어는 이동 갈망의 정도는 매우 다양하다는 것을 발견했다. 그러니까 "특권을 지향하는 것은 보편화되어 있다는 가정이나 상승 노력은 일반화되어 있다는 가정"이 지지되지 않는다고 생각될 정도로 다양했다. 그는 사회학의 이동성 개념이 "사회적 이동의 목표들에 대한 합의가 존재하지도 않는데 마치 존재하는 듯" 부당하게 속인다고 비판했으며, "상승 지향이 마치 개인들에게 핵심적인 것으로 보편화되어 있다는 듯" 가정한다고 비판했다. 오히려 설문에 대답한 이들은 이동성이란 것을 "주어진 위치들이나 고정된 위치이동 시스템 속에서 경제적 상황이나 직업적 상황을 개선하는 것"(Mayer 1979: 208 이하)으로 넓게 이해한 듯하다. 물론 그는 설문에 대답한 이들이 이러한 위축된 태도를 취하는 까닭이 다른 대안적인 삶의 지향을 가지고 있어서가 아니라 그들의 갈망을 자신이 이룰 수 있는 가능한 것들에 맞추었기 때문이라고 보았다.

그러면 사람들은 수십 년 동안 문화적 개인화가 늘어나고 "기업가적 자아"(Bröckling 2007)를 불러오는 게 늘어남에 따라 지위 다툼도 일반화되었다고 생각할지도 모른다. 그럼에도 2008년 금융시장 위기 이후 행한 우리의 자서전적-서사적 연구(Hüurtgen und Voswinkel 2014)는 우리가 설문조사를 했던 (중간 정도의 자격을 갖춘, 젊지도 늙지도 않은 중간 나이의 정규 노동자들인) "보통 노동자들"도 매우 다양한 삶의 지향들을 추구한다는 것을 보여주었다. 무엇보다 (다른 누구보다, 사회의 중간에 속하는 게 중요한, 이주 2세대에 속한 이들인) 성공과 특권을 지향했던 사람들뿐만 아니라 설문에 대답한 이들에게서도 우리는 무사히 살아가는 것이나 인생의 실패를 피하는 것을 중요하게 여기는 삶을 지향하는 것을 발견했다. 어떤 이들에게는 무엇보다 사회적으로 소속되는 게 중요했고, 또 다른 이들은 다시금 커다란 갈망들 없이 "보통의 삶"을 유지하려 노력했다. 그럼에도 많은 사람들이 흥미로운 일과, (가족, 취미, 의미 있는 일 등과 같은) 또 다른 형태의 사회적 삶을 유지할 가능성 사이에서 균형을 잡는 것으로서 자기계발을 중요하게 여기는 삶을 지향했다. 무엇보다 이 사람들은 자기를 제한하는 태도와 삶에 대한 염세적 태도라는 이유에서뿐만 아니라 (개인마다 매우 다양하게 정의된) 다채로운 삶의 형태들에 대한 긍정적인 동기에서, 사회적 상승을 뜻하는 지위 다툼을 주로 지향하는 것을 거부했다.

전혀 다른 환경 속에서 알렉산드라 만슈케(Manske 2016)는 마찬가지로 매우 다양한 형태의 "지위를 추구하는 일"을 발견했다. 역학, 창조성, "기업가적 자아"의 분야이자 동시에 불안한 존재의 분야로 본 문화경제나 창조경제에서도 그녀는 지위 상승이 결코 논란이 있을 수 없는 확실한 목표가 아니라는 것을 확인했다. 무엇보다 "현장에서 일어난 사건으로부터 예술가적 비판의 관점에서 거리를 두는"(Manske 2016: 390) 사람들은 현장의 지위 다툼들과 거리를 둠으로써 어떤 정도의 자율성 잠재력을 유지하려 애쓴다. 그들은 그때—기업가적이 아니라—예술가적 자아라는 이상을 근거로 끌어댈 수 있다.

현대가 진행되면서, 지위 다툼을 드러내놓고 거부함으로써 두드러지게 보이는 환경들은 늘 거듭 있었고 지금도 있다. 은퇴자 환경들이나 1970년대부터 1980년대까지 있었던 대안경제나 지역 코뮌들의 좌파대안 집단들(Reichardt 2014 참조)이 그런 것이었고, 현재에는 "경력거부센터 하우스 바틀비"("안 하는 편을 택하겠습니다")나 예를 들어 우케르마르크에 있는 예전의 도시 "은퇴자들"의 생태마을들과 타우쉬링(교환공동체)과 같은 단체들(Grossarth 2011 참조)이 그런 것이다. 이러한 삶의 형태들은 사회적 중간층에 속하는 잘 사는 이들의 자발적인 단체들일 수 있다. 그러나 그것들은 현재 때때로, 성장이 사라진 사회에서 늘어나는 불안정한 생활 상황들과 관계하는 방식들이기도 하다.

이러한 매우 다양한 형태들은 지위 다툼을 거부하는 분명한 태도가 있다는 것을 보여주지는 못한다. 또한 그것들은 늘 지위 다툼을 의식적으로 거부한다는 것을 보여주지도 못한다. 오히려 그것들은 여기서, 그러한 거부가 매우 다양한 동기들로부터 매우 다양한 맥락들에서 볼 때 매우 당연하다는 것을 보여주는 힌트들로나, 사람들은 "보통" 사회적 상승이나 사회적 특권을 뜻하는 지위를 얻기 위해 씨름한다는 것을 보여주는 힌트들로 인용된다. 지위 다툼을 무시하거나 거부하는 데는 수많은 이유가 있다. 아마도 지위 다툼을 할 능력이 없는 것에도 수많은 이유가 있다. 그러한 무능력은 사회적 출신에서 비롯되는 몸에 밴 아비투스로부터 생길 수 있다. 이러한 아비투스는 지위 상승은 꿈도 꿀 수 없는 것이며 자신의 정체성에도 맞지 않는 것인 듯 보이는, "자신의 위치에 대한 느낌"을 낳는다. 왜냐하면 사회적 상승을 하려면 "아비투스 바꾸기"(El-Mafaalani 2012)도 요구되기 때문이다. 우리는 이러한 자기를 제한하는 태도를 낮은 사회적 계급들에 속하는 이들에서뿐만 아니라 많은 것을 떠오르게 하는 "유리 천장"이란 것이 그들의 정체성 일부가 되어버린 여성들에서도 발견한다. 때때로 이것은—출신환경이나 자신의 성으로부터—소외되는 것에 대한 불안과도 연결된다. 지위 다툼을 거부하는 것은 지위 다툼에서 실패한 것을 합리화하거나 다르게 해석하는 것의 한 형태인, 포기나 지위를 숙명으로 받아들이는 태도나 "쿨링 아웃"(Goffman 1952)의 결과일 수 있다. 그러나 지위 다툼을 거부하는 것은 또한 다른 개인적 가치들과 사회적 가치들에서 비롯되는 결과일 수도 있다(Swift 2004: 9). 지위 다툼을 해서는 안 되는 다른 삶의 영역들이 있다고 생각하는 좋은 삶에 대한 생각들에서 비롯되는 결과일 수도 있다. 사람들은 지위 다툼 속에서 자신들이 얻으려고 노력할 가치가 없는 듯이 보이는 행동방식들을 발달시켜야 한다는 걱정을 쫓아낼 수도 있다(Pfeffer 2016 참조). 지위 다툼을 거부하는 것에서, 지위 다툼에 참여함으로써 그러한 사회를 다시금 재생산하는 사회적 메커니즘들과 삶의 방식들이 강화된다는 깨달음이 드러날 수도 있다.

울리히 브뢰클링도 모호하게나마 기업가적 자아의 흐름이 행사하는 끌어당기는 힘에 맞서는, 우울함, 비꼼, 소극적 저항이라는 세 가지 현상들을 제시한다. 그러나 그는 동시에 그러한 종류의 맞선 흐름들을 사회가 요구하는 것들이 지배적일 수밖에 없으며 그것들을 피할 수 없다고 확신하는 사람들이 어떻게 해석하는지도 보여준다. 다시 말해 그는 그들이 그러한 흐름들을 "기업가적 자아가 되는 것도 불가능하고, 그렇다고 기업가적 자아가 되어야 한다는 요구를 하는 것도 불가능하다는 […] 이중의 불가능성"(Bröockling 2007: 288 이하)에 대한 증거들로 해석한다는 것을 보여준다. 삶의 지향들이 성공적 지위 다툼에 대한 사회적 기대들에 미치지 못하고 실패하는 것 때문에 그렇게 해석하지 않고는 또는 이것을, 사람들이 지위 다툼이라고 하면 흔히 떠올리는 보통의 지위 다툼들을 거부함으로써—부르디외가 말하는—구별짓기를 할 수 있기를 바라는, 지위 다툼의 대안적 형태로 해석하지 않고는 좋은 삶에 대한 생각들을 본래의 의미로 따르는 삶의 지향들을 가능하다고 여기는 것을 거의 생각할 수 없는 듯이 보인다.

담론에 얽혀 들어온 것들

지위 다툼이 전면적으로 이루어지고 있다는 생각을 그렇게 당연하게 여기고 반대 증거조차도 다시 지위 다툼의 틀에 비추어 해석하는 사람은, 지위 다툼의 틀을 의심하는 사람들과 마찬가지로 쉽게 담론에 얽혀 들어온 것들에 사로잡혀 버린다. 왜냐하면 사회적 불평등 사회에서 대부분의 사람들은 지위 개선 노력을 기울여도 성공을 거두지 못하고 있기 때문이다. 이렇게 성공하지 못하는 것은 물론 평등에 관한 생각들이나 모두가 상승에 대한 권리를 가지고 있다는 현대의 권리에 대한 생각들과 부딪히는 것으로 보인다. 이제 이러한 (적어도 기회 평등에 있어서는) **모두**(jedem)에게 가능하지만 (실제로는) **모두**(allen)에게 가능한 것이 아닌 결과를 얻으려 노력하기를 포기하는 사람들은 그들이 "원래" 추구했거나 그들이 가지기를 요구받았던 목표를, 그들이 실패했기 때문에, 또는 필요한 힘과 끈기를 가지려 하지 않았기 때문에 부인하거나 거부한다는 의심을 어쩔 수 없이 받게 된다. 결코 모든 사람이 사회적 상승 노력을 하는 것은 아니라는 사실을 말하는—나 같은—사람들은 다시금 딜레마 앞에 서게 된다. 그들이 지위 다툼을 피할 가능성을 강조한다면 그것은 겸손하라는 호소로 이해할 수 있다. 다른 한편으로 사람들에게 그들의 가능성을 다 쓰고 지위 다툼에서조차 자신을 최적화할 "권한을 주려는" 사람들은 모두에게 불가능한 것에 맞서 어떤 것을 할 것을 강요한다. 또한 그들은 그럼으로써 그들이 현대적 주체가 지니는 사회적 상승을 요구할 권리라는 생각을 고수한다는 것을 보여준다. 몇몇 주체들은 위에 도달하지만 다른 이들은 실패한다는 생각은 실제로는, 사람들이 서로 다른 갈망 수준을 가지고 있다면 조화로운 사회는 각자에게 서로 다른 자리들을 배정하고 사람들은 그것을 받아들여야 하며 게다가 그것은 그러한 사회에 대해 기능적이라는 생각과 가까워진다. 그렇게 되면, 누구에게 무엇이 속하는지에 대한, 아비투스 속에 배어 있는 생각들은, 다시 말해 출신에서 비롯되는 아비투스를 유지하려는 경향 속에 들어 있는, 사회적 불평등을 재생산하는 경향은 지위 다툼 속에 있는, 아비투스 속에 뿌리를 내리고 있는 서로 다른 갈망들을 기능적으로 구별하는 것으로 해석되거나 잘못 해석될 수 있다. 이러한 얽힘 속에서 볼 때, 대안적 행위 지향들을 추구하는 것과, 사회 불평등 구조로부터 거리를 두는 것은 이데올로기적으로 자기를 속이는 것일 뿐 그 이상으로 다르게 생각할 수 없는 듯 보인다.

한스-요아힘 기겔은 부르디외의 구별짓기 이론과 논쟁하면서 그 이론이 기능주의적인 성격을 띤다고 비판했다. 그에 따르면 그 이론은 "객관적인 구조 재생산 메커니즘이 행사하는 강제들에 맞서 사회 현실을 새롭게 구성하는 것을 허용해주는 거리두기의 역할들을 눈에 보이지 않게 할"(Giegel 1989: 153) 위험이 있다. 그는 지배에 관한 주장들에 맞서 (가치들이나 문화적 지향들의) 정당성에 관한 주장들을 구별할 것을 주장한다. "모든 정당성에 관한 주장은 […] 하나의 구별짓기라는 것"은 의심할 나위 없이 분명하다. "그러나 그러한 구별짓기가 어떤 의미를 갖는지는 그것으로써 아직 결정되지 않는다."(같은 책: 154) 문화적 지향들은 지배 구조 속에서 자리매김되어 있다는 부르디외의 생각에 기겔은 동의한다. 그러나 그는 그러한 자리매김을 처음부터 가정할 수 없다고 주장한다. 왜냐하면 문화적 가치 논쟁의 논리가 자립성을 가지고 있기 때문이다.

결론들

어떤 결론들을 끌어낼 수 있을까?

지위 다툼들이 사회 발전이나 사람들의 행동이나 삶의 지향들에 있어 커다란 의미를 가지고 있다는 것은 의심할 나위 없이 부인할 수 없다. 또한 사회적 본보기들이나 소원들은 해석의 본보기나 가치들에 미치는 영향력에 있어 과소평가하면 안 된다. 그럼에도 사회학은 경제적 인간 모형에 빗대어 무엇인가를 일반화하거나 인간학으로 만들지 않도록 조심해야 한다. 지위 다툼들은 상승 지향에서 생겨날 수 있다. 또는 지위 다툼들은 강제될 수 있다. 지위를 얻으려 애쓰는 이들은 지위 다툼을 피하면 거부될까봐 두려워해서든, 그들이 하락에 대한 불안을 가지고 있어서든 어떤 이유로든 어쩔 수 없이 지위 다툼을 할 수밖에 없도록 강제될 수 있다. 지위 다툼들은 삶의 지향들 가운데 **하나의** 요소이지, 무조건 포함되어야 하는 핵심적인 요소인 것은 아니다. 사람들이 삶의 개선이란 말이나 지위의 개선이란 말을 이해하는 의미는 개인마다 사회집단이나 사회환경마다 같은 사람이라도 삶의 단계마다 매우 다르다. 기본적으로 개인적(personal) 지위와 위치적(positional) 지위를 구별해야 하며, 그다음에 위치적 지위가 그 자체로 목적인지 더 나은 삶을 위한 수단일 뿐인지도 구별해야 한다. 지위 다툼을 의미 있는 좋은 삶을 이루기 위한 수단이나 삶의 **질**을 개선하기 위한 수단이나 삶의 옵션들을 늘리기 위한 수단으로 이해한다면, 삶에서 핵심적 비중을 차지하는 지위 다툼들과 상승 노력이 바로 그러한 목적들을 추구하는 수단일 뿐이라는 것을 알게 되면 상승 노력이 줄어들 것이다(Voswinkel 2013 참조). 이것을 자기겸손이나 포기로 해석하는 것은 적어도 그것이 사회적 소원들을 두 배로 만들지 않는다면 속단일 수 있다.

그것에 맞서 사람들의 고유한 의미는 더욱 고려되어야 한다. 이러한 범주는—만슈케(Manske 2016: 394)에 따르면—보통은 담론들의 폭력을 강조하는 사회학에서 부당하게도 그 의미를 잃어버렸다. 그 범주를 되살리는 것은 동시에 사회 구조들이나 담론들이나 행위 지향들이 가지고 있는 모순들과 양립불가능성들과 모호성들을 강조하고 두드러지게 만든다는 것을 뜻한다. 사회적 지위 다툼들의 모순들이나 부작용들과 의미 있는 좋은 삶을 살려는 다양한 노력들 사이의 긴장들은 늘 거듭 대안적인 지향들이나 행동방식들과 지금까지 완고한 지향들이나 행동방식들을 불러일으키는 것들이다. 당연히 그러한 긴장들은—가령 그러한 긴장들로 겸손의 윤리가 요구됨으로써—다시금 기능하게 될 수 있다. 그러나 우리가 볼탕스키와 시아펠로(Boltanski und Chiapello 2001) 이래로 예술가 비판의 기능화에 대한 증거를 알고 있듯이, 대안적 행동이나 비판의 형태들은 이러한 위험에 노출되어 있다.

번역_김광식

참고문헌

Boltanski, Luc und Ève Chiapello 2003 [1999]: Der neue Geist des Kapitalismus. Übers. von Michael Tillmann. Konstanz: UVK.

Bourdieu, Pierre 1998 [1994]: Praktische Vernunft. Zur Theorie des Handelns. Übers. von Hella Beister. Frankfurt a. M.: Suhrkamp.

Bröckling, Ulrich 2007: Das unternehmerische Selbst. Frankfurt a. M.: Suhrkamp.

Davis, Kingsley und Wilbert E. Moore 1967: Einige Prinzipien der sozialen Schichtung, in: Heinz Hartmann (Hg.): Moderne amerikanische Soziologie. Stuttgart: Enke, 347–357.

El-Mafaalani, Aladin 2012: BildungsaufsteigerInnen aus benachteiligten Milieus. Habitustransformation und soziale Mobilität bei Einheimischen und Türkeistämmigen. Wiesbaden: Springer VS.

Giegel, Hans-Joachim 1989: Distinktionsstrategie oder Verstrickung in die Paradoxien gesellschaftlicher Umstrukturierung? Die Stellung der neuen sozialen Bewegungen im Raum der Klassenbeziehungen, in: Klaus Eder (Hg.): Klassenlage, Lebensstil und kulturelle Praxis. Frankfurt a. M.: Suhrkamp, 143–187.

Goffman, Erving 1952: On Cooling the Mark Out. Some Aspects of Adaptation to Failure, in: Psychiatry: Journal of Interpersonal Relations 5. 4, 451–463.

Grossarth, Jan 2011: Vom Aussteigen und Ankommen. Besuche bei Menschen, die ein einfaches Leben wagen. München: Riemann.

Honneth, Axel 1984: Die zerrissene Welt der symbolischen Formen. Zum kultursoziologischen Werk Pierre Bourdieus, in: Kölner Zeitschrift für Soziologie und Sozialpsychologie 36. 1, 147–164.

Hürtgen, Stefanie und Stephan Voswinkel 2014: Nichtnormale Normalität? Anspruchslogiken aus der Arbeitnehmermitte. Berlin: edition sigma.

Kocher, Renate 2009: Der Statusfatalismus der Unterschicht, in: Frankfurter Allgemeine Zeitung, 16. Dezember, 5.

Manske, Alexandra 2016: Kapitalistische Geister in der Kultur- und Kreativwirtschaft. Bielefeld: transcript.

Mayer, Karl Ulrich 1975: Ungleichheit und Mobilität im sozialen Bewußtsein. Opladen: Westdeutscher Verlag.

Mead, George Herbert 1995 [1934]: Geist, Identität und Gesellschaft. Übers. von Ulf Pacher. Frankfurt a. M.: Suhrkamp.

Merton, Robert King 1995 [1938]: Sozialstruktur und Anomie, in: ders.: Soziologische Theorie und soziale Struktur. Übers. von Hella Beister. Berlin: de Gruyter, 127–154.

Parsons, Talcott 1973a [1940]: Ansatz zu einer analytischen Theorie der sozialen Schichtung, in: ders.: Soziologische Theorie. Übers. von Brigitta Mitchell und Dietrich Rüschemeyer. Darmstadt und Neuwied: Luchterhand, 180–205.

Parsons, Talcott 1973b [1940]: Die Motivierung des wirtschaftlichen Handelns, in: ders.: Soziologische Theorie. Übers. von Brigitta Mitchell und Dietrich Rüschemeyer. Darmstadt und Neuwied: Luchterhand, 136–159.

Pfeffer, Jeffrey 2016: Why the Assholes are Winning: Money Trumps All, in: Journal of Management Studies 54. 4, 663–669.

Reichardt, Sven 2014: Authentizität und Gemeinschaft. Linksalternatives Leben in den siebziger und frühen achtziger Jahren. Berlin: Suhrkamp.

Reisch, Lucia 1995: Status und Position. Kritische Analyse eines sozioökonomischen Leitbildes. Wiesbaden: DUV.

Schimank, Uwe, Steffen Mau und Olaf Groh-Samberg 2014: Statusarbeit unter Druck? Zur Lebensführung der Mittelschichten. Weinheim und Basel: Beltz-Juventa.

Smith, Adam 2004 [1759]: Theorie der ethischen Gefühle. Übers. von Walter Eckstein. Hamburg: Meiner.

Swift, Adam 2004: Would Perfect Mobility be Perfect?, in: European Sociological Review 20. 1, 1–11.

Voswinkel, Stephan 2013: Was wird aus dem »Fahrstuhleffekt«? Postwachstum und Sozialer Aufstieg. Working Paper 08/2013 der DFG-KollegforscherInnengruppe Postwachstumsgesellschaften. ‹www.kolleg-postwachstum.de/sozwgmedia/dokumente/WorkingPaper/wp8_2013.pdf›.

2부

This Korean special edition is independently edited by Korean editorial staff irrespectively of German edition.

'한국판 특집'은 독일판 베스트텐트와 별도로 한국 편집진이 독립적으로 편집하였습니다.

2부 한국판 특집 / 디지털 페미니즘의 정치적 지형

신자유주의 시대, 디지털 페미니즘의 정치적 지형

혐오, 남성-약자, 생물학적 여성, 유리천장 담론의 정치와 전치

스마트폰, 태블릿 PC 등 이동성을 기반으로 하는 '페미니즘 제4의 물결'(Cochrane)이 전 세계를 강타하고 있다. 나는 이 물결이 디지털 매체에 기반하고 있다는 점에서 '디지털 페미니즘'으로 명명하고자 한다. 2016년 본격화된 영미권의 '미투' 열풍, 제3세계 여성의 낙태죄 폐지 운동 등은 디지털 매체를 통해 정보를 내려 받고 융합하는 연결과 생산의 네트워킹이 있었기에 가능한 일이었다. 디지털 매체는 '이미지'를 중요한 의사소통 수단으로 만들었으며, 네트워킹의 과정에서 이미지는 복사, 융합, 재창조된다(심혜련, 『20세기의 매체철학』, 186). 이런 점에서 최근에 본격화된 '디지털 페미니즘'은 바로 디지털 매체가 만들어낸 여성혐오 이미지에 이미지를 통해 저항하는 거대한 페미니즘 네트워킹의 결과라고 할 수 있다.

손희정이 '페미니즘 리부트'(feminism reboot)라고 명명한 이러한 거대한 저항의 흐름은 2015년 우리 사회에도 본격적으로 가시화되었다. 10대와 20대가 100%, 30대가 99.8% 인터넷을 사용하는 대한민국의 사회에서 이 흐름은 여성중심 온라인 커뮤니티를 중심으로 영향력을 발휘하기 시작했던 것이다. 특히 '메갈리아'(메르스+이갈리아의 딸들)에서 꽃피운 '미러링'(mirroring) 전략은 2030 여성들의 의식을 머리에서 발끝까지 바꾸어 놓았다. '여성혐오'를 키워드로 온라인에서 각성한 여성들은 2016년 강남역 여성 살해사건이 발생했을 때 오프라인에서도 결집하기 시작했으며 이는 2018년 비동의 불법촬영물에 저항하는 혜화역 시위에서, 성폭력 폭로전과 낙태죄 폐지운동에서 그 정점에 달했다. 여성정책연구원의 조사에 따르면 2018년 20대 여성 2명 중 1명이 스스로를 페미니스트라고 생각할 정도니 청년 여성의 의식 변화의 정도는 상당하다고 할 수 있다.

이 물결은 단순히 "해일이 오는데 조개를 줍는" 하찮은 경향이 아니었다. 그들의 저항은 온라인 결속을 통해 빠르게 진행되기도 했지만 예외 없이 강력하게 추진되기도 했다. 여성에 대한 남성의 조롱을 역으로 반사하는 놀이였던 '미러링'은 사회 전반의 여성혐오에 대응하는 전략으로 이론화되기 했으며, 소라넷 폐지운동에서 시작한 비동의 불법촬영물에 대한 저항은 6만이 참여한 혜화역 시위로 확장되면서 비동의 불법촬영물의 제작, 유통뿐 아니라 소지 및 시청까지도 처벌하는 법안을 통과시키기에 이르렀다. 낙태죄 폐지운동도 결국 2019년 말 낙태죄를 폐지시키는 쾌거를 거두었다. 그 밖에도 2030 페미니스트들은 일상의 가부장제에 저항하기 위해 4B(비섹스, 비연애, 비혼, 비출산) 운동으로 대항하기도 하였다.

디지털 시대의 페미니즘은 그 양상도 이전과는 사뭇 달랐다. 무엇보다도 2030 페미니스트들은 진보와 보수를 가리지 않고 사회 전반의 변화를 촉구했다. 2017년 박근혜-최순실 국정농단 사태가 발생했을 때 페미니스트들은 촛불집회에 나아가 국정농단뿐 아니라 촛불집회 내부의 여성혐오 또한 비판했다. 이는 한국사회에서 여성운동의 발자취를 돌아볼 때 매우 이례적인 현상이었다. 페미니스트 사회학자 이효재가 분석하듯 그동안 한국의 근현대 여성운동은 독립운동, 반봉건운동, 노동운동, 반독재운동, 민주화운동, 학생운동 내에서 함께 전개되어 왔다. 그러나 최근 리부트된 페미니즘은 성적 모순 이슈를 부차적으로 다루지 않겠다는 강한 의지를 보여준다.

그뿐만이 아니다. 디지털 시대의 페미니즘은 새로운 세계에서 당면한 새로운 성적 모순에 저항하기 시작했다. 온라인을 베이스캠프로 삼는 소위 '영-영 페미니스트'들은 오프라인을 기본 세계로 설정하는 페미니스트들이 보지 못했던 디지털 성폭력, 사이버 성폭력의 문제와 씨름하기 시작했던 것이다. 무엇보다도 디지털 매체는 인간 존재론과 인식론을 변화시켰다. 사이버 공간에 인간은 깊이와 부피를 가진 몸이 아니라 몸 이미지로 서로를 마주하게 된다. 그리고 자신이 사용하는 닉네임만큼이나 다양한 인격으로 살아가곤 한다. 사이버 공간에서는 보통 자신이 선택한 세계에 접속하기 때문에 내가 보고 싶은 것만을 편향적으로 인식하게 될 확률이 높다. 결국 이러한 존재론적, 인식론적 변화와 함께 우리는 오프라인 세계에서 볼 수 없었던 '이미지 착취'라는 새로운 성폭력의 현장을 목격하게 된다. 비동의 불법동영상에서 딥페이크물에 이르기까지 여성의 몸 이미지는 실재 여성의 몸을 대신하여 착취되기에 이르렀고 이에 2030은 이전 세대들이 경험하지 못한 새로운 여성혐오의 현장을 수시로 경험하게 되는 것이다.

그러나 디지털 시대의 페미니즘의 정치학은 신자유주의적 조건 하에서 예측할 수 없는 경로로 나아가기도 했다. 많은 학자들이 분석했듯

87체제 이후 1997년 IMF를 거치면서 증폭된 신자유주의적 불안은 이명박, 박근혜 정권 하에서 극대화되었고 이는 고스란히 사이버 공간의 소수자 혐오로 전치되어 나타났다. 틀딱, 김치녀, 된장녀, 똥꼬충 등 남성중심 온라인 커뮤니티 '일간 베스트' 유저들은 신자유주의적 불안을 소수자에 대한 혐오로 표출하였다. 그러나 이는 일부 남성들만의 문제는 아니었다. 페미니즘의 흐름이 진행되는 과정에서 여성혐오에 저항하는 페미니즘 안에도 신자유주의적 불안의 흔적으로 의심되는 경향들이 나타나기 시작했기 때문이다. 가령 2015년부터 본격적으로 부상한 페미니즘의 흐름 중 몇몇 분파 안에서 불안은 난민이나 트랜스젠더 혐오로 나타나기도 했으며, 피해자로서의 위치를 어떤 상황에서도 '보호' 받아야 하는 위치로만 고정시키는 것이 아니냐는 비판을 받기도 했다. 유리천장 깨뜨리기 담론은 생존이나 야망 담론과 결합되면서 신자유주의 체계 안에서 살아남기 위한 전략으로만 전치되는 등 페미니즘의 전개 양상 역시 복잡하였다.

이는 혐오의 정치뿐 아니라 혐오에 대항하는 정치 역시 주어진 조건의 역학 속에서 전치되고 있음을 보여준다. 이에 이번 특집에서는 페미니즘 리부트 이후 5년이 지난 시점에서 디지털 시대 한국사회의 혐오의 정치와 이에 저항하는 페미니즘 정치가 신자유주의의 조건 속에서 어떤 방식으로 전치될 수 있는지를 비판적으로 살펴보는 네 개의 글을 소개하고자 한다. 이는 그동안의 성과를 폄하하자는 것이 아니라 정확한 진단을 통해 젠더 정의의 새 틀 짜기의 방향을 정치화하기 위함이다.

첫 번째 김보명의 「'혐오'의 정동경제학과 페미니스트 저항의 정치학: 〈일간 베스트〉, 〈메갈리아〉, 그리고 〈워마드〉를 중심으로」는 한국사회에서 신자유주의적 불안이 어떻게 혐오로 전치되고 있는지 그 정치학의 전반적 지형을 조망해준다. 그는 남성중심 온라인 커뮤니티 '일간베스트' 이용자들의 신자유주의적 불안이 여성, 퀴어, 이주민, 복지 수혜자 등과 같은 타자에 대한 혐오로 전치되는 상황뿐 아니라 이에 저항하여 등장한 '워마드'가 난민과 트랜스젠더를 혐오하는 등 자신이 비판하는 혐오의 문법을 넘어서지 못하는 상황까지도 통찰하여 비판적으로 분석해준다.

다음으로 김수아와 이예슬의 「온라인 커뮤니티와 남성-약자 서사 구축」은 온라인 공간에서 남성들이 어떠한 서사를 만들어내면서 자신의 소수자 혐오를 정당화하는지를 분석한다. 이들에 따르면 이 커뮤니티의 남성 이용자들은 기울어진 운동장에 서 있는 여성들에게 발판이 필요하다는 주장을 '특권'으로 이해한다. 신자유주의적 경쟁의 원리에 충실한 이들은 기계적 기회의 평등과 능력주의를 '공평함'으로 이해하고 있으며 따라서 소수자들을 위한 정책에 의해 자신들이 피해자가 되고 있다고 생각한다. 이는 곧 한국의 남성들이 남성-약자 서사 속에서 젠더 정의를 어떻게 신자유주의적 공평성으로 치환시키고 있는지를 보여주는 것이기도 하다.

이어지는 추지현의 논문 「"생물학적 여성"을 통한 젠더 변혁의 불/가능성」은 일부 래디컬 페미니즘이 강조하는 "생물학적 여성"이 안티페미니즘의 정서와 연결되고 있음을 비판적으로 분석해 보여준다. 추지현은 대림동 여경사건을 둘러싼 담론을 분석하는 가운데 불법촬영물에 저항하는 혜화역 시위가 기반으로 삼았던 "생물학적 여성"이야말로 대림동 여경의 무능을 비난했던 안티페미니즘이 기반으로 삼았던 차별의 기반이며 이런 점에서 양자는 아이러니하게도 생물학적 성별을 자연화시키는 데 일치하고 있음을 보여준다.

추지현이 '생물학적 여성' 담론의 오인과 전유를 문제로 삼았다면 이현재는 '유리천장 부수기' 담론이 신자유주의 조건 속에서 어떻게 개인적 성공 담론으로 전치될 수 있는지를 분석한다. 나아가 개인적 성공을 강조하는 신자유주의 페미니즘의 흐름이 혐오세력에 의해 전치된 공평성 개념만큼이나 신자유주의적 경쟁과 능력주의를 강화시킬 수 있음을 보여준다.

결국 이 논문들을 관통하고 있는 주제의식은 디지털 시대 혐오의 정치와 페미니즘 정치는 신자유주의적 불안의 역동 속에서 또 다른 소수자 혐오, 능력주의적 공평성, 피해자 물화, 생존을 위한 성공 담론으로 전치될 수 있다는 것이다. 이는 결국 젠더 정의를 위한 새로운 틀 짜기를 불가능하게 하는 장애물이 될 수 있다.

이현재
베스텐트 한국판 특집 책임편집자

'혐오'의 정동경제학과 페미니스트 저항의 정치학
〈일간 베스트〉, 〈메갈리아〉, 그리고 〈워마드〉를 중심으로*

김 보 명

Ⅰ. 서론

2015년을 전후하여 가시화된 페미니즘의 재부상[1]에는 '여성혐오'(mi-

* 이 글은 『한국 여성학』 34권 1호(2018)에 실렸던 논문임.

1 2015년을 전후하여 시작된 페미니즘의 재부상은 디지털 하위문화와 대중문화 그리고 거리와 광장을 거치면서 그 실천을 확장하고 있다. 디지털 하위문화에 만연한 '여성혐오'에 대한 저항의 과정에서 조직되기 시작한 디지털 페미니스트 주체들은 '미러링'이라는 전투적이고 비타협적인 저항을 선보이며 여성에게도 '언어'가 있음을 입증하였으며, 대중문화 영역에서 여성들은 비판적 소비자로서의 역량을 발휘하여 여성혐오적인 광고, 예능, 드라마, 영화, 대중가요, 매거진 등을 보이콧하였다(김수아, 2015a; 윤지영, 2015; 유민석, 2016; 손희정, 2016; 김리나, 2017). 2016년 5월에 일어난 강남역 사건에 대응하여 제안된 추모의 행동은 2만여 개가 넘는 포스트잇 메시지들이 강남역을 뒤덮은 유례없는 자발적 참여로 이어지면서 '여성혐오'라는 문제를 대중의 의식에 각인하였다(이나영, 2016; Kim, 2017). 이어서 2017년 가을에 일어난 보건복지부의 임신중절 시술 불법화 시도는 〈검은 시위〉를 촉발하면서 현재 '낙태죄 폐지' 청원운동과 헌법소원으로 이어지고 있으며, 몰래카메라와 리벤지 포르노 등 디지털 성폭력에 대한 문제제기는 정부의 대책발표로 이어졌다(나영, 2017a). 그리고 촛불집회와 탄핵 정국을 경유하면서 등장한 이구영의 '더러운 잠'

sogyny, hating women)에 대한 비판적 문제제기와 '혐오'를 중심으로 전개된 디지털 정동경제학이 자리하고 있다. 〈일간 베스트〉(이하 '일베'로 약칭)를 중심으로 하여 확산된 반여성 및 반페미니즘 발화들은 이에 대항하는 〈메갈리아〉와 '미러링' 실천의 등장을 가져왔으며, '미러링'의 실천을 통해 연결되었던 디지털 페미니스트 주체들은 게이 남성에 대한 혐오 발화 등을 계기로 하여 〈워마드〉, 〈레디즘〉, 〈메갈리아 저장소〉 등으로 분화되었다. 그리고 일련의 흐름들 속에서 '혐오'는 여성과 남성, 여성과 성소수자, 페미니스트와 퀴어 활동가 간의 관계들을 다시 한 번 질문하고 문제화하고 또 조직하는 정동적 기제로 작용하였다. 사라 아메드(Sara Ahmed)가 말하듯 혐오의 정동성(the affectivity of hate)은 특정한 신체, 대상, 형상에 고착되기보다는 신체들, 대상들, 형상들 사이를 이동하고 순환하고 매개하면서 그 관계들을 조직하는 힘 혹은 운동으로 작동하고 확인된다(Ahmed, 2004). 그런 점에서 "혐오(hate)는 경제다: 혐오는 차이와 전치의 관계들 속에 있는 기표들 사이를 순회한다"는 그의 지적은 적절하다(Ahmed, 2004: 119). 정동경제학은 개인적 경험을 조직할 뿐 아니라 사회문화적 관계들을 만들어내며 그 과정에서 개인들과 집단들을 서로 다른 위치들에 배치하고 배열하는 힘을 행사한다. 달리 말해 '혐오'라는 감정(emotion)이 만들어내는 힘과 효과는 그 대상 자체에 내재하기보다는 주체들 사이를 움직이는 운동성과 그것이 조직하고 활성화하는 정동적 관계성(affective relationality)으로 나타난다.

아래에서 살펴보듯 지난 페미니즘의 재부상은 '혐오'의 정동경제학

전시, DJ DOC '수취인 분명' 공연, '닭근혜 병신년' 구호 등은 새로이 도래할 국가에서 여성의 자리가 어디일지를 질문하게 하였다(김홍미리, 2017). 일련의 실천들 속에서 페미니즘은 새롭게 언어화되고 가시화되었다.

속에서 조직되는 여성과 남성, 그리고 여성과 성소수자 간의 관계들을 비판적으로 읽어내고 개입할 필요성을 제기한다. '혐오'의 문법적 구조를 해체하기보다는 이를 저항의 도구로 수용하고 활용한 〈메갈리아〉의 '미러링' 전략은 비록 말하고 싸우는 주체로서의 여성들의 역량을 드러내는 데에는 효과적이었지만 남성과 여성 간의 이분법적 대립을 넘어서는 다양한 페미니스트 정치학의 가능성을 모색하는 데에는 한계를 보였다. 이후 〈워마드〉를 통해 본격적으로 확산되고 있는 게이 남성 및 트랜스 여성에 대한 혐오, 배제, 적대는 저항의 주체로서의 '여성' 범주가 페미니스트 실천의 역사와 맺고 있는 불편하고 모순적인 관계들에 대한 비판적 질문과 성찰의 필요성을 제기하고 있다(김리나, 2017; 나영, 2017b). 이러한 문제의식과 더불어 이 논문에서는 지난 페미니즘의 재부상에서 형성된 저항적 주체로서의 '여성'이 갖는 의미와 한계를 신자유주의 시대에 작동하는 '혐오'의 정동경제학과의 관계 속에서 비판적으로 살펴보고자 한다. 서론에 이어 본문에서는 신자유주의 시대의 젠더 갈등이 '혐오'의 정동경제학을 통과하며 전개되는 과정을 〈일베〉와 〈메갈리아〉와 〈워마드〉의 사례를 통해 살펴본다. 결론에서는 정체성의 정치학에 대한 웬디 브라운(Wendy Brown)의 비판적 논의를 참조하여 페미니즘과 '여성' 범주 간의 관계에 내포된 모순과 갈등을 논한다. 이를 통해 연구자는 신자유주의 시대의 혐오의 정동경제학을 배경으로 하여 등장한 페미니스트 저항의 정치학의 미래적 방향을 '여성' 범주의 역사적 구체성과 실천성의 측면에서 제언한다.

Ⅱ. (여성)혐오의 정동경제학: 〈일간 베스트〉, 〈메갈리아〉, 그리고 〈워마드〉

"여성에 대한 증오"(hatred of women, hating women)이라는 사전적 정의를 갖는 여성혐오(misogyny)는 "반여성"(anti-woman)을 의미하는 그리스어로부터 유래되었으며 일반적으로 여성을 남성보다 열등한 존재로 규정하고 멸시 및 혐오하는 역사적으로 뿌리 깊은 태도를 지칭하지만 보다 넓은 맥락에서는 여성성을 숭배하고 미화하는 태도 또한 포함한다(이나영, 2017: 158-159). 여성혐오는 여성에 대한 멸시와 숭배 모두 남성과 본질적으로 구별되는 여성의 자질들을 전제하기 때문이다. 여성혐오는 여성에 대한 증오(hatred, hating), 멸시(scorn), 적대감(hostility), 거리두기와 대상화(objectification), 평가절하는 물론 여성에 대한 숭배와 이상화(idealization), 그리고 여성에 대한 (무의식적) 두려움(fear of women, gynophobia) 등을 포함하는 넓은 정동적 스펙트럼으로 구성된다. 남성을 인간됨과 주체성의 기준으로 정의하고 여성을 그 타자 혹은 비체로 위치짓는 여성혐오는 역사적으로 오랫동안, 그리고 다양한 형태로 존재했으며 여성들을 교육이나 시민권의 영역으로부터 배제하는 차별의 인식론적 토대를 제공하였다. 고대 그리스의 철학과 신화로부터 중세 교회의 조직과 교리, 그리고 현대사회의 성차별(sexism)에 이르기까지 여성혐오는 다양한 방식들로 작동하면서 여성을 교육, 종교, 문화, 경제, 정치의 영역으로부터 배제하고 차별하는 기제로 작동해왔다(*Encyclopedia of Gender and Society*, "Misogyny", 574-576). 또한 여성혐오는 서구사회의 전통뿐 아니라 여성을 더럽거나 위험하거나 타락한 존재로 규정하고 특정한 장소들이나 행위들, 의례들로부터 배제하는 많은 비서구 사회의 전통에서도 발견되는 '보편적인'(universal) 관습으로 이해되기도 한다

(*International Encyclopedia of the Social Sciences*, "Misogyny", 203-205). 문화적·상징적 심층구조로서의 여성혐오는 서구사회와 비서구사회 모두에서, 그리고 고대사회로부터 중세, 근대사회, 그리고 후기근대사회까지 지속적으로 존재하고 작동한다는 접근이다. 이러한 탈역사적, 탈문화적 접근은 여성혐오의 깊은 역사적, 문화적 뿌리를 지적하는 데에는 유효하지만 각 시대와 문화에서 구체적으로 구현되고 실천되는 여성혐오의 현재적 양식과 효과들에 대한 분석을 제기하는 데에는 한계를 보인다. 또한 시공간을 초월하여 존재하는 심리적·상징적 구조로서의 여성혐오는 결국 여성을 혐오하는 (남성) 문화와 주체가 언제나, 이미 그곳에 있기 때문에 혐오가 발생한다는 동어반복적 서술이나 자연화·본질화된(naturalized and essentialized) 서술로 이어질 수 있다. 따라서 아래에서는 한국사회에서 문제로 부상한 '여성혐오'와 그에 대응하는 여성들의 저항을 신자유주의 시대의 젠더 지형의 변화가 초래하는 젠더 갈등의 현재적 장면으로 접근하고자 한다.

1. 〈일간 베스트〉가 인식하는 '양성평등'하지 않은 세계

한국사회에서 '여성혐오'의 언설들은 2000년대 이후 디지털 하위문화를 통해 하나의 놀이(play, game)로 빠르게 확산되었다(윤보라, 2013; 김수아, 2015a; 엄진, 2016). 〈일베〉와 〈오늘의 유머〉 등의 온라인 게시판은 여성의 외모나 행동에 대한 평가와 비난을 담은 XX녀 시리즈들을 만들어내면서 여성들, 특히 20-30대 여성들의 주체성을 문제적인 것으로 만들었다. 일련의 XX녀 이미지들 속에서 20-30대 여성들은 허영심 넘치고 소비적이며 책임감 없고 이기적인, 그리고 무엇보다도 남성의 노동에 무임승차하거나 성(sex, sexuality)을 무기로 하여 남성을 착취하는 뻔뻔스러운 존재들로 그려졌다. 이러한 재현 속에서 여성에 대한 경멸과 망신주기(shaming, trolling)는 정당화되었으며, 동시에 여성들은 공적 공간이나 시민사회로부터 배제되어 마땅한 존재로 규정되었다. 그리고 이와 같은 여성에 대한 비하와 멸시는 혐오의 문법적 주체로서의 남성이 스스로가 '상실'하였다고 상상하는 권위와 권력을 회복하는 정동적 기제 및 장소로 작동하였다.

〈일베〉의 여성혐오의 배경에는 왜곡된 남녀평등(혹은 양성평등)의 논리와 그에 따른 남성 피해자 정체성이 작동하고 있다. 극우 보수주의를 전면에 내세우는 〈일베〉의 사용자들은 그 극단적 표현에도 불구하고 '잉여' 혹은 '루저'로 자칭되는 우리 시대의 '평범한' 주변적 남성성을 대변한다(윤보라, 2015: 37-38). 엘리트적 남성성은 아닐지라도 여전히 우리 사회의 평범하고 주류적인 남성성을 보여주는 〈일베〉는 스스로를 사회의 주변부에 놓인 취약한 존재로 인식하고, 그 취약성의 원인을 여성과 페미니즘에 돌린다. 달리 말해 〈일베〉의 여성혐오는 신자유주의 시대의 과잉된 경쟁과 그로 인해 초래되는 삶의 불안정성, 그리고 변화한 젠더 지형, 즉 교육, 노동, 문화, 정치의 영역에서 남성들과 경쟁하는 여성들의 등장에 대한 반발, 그리고 이로 인해 '손상' 혹은 '상실'되었다고 여겨지는 남성의 특권을 회복하고자 하는 인정의 욕망을 배경으로 하여 작동한다(임옥희, 2015; 손희정, 2015a; 이현재, 2016). 남성 권력의 '상실 혹은 손해(loss)'가 여성 때문이라는 이 논리 혹은 정서는 한편으로는 신자유주의적 재편의 과정이 여성에게 초래한 경제적·심리적 부담에 대해 무지를, 그리고 다른 한편으로는 이미 IMF 이후에 성장기를 보낸 지금의 청년세대 남성들이 갖는 '남성 생계부양자 모델'에 대한 일종의

환상적·복고적 동일시와 노스탤지어를 보여준다.[2]

신자유주의가 초래하는 삶의 불안정성이 '여성'의 탓으로 전치되는 이 국면은 또한 폐쇄적이고 파편화된 삶의 전망을 체현하는 청년세대 남성들의 왜곡된 현실인식과 1990년대 중반 이후 가속화된 젠더 정책 도입의 성과와 한계를 동시에 반영한다. 전자의 경우, 지난 20년간 가속화된 신자유주의적 사회재편의 과정에서 도달한 '헬조선'을 살고 있는 청년세대가 경험하는 삶의 불안정성, 그리고 사실상 이 과정에서 더욱 취약한 경제적 위치로 내몰리면서 구조적 이행의 비용을 지불하게 된 여성들의 삶에 대한 비가시화가 작동하고 있다. 남성 일인생계부양자 모델의 붕괴는 (비록 그것이 경제위기 이전에도 얼마나 '현실'이었는지를 차치하고라도) 여성들이 임금노동과 재생산노동 모두를 담당하면서 두 영역 간에 일어나는 갈등과 충돌을 개인적으로 협상하고 해결하면서 삶을 구성해 나가야 하는 새로운 젠더 과업을 만들어냈다(배은경, 2009). 후자의 경우 다양한 여성정책의 도입과 실행이 성적 불평등의 구조를 해체하는 데 실패하고 성 평등(gender equality)을 탈정치적이고 기계적인 지표로 환원하는 한편 여성운동의 제도화와 관료화를 낳았다는 비판이 제시된다(마경희, 2007; 황정미, 2017). 그럼에도 불구하고 1987년 이후 민주화 과정에서 시작된 일련의 여성정책들의 도입과 여성(가족)부의 설립은 2000년대 이후 디지털 공간을 중심으로 남성들이 '피해자'로

2 유사하게 백인 노동자들의 실업이나 저고용이 유색인종과 이주민 탓이라는 제노포비아(xenophobia) 정서 등과 더불어 신자유주의 시대의 타자에 대한 혐오를 정당화하고 확산하는 기제로 작동한다. 백인, 남성, 중산층, 시민권자 등이 신자유주의와 다문화주의의 가장 큰 피해자로 명명되고 여성들과 이주민, 그리고 유색인종 노동자 등이 그 수혜자로 혹은 세금 약탈자로 규정되는 이 구도는 최근 유럽과 미국에서 나타난 브렉시트 탈퇴, 트럼프 당선, 난민 반대 운동 등에서 유사하게 반복되었다.

서 스스로를 정체화하고 여성과 페미니즘을 (남성 특권의) '약탈자'로 규정하는 배경이 되었다(윤보라, 2013: 39-41; 김수아, 2015a: 298-299). 남성과 여성 간의 구조적 불평등을 인식하지 못하는 〈일베〉는 자신들이 조직하는 여성혐오를 '약자'에 대한 차별과 억압이 아니라 부당하게 자신의 몫을 빼어가는 약탈자들에 대한 반격(backlash)으로서 인식하고 실천한다.

이러한 맥락에서 볼 때 〈일베〉와 디지털 하위문화에서 시작된 '여성혐오' 담론은 후기 자본주의 시대에 펼쳐지는 젠더 갈등의 장면이기도 하다. 그리고 그 중심에는 '평등'의 이름으로 제기되는 사회적 삶의 비용지불의 문제가 있다. 1990년대부터 이미 논쟁의 중심이었던 징병제와 군 가산점제 논쟁은 이제 데이트나 결혼에서 남성과 여성이 지불하는 비용, 취업을 위해 갖추어야 하는 '스펙'에서 남녀의 차이, 출산과 양육 등에서 요구되는 경력 희생 등으로 이어지면서, 한국사회에서 여성들과 남성들이 '정상적인' 삶을 살기 위해 감당해야 하는 '비용'이 평등하게 분배되고 있는지를 질문하고 있다.[3] 예를 들어 〈일베〉가 비난하는 '김치녀'나 '된장녀'는 자신의 소득 수준에 비해 과도한 소비를 일삼거나 더욱 나쁘게는 그 비용을 남자친구나 주변의 남성들에게 전가하지만, 본인이 불리할 때는 여성차별과 페미니즘을 내세우는 위선적인 이들로 그려진다(엄진, 2016). 이는 물론 〈일베〉가 상상하는 '평등'이 사

3 청년세대의 이성애 문화에서 '비용'의 문제는 점점 더 중요해지고 있다. 예를 들어 '썸'이나 '훅 업'(hook up)이 기존의 진지한 데이트 문화나 배타적인 연애의 모델을 대체하는 현상은 물론 데이트나 연애에서 각자가 지출하는 비용을 둘러싼 갈등에는 모두 자신이 투여하는 경제적, 정서적 비용에 대응하는 적절한 보상을 얻고자 하는 감정-경제의 논리가 작동한다. 임옥희(2011)의 지적대로 신자유주의 시대의 젠더 무의식은 투쟁보다는 '유혹'이 효과적임을 인식하는 여성들의 속물적이고 동물화된 '귀염떨기' 전략으로 발현되기도 한다(임옥희, 2011: 61-62).

회구조적 맥락의 고려 없는 기계적이고 표면적이고 절대적인, 달리 말해 일종의 신자유주의적인 평등이라는 모순적 구성이기 때문이다.[4] 김수아(2015a)의 지적대로, 〈일베〉가 요구하는 평등은 '같은 것을 같게', 그리고 '다른 것도 같게' 만드는 평면적이고 선택적인 구성이다(김수아, 2015a: 300). 따라서 〈일베〉가 구성하는 (양성)평등의 기준에 따르면 여성은 성(sex, gender, sexuality)의 영역에서 구조적 불평등의 피해자가 아니라 오히려 생득적으로 타고난 몸, 즉 성(sex, sexuality)을 모종의 자원(resource) 혹은 자본(capital)으로 활용하여 남성을 이용하고 착취할 수 있는 부당한 '기득권'을 가진 '보슬아치'로 명명된다. 자신들의 성적 욕구를 채워주지 않는 여성들, 혹은 성적 친밀성에 대응하는 경제적·정서적 보상을 요구하는 여성들에 대한 분노는 〈일베〉의 '여성혐오'의 근간으로 작용한다(윤보라, 2013; 엄진, 2016).

유사한 맥락에서 〈일베〉의 여성혐오는 변화하는 젠더 지형 속에서 발생하는 이성애적 가족구성의 어려움을 여성의 탓으로 돌리는 모습을 보여준다(김수아, 2015a: 300). 아버지 세대가 감당한 일인생계부양자의

4 디지털 하위문화로 알려졌던 〈일베〉는 단식투쟁 중이던 세월호 유가족 텐트 앞에서 '폭식투쟁'을 벌이면서 대중 앞에 데뷔하였다. 〈일베〉 회원들의 이러한 행동은 어떤 재난이나 불행, 혹은 구조적 문제 앞에서도 '특별한 권리'는 용납될 수 없다는, 신자유주의적 생존경쟁으로부터 기인하는 파편화된 세계관에 뿌리를 둔다고 볼 수 있다. 유사한 맥락에서 디지털 하위문화에서 강조되는 익명성, 혹은 '친목질' 금지를 들 수 있다. 잘 알려져 있듯이 〈일베〉를 비롯한 많은 디지털 하위문화에서는 개인의 신분을 드러내거나 유저들 간의 사적인 만남을 시도하는 '친목질'이 엄격히 금지된다. 이는 성별은 물론 계층이나 거주 지역, 학벌 등의 다양한 차이들 혹은 위계들을 비가시화하는 효과를 낳으면서 임시적으로나마 '평등'한 관계들을 만들어내는 듯 보이지만, 이러한 익명성은 반대로 혐오의 발화자가 갖는 사회문화적 위치와 권력을 삭제하는 효과를 낳는다. 엄진(2016)이 적절하게 지적하듯 〈일베〉의 여성혐오는 구조적 불평등의 기제로서의 성적 차이의 작동에 대한 삭제 혹은 무시에 기반하고 있으며, 파편화되고 개별화된 차원의 신자유주의적 '평등'이 작동하는 방식을 보여준다.

부담을 지고 싶지도 않지만 그렇다고 남성의 특권을 포기하고 싶지도 않은 청년세대 남성들은 결국 이러한 갈등과 혼란의 원인을 여성과 페미니즘의 탓으로 돌린다. 이들은 여성들이 "경제적으로는 동등한 부담을 지면서도 성적 관계에 있어서는 동등한 주체가 아니라 정숙한 여성이자 어머니, 아내 등 내조에 충실"하기를 바라며, 이러한 소망이 현실이 되기 어렵다는 점을 잘 알지만 또 이를 쉽게 포기하는 것도 거부한다(엄진, 2016: 213). 결과적으로 변화하는 젠더 지형과 그에 부응하는 대안적 남성성의 부재 속에서 형성되는 젠더 갈등은 (새로운 성적 관계의 각본을 만들어내기보다는) 누가 얼마의 비용을 지불하는지, 그리고 왜 그래야 하는지를 둘러싼 게임, 경쟁, 갈등으로 전개되고 있다. 이러한 맥락에서 남성들의 연대로서 실천되는 모멸과 낙인찍기의 행위로서의 '여성혐오'는 여성의 행동을 통제함으로서 새롭게 부상한 젠더 갈등을 해결하고자 하는 시도로 읽혀질 수 있다.[5] 덧붙여 성적 매력과 경제적 능력을 갖추면서도 전통적인 여성의 역할인 출산, 양육, 보살핌 노동에 소홀하지 않은 '개념녀'라는 이상형의 등장은 결국 젠더 지형의 변화 속에서 발생하는 혼란, 갈등, 공백의 해결책으로서 더욱 유연하고 생산적인 여성 주체성을 제시하는 포스트페미니즘적 면모를 내포한다. '좋은' 여성과 '나쁜' 여성을 구별하고 후자를 처벌함으로서 젠더 갈등을 해소

5 로잘린 질(Rosalind Gill, 2007)에 따르면 신자유주의적 주체성을 재생산하는 포스트페미니즘의 작동은 여성들에게 개인적 선택의 자유를 강조하는 동시에 그 선택에 대한 문화적 감시, 비난, 통제의 강도를 높이는 방식으로 이루어진다. 성형미용이나 다이어트, 패션 등을 통해 새로운 자아를 만들어내는 메이크 오버(Make Over) 프로그램들은 '리얼리티 TV 쇼'의 형태로 구성되며, 이를 청취하고 소비하는 소녀들과 여성들은 '잘못된' 화장, 음식, 옷차림, 매너, 데이트 방식 등을 선택한 여성들이 맞이하는 재난과 같은 결과들을 보게 된다. 이러한 맥락에서 볼 때 신자유주의 시대의 여성의 주체성은 더 촘촘하게 짜인 문화적 규율의 망 속에서 실현되고 있다.

하고자 하는 여성혐오의 정동경제학은 신자유주의 시대의 삶의 위기들을 주변의 약자들에 대한 폭력과 통제를 통해 해소하고자 하는 일련의 소수자 혐오의 정치학을 보여준다. 스스로를 '루저' 혹은 '잉여'라 부르면서 모두가 동등하게 위태로운 삶의 조건들을 견뎌내는 신자유주의적 풍경을 냉소적으로 담아내고 또 굴절하던 〈일베〉와 그 지지자들은 혐오의 정동경제학을 통해 자신들은 여성이나 장애인, 성소수자, 좌파 혹은 세월호 유가족이 아니며 결단코 그들의 위치에 서지 않을 것임을 재확인한다.[6]

2. 혐오발화와 대항발화: '미러링'의 정치학과 〈메갈리아〉

정동으로서의 여성혐오가 청년세대 남성들의 혼란과 불안함, 그리고 왜곡된 현실인식에서 비롯되는 여성들에 대한 분노를 반영하였다면 발화행위로서의 여성혐오는 그 대상이 되는 여성들에게 문화적, 심리적 폭력의 효과를 가졌다. 버틀러(Judith Butler)는 혐오발화(hate speech)가 그 대상이 되는 성적, 인종적 소수자들의 주체성을 손상할 수 있으며(injurious), 그 손상은 인지적·의식적 차원에 머무르기보다는 (주체의 시공간적 좌표를 어지럽히는) 신체적, 물질적 효과로 나타남을 지적한다(Butler, 1997). 그리고 혐오발화의 손상하는 권력은 언어 자체에 있기보다는 그 언어의 의미와 효과를 구축하는 문화적 관습과 역사적 맥락, 그리고

6 마사 너스바움이 지적하듯 타자와의 만남에서 일어날 수 있는 '오염'과 그로 인한 주체의 변화를 두려워하는 혐오의 정동경제학은 그 발화의 주체와 타자 간의 위계적이고 배타적인 구별을 전제하고 재생산한다(너스바움, 2015). 여성은 결코 남성이 될 수 없으며, 이성애자는 결코 동성애자일 수 없고, 정상인과 장애인은 분명히 다르며, 결국 나는 네가 아니기에 타자는 혐오될 수 있으며 때로는 혐오되어 마땅한 대상이 된다.

발화의 반복적 수행에서 비롯된다. 버틀러의 접근을 따를 때 '여성혐오' 발화는 그 자체로 언제나 즉각적으로 여성을 혐오의 대상으로 종속시킬 수는 없지만 그럼에도 불구하고 여성의 주체성에 손상을 가할 수 있는 힘을 갖는다. 손희정(2015)의 논의를 빌리자면 인정의 정치와 주목의 경제를 중심으로 작동한 〈일베〉의 여성혐오는 신자유주의적 위기 속에서 상실되어가는 주체의 특권을 회복하고자 하는 남성들의 투쟁으로 발현된 '여성혐오'의 컨텐츠들을 통해서 남성들 간의 동질성과 연대를 확인하기 위해 여성을 수치와 모멸의 대상인 '쓰레기'로 만들었다고도 할 수 있다(손희정, 2015a: 36-37). 스스로가 '동물'이 될 위기에 처한 남성들은 '인간'으로 생존하기 위해 주변의 소수자들을 혐오하고 멸시하는 반동적 스놉으로 탈바꿈한다(손희정, 2015a: 24-30). 그리고 이러한 혐오의 문법 속에서 여성, 장애인, 성소수자, 이주민, 노인 등은 더럽고 가치 없는 존재들로 전락한다.

혐오발화의 실천에서 그 발화의 주체는 자신의 언어적 행위와 효과에 대해 주권을 행사하는 듯 보인다. 혐오는 그 대상이 되는 이들에게 상처와 손상을 남기기 때문이다. 그러나 버틀러가 지적하듯이 이 발화의 권력과 효과는 완결적이거나 총체적이기보다는 수행적이다. 어떤 혐오의 발화도 그 발화행위의 역사적 총체를 담을 수 없으며 따라서 그로 인한 손상의 의미와 효과 또한 불확실성과 전복의 가능성을 내포하기 때문이다(Butler, 1997: 3-4). 예를 들어 혐오적 용어로서의 퀴어(queer)를 급진적 정치학으로 전유한 사례는 혐오발화가 언제나 그 의도한 효과를 만들어내는 것도 아니며, 언어들이 그 발화자의 의도에 역행하여 인용될 수 있음을 보여준다. 그리고 이러한 언어의 재전유는 1960년대 이후 성장해온 성소수자 해방운동의 역사적 맥락 속에서 이루어진 전복적 재의미화라는 점에서 발화행위의 시간적 지평은 역사적이면서 미래를 향해 열려 있음을 보여준다(Butler, 1997: 14-15). 언어의 재전유 가능성은 또한 언어적 수행성 속에서 스스로를 구성하고 구현하는 주체의 주권 또한 절대적이기보다는 취약성과 불안정성을 내포하고 있음을 드러낸다. 언어적 주체의 행위성(agency)은 지배(mastery)와 구별된다(Butler, 1997: 26). 이는 구체적인 언설들이 사회적 관습과 역사적 맥락에 따라 그 의미와 효과를 간섭받기 때문이기도 하지만 보다 근본적으로는 주체가 이미 언어와의 상호구성적(mutually constitutive) 관계 속에서만 주체로서 기능하고 나타날 수 있기에, 즉 언어와 주체 사이의 상호구성적 관계 때문이다(Butler, 1997: 27-28). 달리 말해 언어와 주체의 상호구성적 역동 속에서 누구도 온전히 혐오발화의 권력을 행사할 수도 없지만 반대로 누구도 혐오의 이름으로 온전히 귀속되지도 않는다.

메갈리아와 '미러링'의 등장은 혐오를 (수)행하는 발화자(the speaking subject)의 자리가 전복(subversion)의 가능성에 열려 있음을 보여주는 사건이었다. 메갈리안들은 "감히 여성이 할 수 없다고" 여겨지는 발화의 내용과 형식을 취함으로서 문화적 충격과 사회적 논란의 대상이 되었다(윤보라, 2015; 윤지영, 2015). 이 충격과 논란은 기존에 남성이 여성을 대상으로 하여 행했던 여성혐오의 문법적 구조를 뒤집어 여성을 (혐오) 발화의 주체로, 그리고 남성을 그 대상으로 위치 짓는 것에서 비롯된다. 그리고 이미 존재하는 '여성혐오'의 문법적 구조를 참조하되 그 내용을 비틀고 낯설게 한다는 '미러링'의 언어는 패러디의 양식을 취한다. 패러디는 원본의 형식과 스타일을 모방하되 그 주제나 내용을 낯선 것으로 대체함으로써 원본의 권위와 진정성을 탈자연화하는 효과를 갖는다(Kiremindijan, 1969: 232-233). 달리 말해 메갈리안의 미러링에서 '형식'

으로서의 혐오는 유지되었지만 그 내용으로서의 여성과 남성은 전복되었다. '미러링'의 언어는 '여성혐오'의 형식을 빌려오면서 그 주체와 대상을 전도함으로써 원본의 문제적 형식을 드러내는 한편, 동시에 그 원본의 권위를 훼손하는 효과를 낳았다. 여성을 주체로 하여 발화되는 남성에 대한 비하, 멸시, 대상화, 분노의 언설들은 그간 (남성들이 여성을 대상으로 하여 행했을 때는) 자연스럽게 받아들여졌던 '여성혐오'에 내포된 폭력성을 역설적으로 가시화하였다. 이런 맥락에서 볼 때 패러디의 강력한 효과는 그것이 자신의 원본이 되는 텍스트 혹은 저자가 쓰는 그 무기를 빼앗아 원본을 공격하는 데서 비롯된다는 지적은 유효하다 (Kiremidjian, 1969: 234).

패러디와 풍자로서의 '미러링'의 언어는 여성에게 (임시적, 수행적으로) 발화자의 권위를 허락한다. 그리고 이 '미러링'의 공간에서 열린 발화자로서의 권위는 여성들이 그간 자신들을 평가하고 비난하고 멸시해온 남성들에게 그 수치심을 되돌려 줄 수 있는 전복적 저항의 힘이 된다. 스타벅스 커피와 명품가방은 더 이상 과소비와 허영심의 표상이 아니라 여성들과의 평등한 관계를 상상하거나 실천하지 못하는 일베'충'들을 물리치는 '살충제'로 전유된다(윤보라, 2015). 〈남성의 솔직한 심정〉을 패러디하는 〈솔찍헌 여우의 심정〉은 원문의 구조와 어법을 그대로 모방하는 가운데 남성과 여성의 위치를 전도함으로써 이중적인 성규범 아래에서 여성에게(만) 부여되어온 성적 낙인과 수치를 (그 적법한 대상이라 할 수 있는) 남성에게로 되돌려준다. '미러링' 실천에서 자주 반복되는 여성의 시선에서 남성들의 성적 매력, 행동, 능력 등을 서열화하고 평가하면서 이들을 '한남', '씹치남', '갓양남' 등으로 분류 및 서열화하면서 '번식탈락'으로 조롱하는 포스팅이나 연애 및 결혼관계에서 남성에게 폭력을 행사하는 가상적인 스토리들은 모두 기존의 문법을 풍자적으로 뒤집음으로써 불평등한 성적 관계의 구조를 폭로하고 그 안에서 만들어지는 남성의 권력을 조롱하는 효과를 갖는다.

패러디적 저항으로서의 '미러링' 실천은 여성이 남성혐오의 주체가 될 수 있는지에 대한 질문과 논란을 제기하였다. 이에 대하여 젠더 관계에서 구조적 약자의 위치에 있는 여성들의 패러디적 실천으로서의 미러링은 원본이 되는 남성의 여성혐오와 달리 혐오의 효과를 가질 수 없으며, 다만 젠더 관계의 불균등한 현실을 비판적으로 드러내고 반사하는 역할을 할 뿐이라는 주장들이 제기되었다(유민석, 2015; 윤지영, 2015; 정희진, 2015).[7] 이는 구조적으로 비균등한 성적 질서 안팎에서 저항의 목소리를 내는 여성들이 만들어내는 주체성, 즉 페미니스트 주체성은 권력의 향유가 아닌 권력의 교란, 전복, 해체의 장면이 일어나는 과정임을 의미하기도 한다. 패러디적 저항으로서의 '미러링' 실천에서 여성 발화자는 구조적 약자의 위치와 이에 맞서는 저항적 주체로서의 위치를 진동한다. 이들은 자신들의 언어가 내용 그대로 남성혐오의 힘을 가질 수 없음을 잘 알고 있지만 (혹은 알고 있기에) 그럼에도 불구하고 '마치' 여성들이 이미 남성들과 대등한 혹은 우월한 위치에 있는 듯한 제스처를 취함으로써 구조적 불평등의 전복을 시도한다. 인간의 표준 및 일반형으로 남성이 사용되는 현실을 뒤집어 남의사, 남교사, 남배

7 부연하자면 패러디적 실천으로서의 미러링은 (원본과 달리) 현실이나 자연에 대한 직접적인 재현이라기보다는 재현으로서의 원본을 재구성하는 작업이라는 점에서 원본이 되는 '여성혐오'와는 구별되는 기능, 위상, 효과를 갖는다(Kiremidjian, 1969: 233). 달리 말해 '미러링'에서 나타나는 남성에 대한 비하, 적대, 대상화 등은 현실에 대한 재현이 아니라 성적 차별과 불평등의 언어적 구현물로서의 여성혐오에 대한 전도된(reversed) 재현이자 정치적 풍자(satire)로서의 효과를 생산한다.

우 등으로 지칭한다든지 남성을 우선시하는 '부모'와 '남녀' 등을 '모부'와 '여남'으로 바꾸어 부르는 사례, 남성의 작은 성기나 무능력을 비웃고 멸시하는 사례, 그리고 성범죄나 가정폭력 등 일탈적 성행위를 저지르는 남성을 비난하고 이들에게 훈육과 처벌을 가하는 사례 등은 모두 문법적 전도를 통해 여성을 권력과 권위의 자리에 둔다. 이러한 실천에서 발생하는 성적 권력의 임시적, 수행적 전복(subversion)은 그 원본이 되는 이성애적 위계질서의 불완전성과 모순을 폭로하는 효과를 가지며, 나아가 지금 이곳에서 권력의 전복이 이미 일어난 듯한, 혹은 새로운 세계의 도래가 임박한(imminent/immanent) 듯 느껴지는 희망적 순간들을 만들어낸다. 달리 말해 해방의 땅으로서의 〈메갈리아〉의 가능성은 구조적 불평등이 최종적으로 해소된 순간, 혹은 그 미래적 가능성으로부터 도래하는 것이 아니라 여전히 강력하게 작동하는 성적 불평등의 질서 속에서 이를 비판적으로 질문하고 해체하는 저항적 시도들에서 발견된다. 그리고 이러한 저항의 장면들에서 새롭게 구현되고 부상하는 '말하는 주체'(the speaking subject)로서의 '여성'의 위치는 여전히 불완결적이고 불완전하지만 그로 인해 급진적 저항의 의미를 갖는다.

3. '여성' 유토피아와 영토전: 퀴어-트랜스 혐오와 〈워마드〉

〈메갈리아〉를 통해 확산된 '미러링' 실천은 저항과 발화의 주체로서의 '여성'의 문화적, 정치적 역량을 입증하였지만 이러한 젠더 정치학의 실천 과정에서 이주민, 성소수자, 장애인 등의 다른 소수자들에 대한 비하적 태도를 보이면서 비판의 대상이 되기도 하였다(류진희, 2015; 김리나, 2017; 나영, 2017b). '미러링'의 실천에서 나타나는 다른 소수자 집단에 대한 대상화와 폭력은 혐오의 정동경제학을 경유하며 부상한 페미니스트 저항의 정치학에 내포된 위험한 경계를 보여준다. 린다 허천(Linda Hutcheon)이 논하듯 패러디는 주체에게 "담론에 의해 전적으로 회수되지 않은 채 그 담론의 **안에서**, 그 담론을 **향해** 말할 수 있는"(원문 강조) 자리를 허락하기에 지배적인 이데올로기의 주변부에서 싸우는 소수자들과 페미니스트들에게 유용한 문학적, 미학적 양식이 된다(Hutcheon, 1986: 206).[8] 원본과의 이러한 근접성은 패러디가 갖는 저항적 효과와 접근성을 설명하기도 한다. 그러나 패러디는 원본 없이 존재할 수 없으며 따라서 원본과의 관계를 단절할 수 없기에 패러디적 저항은 계속해서 원본과의 (문제적) 관계 속에서 작동하게 되는 모순에 놓인다. 패러디적 실천으로서의 '미러링' 또한 원본의 구조인 '혐오'를 해체하기보다는 이를 활용하고 전유하였다. '미러링'의 실천을 통해 여성들은 혐오의 장 외부가 아닌 그 내부에서, 그리고 그 혐오의 언어를 피하기보다는 오히려 정면으로 마주하고 싸울 수 있는 문화적 의지와 역량을 가진 주체임을 입증하였다. 동시에 여성혐오에 대한 패러디로서의 '미러링'의 언어들은 혐오의 외부가 아닌 옆에서 대항함으로써 혐오의 정동경제학을 벗어나지 못하는 한계 혹은 위험을 감수하였다. 앞서 지적하였듯이 패러디는 원본의 형식을 차용함으로써 원본의 문제와 취약함을 드러내지만 이러한 차용의 관계는 결과적으로 원본의 형식을 더욱 가시화하거나 확산하는 효과를 낳을 수도 있기 때문이다. 패러디적 저항

8 어원적 측면에서 볼 때 패러디(parody)의 그리스어 접두사인 패러(para)는 "~에 대항하여"(counter, against)라는 의미도 있지만 동시에 "~ 옆에"(near, beside)라는 의미도 띤다(Hutcheson, 1986-1987: 186). 달리 말해 패러디의 실천은 원본과의 근접성 속에서 일어나는, 따라서 원본과 분리될 수 없는 저항의 양식이다.

으로서의 '미러링'을 통해 구현된 페미니스트 주체성이 경유하는 이 모순과 한계는 생물학적 본질주의에 기초하는 페미니스트 저항을 지향하는 〈워마드〉의 등장과 더불어 뚜렷하게 가시화되고 있다.

검열과 제약 없는 '(한국)남성혐오'와 '여성우월주의'를 전면에 내세우면서 등장한 〈워마드〉는 〈메갈리아〉에서는 일정 부분 모호하게 남겨져 있던 페미니스트 저항의 토대로서의 '여성' 범주를 보다 공고히 다지는 모습을 보여주었다.[9] 김리나(2017)에 따르면 "메갈리아에서는 '여성' 정체성의 인식 혹은 '여성'으로서 공유하는 경험이 없더라도 페미니즘을 지지하고 운동에 참여할 수 있다는 공감대"가 존재하였던 반면 "워마드에서 '여성'은 정치성을 갖는 액티비즘의 당사자로서 적극적으로 호명"되는 차이를 보였다(126, 각주 12번). 저항의 토대이자 주체로서의 '여성' 범주에 대한 강조는 다른 한편으로 "남성 중심적 성별 규범으로부터 탈주, 해체되어야 하는 것"으로서의 '여성'이라는 이해와 충돌함으로써 〈워마드〉 내부에 존재하는 '여성'에 대한 양가적인 태도를 드러내기도 한다(김리나, 2017: 125). 이처럼 사회문화적 강제, 즉 '코르셋'으로서의 '여성'은 거부하지만 그 거부와 저항을 실천하는 집단적 범주로서의 '여성'을 해체할 수 없는 딜레마적 상황에 놓인 〈워마드〉는 결국 전자를 사회문화적 구성으로서의 여성(혹은 젠더)으로, 후자를 생물학

9 알려진 바와 같이 2015년 12월 무렵 〈메갈리아〉에서는 정체성을 숨긴 채 여성과 결혼한 게이 남성에 대한 비난과 게이 하위문화에서 사용되는 여성 비하적인 표현들에 대한 논쟁을 계기로 하여 〈워마드〉가 분리되었다. 소수자 혐오와 (명예남성을 제외한) 여성에 대한 비난을 금한다는 운영진의 입장은 검열이라는 비판과 더불어 남성에 대한 부당한 옹호라는 혐의를 받았다. 이 사건을 계기로 하여 "남성혐오"와 "여성우월주의"를 내세운 〈워마드〉가 〈메갈리아〉로부터 분리되었다(김리나, 2017: 112). 그리고 이어서 〈워마드〉에서는 여성 성소수자를 위한 인터넷 커뮤니티 〈랩소디〉의 개설을 준비하는 과정에서 회원가입 자격으로서의 '여성' 범주 논쟁이 일어나면서 트랜스젠더 여성에 대한 배제의 정치학이 부상하였다(김리나, 2017: 126, 각주 12번).

적 차이로서의 여성(혹은 섹스)로 구별한 후 둘 사이의 필연적이고 통합적인 관계를 설정하는 것으로 이 딜레마를 해결하고자 한다. 여성은 (생물학적) 여성으로 태어났기에 (사회문화적) 여성으로 억압받으며 생물학적 사실로서의 섹스는 변화 혹은 해체될 수 없지만 사회문화적 구성으로서의 젠더는 저항과 변화의 영역이 된다. 섹스를 젠더의 필연적 토대로 설정하고 섹스와 젠더 그리고 섹슈얼리티 간의 목적론적 발달을 당연시하는 이러한 서술은 주디스 버틀러(Judith Butler)의 지적대로 페미니스트 저항의 주체이자 토대로서의 '여성'을 이성애적 주체로 자연화하고 본질화하는 이성애적 매트릭스(matrix of heterosexuality)를 무비판적으로 반복하는 효과를 갖는다(Butler, 1990). 섹스, 젠더, 섹슈얼리티 간의 복잡하고 다층적인 관계들은 인과론적이고 목적론적 관계로 일원화되면서 이성애적 각본에서 이탈하는 퀴어 주체성과 트랜스 정체성들은 삭제된다. 예를 들어 〈워마드〉의 정치학에서 게이 남성과 트랜스 여성의 퀴어적 정체성은 모두 생물학적 남성으로 환원되면서 삭제되었으며 동일한 논리의 연장선에서 이들에 대한 비난과 적대는 '여성'과 '페미니즘'의 이름으로 정당화되었다. 〈워마드〉가 타격한 대상은 성적 소수자가 아니라 '남성'과 그들이 행하는 여성에 대한 착취, 기만, 비하라는 주장이다. 이들의 정치학에서 성(sex, gender, sexuality)은 이성애적 질서로 환원되며 이 이성애적 질서는 총체적이고 완결적인 폭력과 지배의 관계로 그려진다. 그리고 이러한 이분법적이고 총체적인 성적 차이의 구조에서 퀴어와 트랜스 정치학의 자리들은 물론 여성의 성적 행위성의 가능성 또한 삭제된다.[10]

10 이성애적 질서를 강제적이고 억압적인 관계로 인식하는 페미니스트 입장은 슐라미스 파이어스톤(Shulamith Firestone), 에이드리언 리치(Adrienne Rich), 캐서린 매키넌(Ca-

도덕적·정치적 제약 없는 남성혐오와 여성우월주의, 그리고 여타 소수자들과의 연대 없는 "여성만을 위한 페미니즘"을 내세우며 등장한 〈워마드〉에서 '여성'은 강력하고 파괴적이며 괴물적인 이미지로 그려진다. 이는 페미니스트 주체로서의 메갈리안에 대한 문화적 낙인으로 구현된 "메퇘지"의 이미지를 긍정적으로 전유하는 문화적 투쟁인 동시에 손상, 억압, 거세되지 않은 원초적 여성성으로부터 페미니스트 저항의 원천을 찾아내는 문화 본질주의(cultural essentialism)의 발현이기도 하다. 강력하고 파괴적이며 괴물스러운 여성들이 발화의 주체가 되는 〈워마드〉의 '미러링'은 남성 아동으로부터 가부장적 아버지에 이르기까지 다양한 연령과 계층의 한국 남성들을 강간, 폭력, 살해, 모욕의 대상으로 그려내면서 이들을 파괴하고 응징한다. 또한 반복 속에서 직설법으로 변해가는 〈워마드〉의 '미러링'은 지금 이곳에 구체적으로 일어나

tharine MacKinnon) 등 다양한 '급진' 및 '문화' 페미니스트 이론가들에게서 공통적으로 발견된다. 제2물결 페미니즘의 주요 활동가이자 저자인 파이어스톤이 『성의 변증법』(*The Dialectic of Sex*, 1970)에서 이성애적 가족과 생물학적 재생산을 여성억압의 근간으로 인식하고 인공 재생산과 사회적 양육을 통한 여성의 해방을 주장하였다면 시인이자 레즈비언 페미니스트인 리치는 「강제적 이성애와 레즈비언 연속체」(Compulsory Heterosexuality and Lesbian Existence, 1980)라는 논문에서 정신분석 이론에 대한 비판적 독해를 통해 이성애의 제도적·문화적 강제성을 드러내고 그 저항의 영역으로서의 레즈비언 연속체(lesbian continuum)을 구성한다. 반-포르노그래피 입법운동을 통해 '급진' 페미니스트로서의 두각을 드러낸 변호사이자 법학자인 캐서린 매키넌은 다수의 저작들에서 (이)성애적 관계의 토대를 남성지배와 여성억압의 이분법으로 그려내면서 여성의 피해자됨을 강조하였다. 잘 알려진 바와 같이 매키넌과 안드레아 드워킨(Andrea Dworkin)이 주도한 반-포르노그래피 입법운동은 게일 루빈(Gayle Rubin)이나 리사 두건과 낸 헌터(Lisa Duggan and Nan D. Hunter) 등과 같은 퀴어 페미니스트들과의 논쟁으로 이어지면서 이후 '성 전쟁'(sex wars)으로 명명되는 담론적 사건을 만들어냈다. 루빈, 두건과 헌터, 그리고 웬디 브라운(Wendy Brown) 등은 매키넌이 이성애적 질서의 토대를 지배와 종속으로 정의하면서 여성의 성적 실천의 가능성을 삭제하였으며 또한 성적 실천과 저항의 영역으로서의 섹슈얼리티를 이분법적 위계질서인 젠더로 귀속시키는 결과를 낳는다고 비판한다(Brown, 1995; Duggan and Hunter, 1996; Rubin, 2011).

는 특정한 '원본'을 참조하고 패러디하기보다는 역사와 문화 저편에 놓인 원형적인 남성폭력을 상상하고 그에 맞서는 힘으로서의 여성우월주의를 상상하는 모습을 보인다. 그러나 이러한 '여성우월주의'의 문화적 상상에서 성적 차이와 권력은 해체되거나 비판적으로 재구성되기보다는 단순히 역전되면서 회피될 뿐이다.[11] 〈워마드〉의 세계에서 여성에게 부여된 권위와 권력은 그것이 디지털 텍스트로 구현되는 상상적 구성물이라서 허약하기보다는 그 상상력의 원천이 성적 차이의 본질화로 손쉽게 회귀하기 때문에 그러하다. 쥘리아 크리스테바가 「여성의 시간」(Women's Time)에서 언급하듯 성적 차이를 원천으로 삼아 대안사회(countersociety)를 만들어내고자 하는 페미니스트 기획은 종종 자신들

11 유사한 사례는 미국의 경우 급진 페미니즘의 대중화, 상업화, 탈정치화로 비판받는 문화 페미니즘의 등장과 이들이 보여준 남성 및 트랜스 여성에 대한 배제의 정치학에서도 발견된다. 여성의 선택과 자아실현을 방해하는 문화적, 제도적 장벽으로서의 성차별(sexism)을 시정함으로써 여성이 미국 주류사회에 대등하게 참여할 권리를 확보하고자 했던 자유주의 페미니즘과 달리 급진 페미니즘과 사회주의 페미니즘은 1960년대 미국사회의 경제적 번영을 뒷받침하였던 인종주의, 제국주의, 자본주의에 대한 비판적 시각을 견지하였으며, 여성해방을 위한 역사적 투쟁이 자본주의 질서와 인종차별 및 식민 제국주의의 역사에 대한 혁명적 해체를 필요로 하거나 혹은 동시적으로 수반한다고 보았다(Willis, 1984; Echols, 1989; Evans, 2003). 여성해방을 위한 급진적 변혁을 요구하였던 급진 페미니즘이 본질주의(essentialism)의 혐의를 받게 되는 배경은 급진 페미니즘과 근접한 공간에서 함께 성장하였지만 1970년대 이후 보다 대중적으로 확산된 문화 페미니즘(Cultural Feminism)과 레즈비언 분리주의(lesbian separatism)와 일정 부분 그로부터 파생된 트랜스 여성 배제의 정치학, 그리고 1980년대의 반-포르노그래피 운동을 통해 재부상한 급진 페미니즘 정치학의 확산이 자리하고 있다. 남성과는 구별되는 여성의 심리적, 문화적, 성적 특징을 정치적 토대로 삼는 문화 페미니즘과 레즈비언 정체성을 정치적 선택으로 전면화한 정치적 레즈비언(political lesbians)의 등장은 성적 차이의 산물로서의 '여성'과 여성성을 본질화하고 그 대립항으로서의 남성과 남성성을 폭력과 억압의 원인으로 인식하고 배제하는 여성우월주의 및 분리주의 경향을 만들어냈다. 분리주의와 본질주의에 기반한 문화 페미니즘의 대중적 확산은 변혁적 사회운동으로서의 페미니즘을 사적인 실천과 문화적 소비로 축소했다는 비판을 받기도 하였다(Willis, 1984; Echols, 1983, 1989).

이 거부한 권력의 구조를 거울상으로 반영하는 모순을 보인다(Kristeva, 1981).[12] 거세되지 않는 전능한 어머니와의 환상적 관계를 심리적 원천으로 하는 '급진' 페미니즘의 이러한 유토피아 정치학은 한편으로는 강력하고 전투적인 저항의 집단을 만들어내지만 자신이 저항하는 지배적 상징질서와의 관계에서는 불안하고 취약한 모습을 보이기도 한다(Kristeva, 1981: 29). 불안하고 좌절된 피해자로서의 소수자들은 상징질서에서 무시되거나 희생되는 자신의 정체성을 지키기 위한 공간이자 방어막으로서의 대안사회를 만들어내며, 이 대안사회는 전체주의적 총체성이나 민족주의적 동질성을 통해 내적 전투성을 고양한다(Kristeva, 1981: 29).

〈워마드〉에서 '여성우월주의'의 모습으로 그려내는 강력하고 파괴적인 여성성의 상상적 작동은 생물학적 여성 범주를 토대로 삼는 분리주의(separatism) 및 본질주의(essentialism)와 만났을 때 그 저항적 의미가 모호해진다. 정치적 올바름에 어긋나는 소수자 혐오를 규제하고자 한 〈메갈리아〉와 달리 검열과 제한 없는 남성 비판, 그리고 특정한 정치적 노선을 배제하고 일반 여성(대중)들로 구성되는 페미니스트 공동체를 지향하면서 분리된 〈워마드〉에서 '여성' 범주는 생물학적 본질과 문화적 동질성으로 환원되는 모습을 보여주었다. 스스로와 다른 여성들을

12 성적 차이를 해체하거나 수정하기보다는 오히려 이를 원천으로 삼아 정치적 전복을 이루고자 하는 〈워마드〉의 전략은 줄리아 크리스테바가 「여성의 시간」(Women's Time)에서 언급하는 여성 민족주의자 및 테러리스트의 사례를 보여주기도 한다(Kristeva, 1981). 크리스테바는 기존의 세계에서 권력을 쟁취하기 위해 싸우는 자유주의 페미니즘과 달리 '급진주의' 페미니즘은 희생과 좌절로 가득한 사회를 거부하고 그것에 병렬되는 대안사회(counter society)이자 피난처(refugee)로서의 치외법권 지대인 에이-토피아(a-topia)를 지향하지만 이들이 만들어내는 대안적인 세계는 자신들이 거부한 기성 사회의 시뮬라크럼(simulacrum)으로 구현되는 모순을 안고 있음을 지적한다(Kristeva, 27-28).

'보지'로 지칭하고 생물학적 남성과 트랜스 여성을 배제하는 입장을 내세운 〈워마드〉의 등장은 생물학적 차이로서의 성(sex)이 페미니스트 실천에 대해 갖는 의미를 문제화한다. 한편으로 이들이 스스로를 '보지'로 명명하거나 '여성' 범주의 생물학적 토대를 강조하는 맥락에는 여성이 성적 존재로 환원되고 따라서 서로가 서로에게 대체가능한 대상이 되는 사회문화적 현실과 구조, 그리고 이에 대한 주체들의 비판적 인식이 존재한다(김리나, 2017). 여기에서 '보지' 혹은 '여성'이라는 이름을 통해 표지되는 여성의 몸과 성(sexuality)은 그 자체로 실재하는 본질에 대한 지칭이라기보다는 여성을 성적 대상으로 환원하고 페미니스트를 낙인찍는 상징적 폭력을 비판적으로 환기하는 효과를 낳는다. 그러나 다른 한편으로 이러한 본질주의적 범주화는 남성 및 트랜스 여성에 대한 배제와 적대를 조직하는 기제로 작동하면서 '여성' 범주를 폐쇄적으로 총체화한다. 이는 특히 트랜스 여성을 대상으로 하여 벌어지는 경계전쟁에서 뚜렷하게 나타난다. 애초에 '여성'으로 태어났기 때문에 '여성'으로서 사회문화적 억압을 경험한 '진짜' 여성들만 페미니스트 공동체에 속할 권리가 있다는 주장, 트랜스 여성의 '여성' 정체성을 '가짜', '실패', 혹은 '망상'으로 취급하면서 조롱하는 표현, 그리고 트랜스 여성이 실천하고 체현하는 '여성성'을 가부장적 억압의 반복과 재생산으로 비판하는 입장 등은 모두 트랜스 여성의 정체성과 실천에 내포된 전복적 젠더 정치학을 삭제하는 동시에 페미니스트 저항을 이분법적 성 질서에 또다시 정박하는 모습을 보여준다.[13]

13 미국의 경우를 사례로 할 때 트랜스젠더 정치학의 형성은 페미니즘, 특히 급진 혹은 문화 페미니즘과 레즈비언 분리주의 정치학과의 갈등 속에서 전개되었다. 잘 알려진 바와 같이 제2물결 페미니즘의 전성기인 1970년에 '급진레즈비언들'(Radicalesbians)이 작

III. 결론: 상처와 손상의 기억, 그리고 페미니즘 재부상의 미래

여성혐오에 저항하는 실천에서 시작된 페미니즘의 재부상이 성소수자에 대한 혐오를 만들어내고 있는 현실은 신자유주의 시대의 혐오의 정동경제학과 맞물린다. 신자유주의 시대의 혐오는 '공산주의자'와 같은 이데올로기적 외부를 그 혐오의 대상으로 하였던 냉전 시대와 달리 여성, 이주민, 장애인 등 일상에서 만나는 내부의 타자들을 그 표적으로 삼는다(나병철, 2016: 218). 외부의 적이 사라지고 내부에서의 경쟁이 가속화되는 후기 자본주의 시대에 내 옆의 타자들은 잠재적인 경쟁자이며 따라서 혐오하고 배척되어야 할 대상이 되기 때문이다(나병철, 2016:

성한 「여성으로 정체화하는 여성」(The Woman Identified Woman, 1970)이라는 제목의 문서는 여성해방의 해법이자 급진 페미니스트 저항의 궁극적 실천으로써 레즈비어니즘을 제시하면서 분리주의 페미니즘의 도래를 선언하였다. 여성들만의 문화, 역사, 경제, 생활 공동체 등을 지향하고 실천한 분리주의 페미니스트들은 이후 미시간 여성음악축제(Michigan Womyn's Music Festival) 등과 같은 다양한 문화 행사들을 조직하면서 문화 페미니즘의 전성기를 이끌었다. 1976년에 시작되어 2015년에 이르기까지 40년간 지속되면서 문화 페미니즘의 대중적 인기를 보여준 미시간 여성음악축제는 남자아이와 트랜스 여성의 참여를 배제하는 정책으로 논란과 비판의 대상이 되었으며 트랜스포비아(transphobia) 페미니즘으로 인식되기에 이르렀다(Evans, 2003: 152-154; Browne, 2010). 트랜스 여성을 '여성'이 아닌 남성으로 분류하는 한편 이들의 존재(presence) 자체를 성적 침입(invasion) 혹은 침해(violation)로 규정하는 문화 페미니스트 및 레즈비언 분리주의 페미니스트들의 입장은 같은 시기 반-포르노그래피 입법운동을 계기로 하여 전개된 페미니스트 성 전쟁(sex wars)과 더불어 젠더 이분법과 본질주의에 기반한 페미니스트 저항의 한계와 모순을 드러내면서 성 정치학의 전환점을 만들게 되었다(Stryker, 2008; Rubin, 2011). 덧붙여 여성으로 태어난 여성(women born women)만을 '진짜' 여성으로 인정하는 문화 페미니즘의 입장과 포르노그래피를 그 자체로 성적 폭력으로 취급하는 급진 페미니즘의 입장은 모두 이분법적이고 본질주의적인 성 정치학을 전제로 하는 동시에 성적 피해와 손상을 '여성' 정체성의 토대로 삼는 모습을 보여주었다(Brown, 1995; Rubin, 2011). 페미니스트 젠더 정치학과 트랜스젠더 정치학과의 이론적, 역사적 충돌의 지점들에 대한 논의는 Halberstam(1998), Styker(2008), 루인(2010), 김지혜(2011, 2012) 등을 참조할 것.

229). 또한 신자유주의 시대의 혐오는 극우파와 같은 이데올로기적 스펙트럼의 극단에 머무르기보다는 평범한 노동자, 주부, 학생 등이 주체가 되어 일상적 문화에서 광범위하게 작동하고 있다. 주변의 타자들을 향해 확산되는 혐오의 정동경제학은 평범하거나 정상적이라 여겨지던 삶의 양식들이 위협받는 시대적 상황과 이러한 상황에서 외국인, 여성, 동성애자 등을 정상성에 대한 '위협'(threat) 혹은 '위험'(danger)의 요인으로 인식하게 되는 인지적 오류를 보여준다(Zembylas, 2007: 179, 181). 달리 말해 신자유주의 시대의 혐오는 과거의 제노포비아, 미소지니 등과 달리 주체의 우월의식을 반영하기보다는 반대로 불안(insecurity)을 반영한다. 그리고 그 불안의 요인은 실제로 차별과 배제의 구조를 만들어내는 지배질서가 아닌 주변의 약자들로 정체화된다. 〈일베〉의 관점에서 여성은 당연히 남성의 몫이라 여겨지던 교육과 취업의 기회를 위협하거나 혹은 이성애적 친밀성을 빌미로 자신의 감정과 돈을 착취하는 '약탈자'로 그려지며, 〈워마드〉의 세계에서 트랜스 여성은 생물학적 본질에 정초하는 '여성'으로서의 견고한 정체성에 정면으로 도전장을 내는 '침입자'로 인식된다. 그리고 이러한 오인과 불안 속에서 신자유주의적 혐오의 정동경제는 재생산된다.

미국 정체성의 정치학의 역사적 현재에 대한 진단에서 웬디 브라운(Wendy Brown)은 "상처와 손상"(injuries, wounds), 그리고 이로부터 비롯되는 고통(suffering)의 논리가 해방의 정치학과 맞물리는 지점에 대해서 언급한다. 1960년대 이후 전개된 정체성의 정치학에서 여성, 성소수자, 흑인 등의 소수자들은 종종 자신들의 소수자적 정체성의 기원을 억압과 폭력과 배제의 역사에서 찾아내었으며 동시에 이러한 상처와 손상으로부터의 회복으로서의 정의를 (신)자유주의적 국가에 요구하는 인정의 정치학(politics of recognition)을 조직하였다. 그러나 정체성의 기원으로서의 상처와 손상은 소수자 정치학의 도덕적, 정치적 원천으로 작동하면서 소수자 정치학을 피해의 서사에 반복적으로 귀속시키는 모순적 결과를 낳았다. 상처받은 주체로서의 회복을 요구하지만 그 회복의 순간에 스스로의 정체성을 포기해야 하는 딜레마적 상황에 놓인 소수자 주체들은 자신의 '기원'으로서의 상처와 손상을 망각하거나 초월하기보다는 이를 반복적으로 확인함으로써 원한(resentment)의 정동경제학을 재생산한다. 달리 말해 자신의 기원으로서의 상처와 고통에 대한 소수자의 애착은 그로부터 구원받기(redeemed) 위한 것이라기보다는 상처와 고통의 논리를 통해 분노를 재확인하기 위한 과정으로 나타난다. 이는 소수자 정체성의 '기원'으로서의 상처와 고통이 정체성의 정치학의 급진성과 미래성에 대해 갖는 모순적 관계를 보여준다. 상처와 고통의 해소 없이 소수자들의 해방과 진보는 가능하지 않지만, 동시에 정체성의 '기원'으로서의 상처와 고통의 해소는 해방과 진보의 정치학을 추동하는 주체로서의 소수자 범주를 해체하는 결과를 낳기 때문이다. 정체성의 정치학의 이러한 모순적 토대는 전후 미국의 정체성의 정치학이 (신)자유주의 통치성과 만나 제도화, 보수화, 본질화되는 경향을 설명한다.[14]

14 브라운에 따르면 자유주의적 주체의 고통과 분노는 정확히 주체의 기원으로서의 권력의 작용과 이에 대한 주체의 부인(denial)에서 비롯된다. 주체가 자신을 자율적이고 자기 완결적인 주체로 상상하고 사회적 관계들과 힘들에 대한 자신의 의존성을 부인할 때 역설적으로 주체는 스스로의 상처, 소외, 억압에 대해 분노하게 되며 '손상이 없는 듯' 보이는 규범적 주체(예. 중산층 백인 남성)에 분노하게 된다(Brown, 1995: 400-401). 보다 역설적인 지점은 소수자들이 자신들의 기원으로서의 상처, 고통, 종속으로부터 해방되려 하기보다는 이를 분노와 복수의 원천으로 삼아 반복적으로 전시하는 일종의 애착 관계를 형성하는 데서 발견된다. 스스로를 손상된 자로 정의하고 그 손상과 그로 인한 분노를 정동적 자원으로 하여 작동하는 정체성의 정치학은 자유주의가 전제하는 주권적 주체

조앤 스캇(Joan W. Scott)을 비롯한 페미니스트 역사학자들의 작업들이 잘 드러내듯 역사적으로 특정한 시공간을 좌표로 하여 일어나는 페미니스트 저항의 언설과 행위들은 '여성'에 대한 기성 사회의 담론을 비판적으로 인용하고 그 모순을 드러냄으로써 새로운 균열과 저항의 지점들을 만들어낸다(Offen, 1988; Echols, 1989; Scott, 1997). 페미니즘과 '여성'의 관계는 고정된 것이기보다는 다양한 저항적 실천의 사건들 속에서 담론적으로 가시화되고 문제화되고 재구성되기 때문이다. 이런 면에서 페미니즘은 결국 "여성이 무엇인지"(what is a woman?)를 비판적으로 질문함으로써 '여성'을 저항의 주체로 구현해내는 담론적 개입이자 역사적 실천으로 정의되기도 한다(Moi, 2001). 페미니즘과 '여성' 범주 사이의 긴장과 모순에 대한 논의들은 또한 여성 내부의 다양한 인종적, 계층적, 성적 차이들에 대한 인식과 후기 구조주의 이론의 수용을 통해 가속화되었다. 제2물결 페미니즘의 흐름과 국제여성인권 운동의 성장 속에서 등장한 공통의 경험과 저항의 주체로서의 '여성'은 1980년대의 '성 전쟁'과 유색인종 페미니즘의 부상 등으로 도전받기 시작하였

의 책임성(accountability)을 비판적으로 고찰하는 데 실패하고 손상되지 않은 주체를 처벌하고자 하는 반동적(reactionary) 운동에 사로잡힌다(Brown, 1995: 403). 또한 후기 자본주의 시대에 가속화되는 개인 자신의 삶에 대한 통제력의 상실과 삶의 파편화는 주체들의 분노/원한(resentment)을 만들어낸다(Brown, 1995: 401-402). 역사가 구심력을 잃고 파편적으로 튀어나가는 후기 자본주의 시대를 살아가는 저항적 주체들은 대안적 미래를 만들어내기보다는 과거를 애착하고 이에 대한 정동적 투여(affective investment)를 강화한다. 자신의 상처와 손상에 대한 애착은 그 원인으로 보이는 대상에 대한 분노와 복수의 의지를 낳으며, 이러한 원한의 정동경제학 속에서 소수자 정치학은 그 출구를 잃고 고착되고 폐쇄된 모습을 보이게 된다. 그러나 브라운은 소수자들이 자신들의 개인적, 집합적 정체성의 기원이자 정치적 토대로서의 상처와 고통(pain)을 니체적 망각(forgetting)을 통해 넘어서기를 요구하지는 않는다. 이는 어려울 뿐만 아니라 잔인한 요구일 수 있기 때문이다(Brown, 1995: 406). 대신, 브라운은 정체성의 정치학을 통해 발화되고 실천되는 소수자들의 원함(wanting)을 역동적으로 접근하고 그 발화의 주체로서의 "나"(I)의 불완결성과 변화 가능성을 열어두는 접근을 제안한다(Brown, 1995: 407)..

으며, 1990년대를 기점으로 확산된 후기 구조주의와 포스트모던 담론은 보편적 범주로서의 '여성'에 내재된 불안정성과 균열을 강조하기 시작하였다. 페미니즘은 더 이상 그 이론과 실천의 토대(foundation)로서의 '여성'을 주어진 것(*a priori*)으로 당연시하거나 전 지구적, 초역사적, 초문화적으로 통용될 수 있는 공통의 범주로 취급할 수 없게 되었다. '여성'은 페미니즘의 구체적인 실천 속에서 발화되고 구성되고 나타나는 담론적 구현물이자 저항의 행위성으로 새롭게 정의되고 있으며, 이와 더불어 페미니즘의 정치적 주체로서의 여성들 간에 존재하는 다양하고 중층적인 인종적, 계층적, 성적 차이들과 그러한 차이들이 만들어내는 연대와 교차의 정치학에 대한 질문들이 지속적으로 제기되면서 페미니스트 역사와 미래적 가능성을 새롭게 쓰고 있다(Crenshaw 1989, 1991; Trinh, 1989; Haraway, 1991; Riley, 1995; Spivak, 1999; Collins, 2000; Mohanty, 2003; Duggan, 2003; McCall, 2005; Hong, 2006; Puar, 2007; Collins and Bilge, 2016).

통합적이고 안정된 실재로서의 '여성' 범주에 대해 제기되는 다양한 도전과 질문들은 여성들 간의 다양한 차이들을 가로질러 구성될 수 있는 페미니스트 실천의 가능성에 대한 비판적 모색들로 이어졌다(Collins, 2000; Mohanty, 2003; Puar, 2007). 동시에 이는 '여성 없는 페미니즘'이라는 난제, 혹은 페미니즘의 불가능성에 대한 불안과 반발을 초래하면서 여성들 내부의 인종적, 계층적, 성적 차이들을 페미니즘에 대한 '위협'으로 인식하고 비난하는 경향이 나타나기도 하였다(Lee, 2000; Wiegman, 2012). 페미니즘의 불가능성에 대한 이러한 불안은 또한 제2물결 페미니즘에서 강력하게 소구되었던 '여성' 범주의 단일성 및 통합성과 이를 토대로 삼는 진보적 시간성(progressive temporality)

에 대한 향수(nostalgia) 및 애착(attachments)을 반영한다(Wiegman, 2000; Hemmings, 2011). '여성'이 그 내부의 차이와 갈등 없이 강력한 자매애를 발휘하여 진보의 역사를 만들어 나갔던 페미니스트 유토피아로서의 1960년대에 대한 낭만적 회고는 제2물결 페미니즘에 대한 역사적 서사와 집합적 기억에 내포된 백인 중산층 여성 편향성을 반영하는 동시에 인종적, 계층적, 성적 타자들을 페미니스트 역사성을 위협하는 존재로 그려낸다. 덧붙여 페미니즘과 진보 정치학이 더 이상 강력하게 통합된 안정적인 토대로서의 집합적 정체성에 기댈 수 없으며, 따라서 진보적 시간성이 그 역사적 끝에 도달했다는 '역사의 종말'(the end of history)이라는 신자유주의적 탈역사적 시간성의 도래는 페미니즘과 진보 정치학이 새로운 저항적 주체성과 시간성을 모색해야 할 필요성을 제기한다(Brown, 2001). 덧붙여 이는 여성들 간의 차이와 갈등이 다양성의 만발이라는 다문화주의적인 공간적 배열을 넘어서 새로운 교차(intersection)와 조우(encounter)와 배열(assemblage)의 정치학을 통해 열리는 페미니즘의 미래적 가능성을 요구한다(Collins and Bilge, 2016; Ahmed, 2000; Puar, 2007).

참고문헌

김리나(2017), "메갈리안들의 '여성' 범주 기획과 연대", 『한국여성학』, 제33권 3호, 109-140쪽.

김수아(2015), "온라인상에서의 여성혐오 표현", 『페미니즘 연구』, 제15권 2호, 279-317쪽.

김지혜(2011), "페미니즘, 레즈비언/퀴어 이론, 트랜스젠더리즘 사이의 긴장과 중첩", 『영미문학페미니즘』, 제19권 2호, 53-77쪽.

김지혜(2012), "페미니스트 젠더 이론과 정치학에 대한 재고", 『영미문학페미니즘』 제20권 2호, 63-92쪽.

김홍미리(2017), "촛불광장과 적폐의 여성화", 『시민과 세계』, 30호, 137-168쪽.

나병철(2016), "신자유주의 시대의 혐오발화와 미학적 은유의 응수", 『청람어문교육』, 57호, 213-254쪽.

나영(2017a), "2016년 '검은 시위', '낙태죄 폐지'의 정치 의제화를 시작하다", 『페미니즘 연구』, 제17권 1호, 301-320쪽.

나영(2017b), "모순과 혐오를 넘어 페미니즘 정치를 향하여", 『황해문화』, 97호, 98-116쪽.

루인(2010), "규범이라는 젠더, 젠더라는 불안", 『여/성이론』, 23호. 48-75쪽.

류진희(2015), "'촛불소녀'에서 '메갈리안'까지, 2000년대 여성혐오와 인종화를 둘러싸고", 『사이間 SAI』, 19호, 41-66쪽.

마사 너스바움(2015). 『혐오와 수치심』. 조계원(역), 서울: 민음사(Nussbaum, Martha, *Hiding from Humanity*, New Jersey: Princeton UP, 2004).

배은경(2009), "'경제 위기'와 한국 여성", 『페미니즘 연구』, 제9권 2호. 39-82쪽.

손희정(2015), "혐오의 시대-2015, 혐오는 어떻게 문제적 정동이 되었는가", 『여/성이론』, 32호, 12-42쪽.

손희정(2016), "젠더戰과 퓨리오-숙들의 탄생", 『여/성 이론』, 34호, 35-59쪽.

엄진(2016), "전략적 '여성혐오'와 그 모순", 『미디어, 젠더 & 문화』, 제31권 2호, 193-236쪽.

유민석(2016), 『메갈리아의 반란』, 서울: 봄알람.

윤보라(2013), "일베와 여성혐오", 『진보평론』, 57호, 33-56쪽.

윤지영(2015), "전복적 반사경으로서의 메갈리안 논쟁", 『한국여성철학』, 24호, 5-79쪽.

이나영(2016), "여성혐오와 젠더차별, 페미니즘", 『문화와 사회』, 22호, 147-186쪽.

임옥희(2015), "퇴행의 시절의 성, 사랑, 혐오", 『여/성 이론』, 33호, 12-36쪽.

임옥희(2011), "신자유주의 시대와 젠더무의식", 『젠더와 문화』, 제4권 2호, 37-70쪽.

장민지(2016), "디지털 네이티브 여/성 주체의 운동전략", 『미디어, 젠더, 문화』, 제 31권 3호, 219-255쪽.
정희진(2015), "남성혐오는 가능한가?", 『인물과 사상』, 210호, 110-124쪽.
Ahmed, Sara(2004), "Affective Economies", *Social Text*, 79, pp. 117-139.
Ahmed, Sara(2000), *Strange Encounters*, London: Routledge.
Brown, Wendy(2001), *Politics Out of History*, New Jersey: Princeton UP.
Brown, Wendy(1995), *States of Injury*, New Jersey: Princeton UP.
Brown, Wendy(1993), "Wounded Attachments", *Political Theory*, 2(3), pp. 390-410.
Browne, Kath(2010), "Lesbian Separatist Feminism at Michigan Womyn's Music Festival", *Feminism and Psychology*, 21(2), pp. 248-256.
Butler. Judith(1997), *Excitable Speech*, London: Routledge.
Butler. Judith(1990), *Gender Trouble*. London: Routledge.
Butler. Judith(1986), "Sex and Gender in Simon de Beauvoir's Second Sex", *Yale French Studies*, 72, pp. 35-49.
Collins, Patricia Hill(2000), *Black Feminist Thought*, New York: Routledge.
Collins, Patricia Hill and Sirma Bilge(2016), *Intersectionality*, Cambridge: Polity Press.
Crenshaw, Kimberle(1993), "Mapping the Margins", *Stanford Law Review*, 43(6), pp. 1241-1299.
Crenshaw, Kimberle(1989), "Demarginalizing the Intersection of Race and Sex", *University of Chicago Legal Forum*, vol. 1989, article 8. pp. 139-167.
Duggan, Lisa(2003), *The Twilight of Equality*, Boston: Beacon Press.
Duggan, Lisa and Nan D. Hunter(1996), *Sex Wars*, New York: Routledge.
Echols, Alice(1989), *Daring to be Bad*, Minneapolis: University of Minnesota Press.
Echols, Alice(1983). "Cultural Feminism", *Social Text*, 7, pp. 34-53.
Evans, Sara(2003), *Tidal Wave*, Minneapolis: University of Minnesota Press.
Evans, Sara(1979), *Personal Politics*, New York: Vintage Books.
Firestone, Shulamith(1970), *The Dialectic of Sex*, New York: William Morrow and Company.
Gill, Rosalind(2007), "Postfeminist Media Culture", *European Journal of Cultural Studies*, 10(2), pp.147-166.
Gubar, Susan(1994), "Feminist Misogyny", *Feminist Studies*, 20(3), pp. 452-473.
Halberstam, Judith(1998), *Female Masculinity*, Durham: Duke UP.
Haraway, Donna(1991), *Simians, Cyborgs, and Women*, New York: Routledge.
Hemmings, Clare(2011), *Why Stories Matter*, Durham: Duke UP.
Hong, Grace Kyungwon(2006), *The Ruptures of American Capital*, Minneapolis: University of Minnesota Press.

Hutcheon, Linda(1986-1987), "The Politics of Postmodernism", *Cultural Critique*, 5, pp. 179-207.

Kim, Jinsook(2017). "#iamafeminist as the "Mother Tag"", *Feminist Media Studies*, 17(5), pp. 804-820.

Kristeva, Julia(1981), "Women's Time", tr. Alice Jardine and Harry Blake, *Signs*, 7(1), pp.13-55.

Kiremindijan, G. D.(1969), "The Aesthetics of Parody", *The Journal of Aesthetics and Art Criticism*, 28(2), pp. 231-242.

Lee, Rachel(2000), "Notes from the (Non) Field", *Meridians*, 1(1), pp. 85-109.

McCall, Leslie(2005), "The Complexity of Intersectionality", *Signs*, 30(3), pp. 1771-1800.

Mohanty, Chandra T.(2003), *Feminism without Borders*, Durham: Duke UP.

Moi, Toril(2001), *What is a Woman?*, Oxford: Oxford UP.

"Misogyny" Entry(2000), *Encyclopedia of Gender and Society*, ed. Jodi O'Brien, London: Sage Publication, pp. 574-576.

"Misogyny" Entry(2008), *International Encyclopedia of the Social Sciences*. ed. William A. Darity, Jr.. Vol. 5. 2nd ed. Detroit: Macmillan, pp. 203-205.

Offen, Karen(1988), "Defining Feminism", *Signs*, 14(1), pp. 119-157.

Puar, Jasbir(2007), *Terrorist Assemblages*. Durham: Duke UP.

Rubin, Gayle(2011), *Deviations*, Durham: Duke UP.

Riley, Denise(1995), *"Am I that Name?"*, Minneapolis: University of Minnesota Press.

Scott, Joan W.(1997), *Only Paradoxes to Offer*, USA: Harvard UP.

Spivak, Gayatri(1999), *A Critique of Postcolonial Reason*, USA: Harvard UP.

Stryker, Susan(2008), *Transgender History*, Berkeley: Seals Press.

Trinh T. Minh-ha(1989), *Woman, Native, Other*, Bloomington: Indiana UP.

Wiegman, Robyn(2012), *Object Lessons*. Durham: Duke UP.

Willis, Ellen(1984), "Radical Feminism and Feminist Radicalism", *Social Text*, 9/10, pp. 91-118.

Zembylas, Michalinos(2007), "The Affective Politics of Hatred", *Intercultural Education*, 18(3), pp. 177-192.

온라인 커뮤니티와 남성-약자 서사 구축*

김수아, 이예슬

들어가며

한국 사회에서 '여성혐오' 관련 논란은 온라인 문화는 물론이고 대중 매체를 통해 유통되고 확산되는 양상을 보이고 있다. '여성혐오'는 가부장제를 조직하는 원리로 이 현상이 새롭게 21세기에 등장한 것은 아니지만, 디지털 미디어의 발달과 더불어 '여성혐오' 관련 정서 구조들이 보다 쉽게 유통되고 공유되며 놀이 문화의 일부로 자리 잡게 된 것은 분명해 보인다. 또한 '여성혐오' 문제는 단지 온라인상의 '표현' 문제가 아니다. 그러한 표현이 여과 없이 유통될 수 있는 사회적 담론 구성과 권력 구조의 문제이기도 하다. 2015년 이후, '여성혐오' 현상들은 온

* 이 글은 『한국 여성학』 33권 3호에 실린 논문, 김수아·이예슬(2017)의 「온라인 커뮤니티와 남성-약자 서사 구축」을 수정, 보완한 것이다.

라인상에서의 토론 격화로만 그치지 않고 현실 세계에서 여성의 삶과 안전을 위협하는 물리적 사건들로 나타나고 있다. 이는 '여성혐오'가 단지 정서, 감정, 싫어함의 문제가 아니라 권력관계 및 지배와 밀접하게 관련되어 있다는 것을 다시 한 번 상기하게 한다. '강남 여성 살해 사건'과 같은 비극은 물론, 성폭력/성희롱 사건의 증가 추세와 가정 폭력 사건들은 여성의 삶에서의 실질적 안전이 위협받고 있는 한국 사회의 현실과 여성에 대한 폭력 문제의 심각성을 보여주는 사례들이다.

이러한 상황은 페미니즘과 여성의 인권 신장에 대한 역행(backlash)이 온라인을 중심으로 조직되는 것을 보여준다. 여성에 대한 차별이 개선되고 인권이 신장됨에 따라, 차별을 바탕으로 구성된 기존의 특권을 박탈당한 남성들의 반발은 역행으로 나타나고 있다. 이 역행의 양상이 최근에는 온라인을 중심으로 조직화되고 있는데, 온라인의 '여성혐오' 표현과 문화는 경제 위기 속에서 경쟁에 탈락하거나 경쟁 부담을 느끼고 있는 남성들, 특권에 대한 도전과 문제제기를 받고 있는 기존의 권력 집단인 남성들에게 강하게 드러나고 있다는 진단이 제시되고 있다(김수아·김세은, 2016; 윤보라, 2015; 엄진, 2016; 천정환, 2016).

한국 온라인 문화의 중요한 흐름으로 '여성혐오'가 지적됨에 따라, 이 연구는 온라인 커뮤니티를 중심으로 2016년의 다양한 여성혐오 관련 사건과 논란에 대해 남성 온라인 이용자가 사건을 의미화하는 과정과 담론 구조를 살피고자 한다.[1] 김자연 성우 계약 해지를 둘러싼 논란, 페

1 이 글은 하나의 사례 연구로서, 청년 세대(20대~30대) 남성이 주로 이용하는 진보적 성향으로 분류되는 남성 커뮤니티를 대상으로 한다. 이 글이 분석하는 남성성의 문제는 청년 세대 남성의 진보 성향 온라인 커뮤니티 활동에서 드러나는 정서 구조와 담론에 대한 것으로 한정될 수 있다.

미니즘적 입장을 옹호하는 기사 작성자나 예술가 및 연구자에 대한 온라인상의 공격, 오프라인의 소비자 운동(예스컷 운동 등), 시사인 절독 등은 이 시기의 중요한 사건들이다. 이 사건들을 둘러싼 논란은 일차적으로 남성 주체들이 가부장제 구조와 이에 기반을 둔 젠더 권력관계 문제를 어떻게 이해하고 있는가와 관련되어 있다. 이를 살피고자 하는 이유는, 현재의 페미니즘 흐름과 인권 운동에 대한 남성들의 적대와 이를 표현하는 실천들에 주목할 필요가 있다는 문제의식에서이다.

이를 위하여, 이 글에서는 남성 중심으로 알려진 온라인 공간에서, 강남 여성 살해 사건, 김자연 성우 계약 해지 논란, 시사인 절독 운동, DJ DOC의 시국비판 곡 관련 논란 등을 중심으로 해당 사건의 해석을 위해 어떤 담론이 구성되었는지를 살폈다. 분석 대상 게시판은 T 커뮤니티로, 2015년 기준 한국 온라인 커뮤니티 분야의 접속 순위 3위에 해당하는 규모가 큰 커뮤니티이며 이용자 중 남성이 더 많아 남성 중심 커뮤니티 즉 남초 커뮤니티로 알려져 있다. 해당 커뮤니티에서 관련 사안들에 대해 어떤 논의를 진행하였는지를 담론 분석 방법론을 통해 분석하였고, 이 담론 구성의 현실적 효과가 무엇인지를 논의하고자 하였다.

한국의 '여성혐오' 관련 논의 진행과 쟁점

'여성혐오' 개념 자체가 대중적으로 화제가 되고 광범위한 영역에 대해 논의된 것은 2015년 메르스 갤러리 사건 이후라고 할 수 있겠지만, '김치녀' 등의 특정한 인터넷 밈(meme)과 혐오 표현이 논의 대상이 되기 시작한 것은 2010년대 초반부터이다. 일간 베스트 사이트(이하 일베)가 논쟁의 중심이었는데, 일베는 2010년 디시인사이드의 일간베스트 게시물(추천수가 많은 게시물)을 저장하는 곳으로 출발하여 2011년 독립하였고, 청소년들에게 많은 영향을 미친 사이트이다. 초기 유머사이트로 인식되었기 때문에, 특히 10대들에게 사이트의 게시물이 유머로 소비되고 교실에서도 자연스럽게 공유되는 문화적 자원이 되었다고 한다.[2] 이러한 맥락에서 일베가 만들어낸 밈인 '김치녀' 등의 표현이 청소년층에 자연스럽게 받아들여졌다. 해당 혐오 표현에 대한 문제 제기가 거세지면서 2013년 방송통신심의위원회는 일베를 중심으로 혐오 표현 집중심의를 진행하기도 했다. 엄진(2016)은 일베에 드러나는 '여성혐오'를 '전략적 여성혐오'라고 부르며, 데이트 비용 등 경제적 차원에서 남성과 여성의 평등을 주장하면서도 성과 관련해서는 여성을 성적 대상화하고 성차별적 고정관념을 유지하고 있는 것을 비판했다. 이처럼 일베를 비롯하여 각종 온라인 공간에서는 여성에 대한 성적 대상화, 여성에 대한 고정관념 배포, 비하 등이 일상화되어 있었다.

2015년 메르스 방역 체계가 무너지고 사회가 위기에 빠졌을 때, 디시인사이드에 개설된 메르스 갤러리가 미러링을 시작하여 큰 화제가 된 것은, 이처럼 상당히 오랜 기간 온라인 공간에서 여성혐오 표현과 문화가 유행하면서 아무렇지도 않은 것으로 받아들여져 왔던 맥락 속에서 이해할 수 있다. 메르스 갤러리와 이를 이어받아 새롭게 만들어진 메갈리아 사이트에서의 미러링 전략들에 대해서는 다양한 연구들이 그 의미와 정치적 가능성, 그리고 한계를 짚은 바 있다(유민석, 2016; 박무늬, 2016; 장민지, 2016; 황혜연, 2018). 미러링 전략의 함의는 무엇보다도 여성들의 '읽고 쓰는 능력', 즉 프레이리가 의미한 바의 리터러시 향상에 있

2 이 내용은 필자가 2015년 서울 시내 대학생 20명에 대해서 수행한 FGI 결과이다.

다고 보아야 할 것이다. 미러링에 대해 혐오를 혐오로 대항한다는 등의 비판이 있었고, 또 다른 소수자 혐오로 이어진다는 한계가 있는 것도 분명하지만, 여성들이 미러링을 통해 자신들이 감당해야 했던 구조적 모순과 억압들에 대해서 이야기할 수 있었고, 자신들이 느끼던 불안이나 죄책감이 사실은 억압의 결과였다는 점을 새롭게 인식하는 계기를 만들었다는 점은 중요한 의의로 볼 수 있다. 새롭게 등장한 페미니스트 세대들은, 차별적 사회구조를 개혁하고자 적극적으로 노력하는 주체들로 한국 사회의 불평등에 새로운 균열을 내고 있으며(이나영, 2017), 소수의 엘리트 여성의 전유물로 페미니즘을 생각하는 것이 아니라 새로운 세대의 자기규정의 일부로 받아들이고 있다(김수진, 2016).

새로운 페미니스트 세대들은 실천 운동을 중심으로 세력을 조직화하고 있다. 한국사이버성폭력센터는 친밀한 관계에서의 동영상 비동의 유포, 비동의촬영, 지인합성계정 등에 대해서 디지털 성범죄로 규정하고 모니터링 및 신고 활동을 해왔다. '페미바순허브'와 같은 연대체는 대중문화 특히 아이돌 문화의 여성혐오를 지적하고 페미니스트로서 대중문화를 향유하는 것의 의미를 탐구하려고 하는 느슨한 연결체였다. 페미위키와 같이, 위키문화의 남성 중심성에 대한 대안을 구성하려는 움직임도 있다.

하지만 동시에 이러한 자생적 페미니즘 연대체에 대한 공격이 지속되고 있다. 물론 페미니즘에 대한 역행은 항상 존재해왔다. 1990년대 말 온라인 공간에 등장한 "꼴페미" 지칭이 대표적으로, 페미니스트를 진정한 페미니스트와 자신의 이익만을 챙기는 이익집단으로 나눈 후 후자를 비난하고, 이미 성평등은 이루어졌다고 주장하는 전통적 의미의 역행은 오래된 현상이다(김수아·최서영, 2007).

게다가 여전히 대중문화와 온라인 커뮤니티, 그리고 삶의 현장에서 '여성혐오'는 일상적으로 존재한다. 페미니스트 실천 운동이 계속 새롭게 구성되고 부상하는 이유도 여기에 있다. 또한 '여성혐오' 개념 자체를 전환해야 한다는 주장도 제기된다(이현재, 2017). 이전의 '여성혐오' 담론은 여성이 저항할 수 있는 가능성을 남기지 않으며, 한국의 경우 '김치녀'와 같은 혐오 정서는 여성을 분할 통치한다기보다는 배제하거나 멸절시키려는 경우로 나타나고 있기 때문이다. 그래서 이현재는 현재의 '여성혐오' 상황을 "만연하고 있는 여성에 대한 멸시와 혐오는 모더니티의 젠더 구분을 유지하려는 남성들의 포스트모더니티의 젠더를 수행하는 여성들에 대한 혐오"(이현재, 2017: 156)라고 정의한다. 여성을 비체로 보고 남성은 비체를 내버려 동일성을 유지하고자 노력해왔으며 그래서 여성을 혐오하여 동일성을 지키려고 한다는 것이다. 대중문화의 '여성혐오'는 물론, 사회의 정서 구조이자 법, 정책, 제도에 뿌리 깊게 자리 잡고 있는 성차별적 문화의 문제를 지적하고 개선하려는 노력이 이제 적극적으로 젊은 페미니스트들을 통해 이루어지고 있으며, 이론적으로도 다양한 방향에서 '여성혐오'를 이해하고 대안을 구축하려는 노력이 전개되고 있다.

온라인 공간과 남성성의 구성

현대 사회에서 미디어는 남성성과 여성성 개념을 매개하고 구성하는 데 영향력을 미친다. 이러한 관점에서 영화와 텔레비전 같은 전통적 미디어가 어떤 남성상을 구성하는가에 대한 연구들이 다수 진행되었고, 소셜 미디어, 게임 등 뉴미디어가 점차 생활의 중심이 되면서부터는 온라인 공간의 영향력에 대한 관심으로 확장되어 연구가 진행되고 있다.

온라인 남성 공간은 주로 이성애 중심 남성이 구축되는 공간으로서 동성애 혐오를 축으로 남성성이 구축되고 있다는 분석이 제시되어 왔다. 스포츠 팬덤이 전통적으로 남성성을 구성하고 재생산하는 데 기여해 오고 있다면, 온라인상의 스포츠 팬덤 커뮤니티는 헤게모니적 남성성과 대안적 남성성이 경합하는 공간으로 남성성의 재현과 재생산에 중요한 역할을 하고 있다(Palmer & Thompson, 2007). 정체성을 협상하고 구축하는 문화와 놀이의 영역에서는 전통적이고 공격적인 남성성이 선호되고 또 수행되는데, 게임과 관련된 커뮤니티에서 수행되는 남성성의 양상이 그러하다. 게임 커뮤니티와 게임 수행은 남성성을 탐구하는 중요한 공간인데(Jansz & Martens, 2005), 남성 중심의 게임 문화는 긱 남성성(geek masculinity)의 수행 공간으로 긱 남성성은 기술에 대한 남성의 우위를 상정하고 여성을 폄하하는 방식으로 구축되는 남성성을 의미한다(Massanari, 2017). 게임의 환경은 다른 남성과 협업하는 방식을 배우면서 기존의 남성 규범을 강화하는 효과를 갖게 된다. 그러므로 게임 세계의 경험은 쉽게 여성을 배제하려는 경향 혹은 '여성혐오'적 실천들로 이어지고 이것이 남성성 구축의 원리가 되는 일이 흔하다(Fox & Tang, 2014).

온라인 공간은 그 성질이 단일하지는 않다. 하지만 최근의 연구들은 온라인 공간이 남성 정체성 구축과 관련해 '여성혐오'와 성차별을 중심으로 구성되는 경향이 강해지고 있다는 점을 보여주고 있기도 하다. 앞서 언급한 게임 커뮤니티뿐 아니라, 온라인 공간을 이용한 남성 권리 운동 혹은 성차별을 주장하는 커뮤니티들이 다양하게 형성되어 성차별적 정보를 활발하게 유통시키는 중이다. 남성 권리 운동가 그룹은 인터넷을 반페미니즘 운동을 위한 플랫폼으로 사용하고 있으며(Menzies, 2007), 페이스북 등의 새로운 소셜 미디어와 그 특성을 활용하여 혐오 표현과 정서를 광범위하게 유통시키는 데 기여한다(김수아·김세은, 2016). 온라인상의 반페미니즘 그룹들은 뉴스나 연구를 선택적으로 제시하고, 인터넷이 가진 즉각적인 파급력을 활용하여 이러한 선택적 정보를 사실로 홍보하여 '여성혐오'적 정서를 유지하는 데 기여할 수 있다. 특히 내러티브화된 '여성혐오' 정보들은 청소년 집단 등에 대해 영향력이 클 것으로 우려되고 있다(Schmitz & Kazyak, 2016).

온라인 집단 극화와 공유된 내러티브의 문제

이처럼, 남성성의 구축 공간으로 온라인 공간을 바라볼 때, 온라인에서의 정체성 형성과 집단 역학의 문제를 살피는 것이 필요하다. 온라인 공간은 초기 민주주의를 위한 다양한 정보 교환과 민주적 의견 교환이 가능한 장소로 상상되었지만, 점차로 온라인 공간은 단순히 '편향적 확성기'적 역할을 할 뿐이라는 비판이 제기되었다. 즉, 온라인 공간에서는 자신이 속한 집단의 규범이나 정체성을 좀 더 극화하여 지각하고, 동조하는 경향이 생긴다(나은영, 2006). 이것이 바로 집단 극화의 문제로 연결된다. 온라인 공간이 막 사회적으로 등장하던 시점에 진행된 연구에서 보인 것은, 사회적 맥락 단서가 적은 온라인 공간의 익명성이 자신의 의견에만 집중하게 하고, 과격하게 만들며, 집단을 이루어 정체감을 확인하려고 하는 경향과 만나면서 집단 극화가 쉽게 이루어진다는 것이었다(Sproull & Kiesler, 1986). 이처럼 의견 극화는 온라인의 매체적 특성을 통해 강화될 수 있다. 나은영·차유리(2012: 104)는 "의견을 나눌 수 있는 쟁점이라면 어떤 쟁점이든 관계없이 익명성이 보장된 상황에서 더욱 내집단에 동조하고 외집단을 배척하는 양극화 유발성이 커질 수 있다"고 했다.

문제는 온라인 집단 내 의견이 동질화되면서 동시에 집단 간의 차이가 크게 벌어진다는 것이다. 온라인 공간을 논쟁의 게토로 표현한 이기형(2004)의 진단은 온라인 공간의 진영 구조와 당파성에 의해 합리적 이성적 논의가 가능하지 않다는 것을 은유한 것이다. 개인의 의견이 확고할수록, 반대 의견에 대한 저항과 선택적 인지 활동이 더욱 활발해진다(Pomerants, Chaiken & Tordesillas, 1995). 쌍방향성은 인터넷의 장점으로 여겨졌지만, 바로 이 쌍방향성을 활용해 자신의 견해와 충돌하는 정보를 회피하는 선택적 노출이 가능해졌다(Stroud, 2010). 이를 안민호(2014)는 동종애(homophily) 네트워크라는 개념으로 설명하였는데, 같은 취향이나 세계관, 계급이나 인종이 같은 사람들끼리 소통하는 것을 말하며 이러한 동종애적 소통이 강화될수록 사회는 단절화되고 파편화된다고 하였다. 기술의 발달은 광범위한 연결을 구축하기보다는 동종애 네트워크의 강화를 가져오게 했다(안민호, 2014). 에코 챔버(echo chamber) 효과 역시 유사한 개념으로, 온라인 공간은 사람들이 자신의 선호를 반영하여 선호된 콘텐츠만을 연결하고 상충되는 아이디어를 피하는 거대한 에코 챔버로 작동한다는 주장이다(Garrett, 2009). 온라인 공간에서 우리는 우리의 과거 행위나 관심사를 반영하여 검색하고 자료를 찾으며 이 결과로 현재의 견해에 상충될 수 있는 정보들은 자연스럽게 제거될 수 있다.

개인의 인지 차원에서 이러한 필터링과 선호를 반영하는 네트워크 기술은 효율적일 수 있다. 하지만 민주주의를 위해 시민에게 필요한 것은 이견에의 노출이다. 숙의 민주주의 이론가들은 다양한 의견의 표출과 교환, 이를 통한 합의를 중요하게 강조해왔다(최윤정·이종혁, 2012). 그러나 지금의 온라인 소통 구조에서는 이견 노출의 기회가 줄어들고 있다. 더구나 문제인 것은, 온라인 공간의 정보 공유에서 중요한 것은 오류가 아니라 자신의 신념과의 일치 여부가 되고 있다는 점이다. 그래서 2016년의 옥스퍼드 사전이 선택한 단어는 탈진실(post-truth)이었다. 탈진실은 감정, 개인적 신념에의 호소가 객관적인 사실보다 여론 형성에 더 많은 영향을 미치는 것을 말한다(oxforddictionaries.com). 또한 잘못된 정보를 정정한다고 해서 사람들의 신념이 바뀌지는 않는다(Nyhan & Reifler, 2010)는 부정적인 전망도 제기되고 있다.

이러한 점에서 공유된 내러티브라는 개념이 중요해진다. 인간은 합리적으로 정보를 수용하기보다는 그룹이 이미 구축한 내러티브 구조 내에서 정보를 수용한다. 이것이 "공유된 그룹 내러티브(shared group level narrative)"(Sloman & Fernbach, 2017)라는 개념의 의미이다. 공유된 그룹 내러티브 자체는 부정적인 의미는 아니다. 내러티브는 정체성을 구성하는 것이며 공통의 감각을 형성하는 것이다(Stapleton & Wilson, 2017). 하지만 그 내러티브가 갖는 이데올로기적 의미와, 정치적 효과에 대한 논의는 필요하다. 남성성의 내러티브가 어떤 식으로 공유되고, 그리하여 궁극적으로 어떤 의미를 구성하게 되는가에 대한 분석이 중요한 것이다.

2016년의 상황: 온라인 남성 중심 커뮤니티에서의 논의들

이 연구에서 채택한 사회적 사건들은 모두 4개이다. 첫째, '강남 여성

살해' 사건(2016년 5월), 둘째, 김자연 성우 계약 해지와 관련된 논란(2016년 7월), 셋째, 시사인 기사와 관련된 절독 논란(2016년 8월), 넷째, 탄핵정국과 시위 광장의 논란(2016년 11월)이다. 해당 사안들은 메갈리아로 인해 촉발된 2015년의 새로운 페미니즘 운동과 연결되어 있다. 5월의 '강남 여성 살해' 사건은 전 사회적인 충격을 안겼고 많은 여성들이 이 사건을 계기로 페미니즘에 입문하게 되었다고 고백하고 있다. 하지만 동시에 온라인상의 논쟁은 날로 격화되는 과정을 겪게 되었는데, 남성을 잠재적 가해자로 묘사한다면서 남성들이 반발하거나, 정신질환자에 의한 사건을 남성의 문제로 몰아간다는 반론 등이 제기되면서 곳곳에서 논쟁이 격화되었기 때문이다. 김자연 성우의 경우, 메갈리아4 페이스북 페이지의 모금운동에 참여하여 받은 티셔츠를 SNS에 인증함에 따라 메갈을 용납할 수 없다는 반응에 의해 성우로 활동하던 넥슨 사의 게임에서 계약해지가 되었다. 시사인 절독 사건은 나무위키 등 다양한 남성 중심의 담론 활동을 분석한 기사가 메갈을 옹호하고 있다면서 T 커뮤니티를 비롯한 남초 커뮤니티들이 절독운동을 벌인 사안이었다. 11월 탄핵정국에서 DJ DOC의 노래가 '여성혐오'적 언술을 담고 있다는 문제제기가 페미존을 중심으로 제기되었을 때 역시 사회적 논란이 되었다.

쟁점을 중심으로 사례를 접근하는 것은 사례의 특수성과 일반성을 확인하기 좋은 것으로 알려져 있다. 이 연구는 남성 중심 커뮤니티의 담론을 분석하는 것을 목표로 하였기 때문에, 남성 중심 커뮤니티에서 해당 쟁점들에 대해 어떤 이야기가 오고 갔는지를 분석 대상으로 삼았다. 분석 대상 T 커뮤니티(가명)는 유머 사이트로 출발하여, 대중문화와 시사, 정치, 연예, 스포츠, 일상생활 등 다양한 주제를 모두 아우르는 사이트로, 시밀라웹 기준으로 2017년 1월 국내 접속순위 19위를 차지하고 있는 비교적 큰 규모의 사이트이다. 2013년 사이트 내 자체 조사에서 성비는 남성 68%, 여성 32%로 집계되었는데 2015년 다음 카페 여성시대와의 분쟁 중 여성 회원이 많이 빠져나가 현재는 남성 비중이 훨씬 높다고 추정되고 있다. 분석 대상으로 T 커뮤니티의 추천글(베스트)에서 게시판 검색 탭을 사용하여, 단어 검색을 통하여 게시글을 추출하였다.[3] 베스트 오브 베스트 게시판을 검색한 결과로, 강남 '여성살해' 사건의 경우 35개 게시글과 관련 댓글, 김자연 성우 해고와 관련하여 56개 게시글과 관련 댓글, 시사인 절독 운동 관련하여 22개의 게시글과 댓글, 시위 광장의 문제와 관련하여 23개 게시글과 관련 댓글을 분석하였다. 게시글과 댓글 분석을 위해, 푸코의 담론 개념과 주체의 문제를 집중적으로 다루고자 한다. 푸코에 따르면 담론의 형성에는 '대상, 주체, 개념, 전략'이란 네 가지 요소가 필요하다(푸코, 2012). 대상은 사회의 다양한 지식 담론들과의 관련 속에서 특정한 담론이 대상으로 출현하게 되는 과정과 관련된다. 둘째, 주체의 문제는 "텍스트 내에서 누가 말하며 개인들의 집합 속에서 이러한 종류의 언어를 취할 수 있는 지위를 부여받은 사람은 누구이며 이러한 권리를 지니는 개인들의 지위는 무엇인지에 관한 분석"(푸코, 2009: 83)이다. 개념의 형성은 세 번째 규칙으로, 담론 안에서 언표들이 특정한 개념들로 조직되는 것이다. 네 번째의 규칙은 전략의 형성으로, 특정한 주제 안에서 상이한 이론들이 만들어

3 분석에 사용한 단어는 다음과 같다. 강남'여성살해'사건의 경우, 강남역, 여성혐오, 강남역 살인, 강남역 여성혐오 등의 조어를 사용하였다. 김자연 성우 해고 사건의 경우, 김자연, 성우, 티셔츠, 메갈 등의 조어를 사용하였다. 시사인 절독 운동은 시사인과 메갈을, 시위 광장의 논란 관련해서는 DJ DOC와 시위, 여성을 사용하여 관련된 게시물을 추려내었다.

져 또 다른 유형의 담론을 가능하게 하는데, 이때 특정한 주제나 이론들을 전략이라고 부를 수 있다. 이 연구는 주체의 문제를 다루고자 하는데, 푸코의 담론 분석에서 주체는 '오직 그들만이 가지는 지위'에 주목하게 한다(푸코, 2009: 83-85).

따라서 남성 커뮤니티의 여성혐오 관련 담론이 규정되는 방식 및 이 과정에서 등장하는 범주가 무엇인지를 질문하였다. '대상'의 출현을 위하여 특히 메갈리아, 페미니즘, 여성 등의 범주가 어떤 식으로 표현되고 배제되는지를 주목하였다. 푸코의 담론 이론에서 배제는 중요한 개념인데, 담론은 단순히 말해진 것의 총합이 아니라 그중에서 무엇이 배제되는 과정 속에서 구성되는 것이다. 그래서 배제는 금지, 분할과 배척, 진위의 대립이라는 세 가지 과정을 통해 이루어진다. 금지는 무엇을 말할 수 있는가 혹은 없는가에 대한 규정을 통해서, 분할과 배척은 어떤 것을 담론이 아닌 것으로 만드는 것을 통해서, 그리고 진위의 대립은 지식이 한 사회에서 사용되는 방식을 말한다(푸코, 2012). 이 연구는 메갈리아와 페미니즘을 담론 장에서 배제하는 방식으로 이러한 담론 구축의 원리가 작동되고 있음을 보일 것이다. 또한 대상을 평가하는 주체로서, 그리고 개념과 전략을 수행하는 주체로서 온라인 커뮤니티의 남성 정체성이 어떤 방식으로 구축되고 있는지를 드러내고자 하였다.

'메갈'이라는 비정상적 여성 집단의 구성

엄기호(2017)가 주목한 것은, 남성의 위기에 반응하는 젊은 세대가 피해자로 스스로를 구성하면서 박탈된 삶을 살아간다고 주장하며 자기연민을 보인다는 것이었다. 이들은 사이버 공간에 모여 전쟁을 수행하면서 끊임없이 적을 생산해낸다(엄기호, 2017). 그래서 자신들의 적에게 비정상과 몰상식의 이름을 붙이려고 한다. 이러한 맥락에서 여성이라는 집단의 '비정상화'를 위한 이름 붙이기는 새로운 것이 아니라 여러 가지 형태로 반복되어 온 것이다. '여성'을 대화 상대에서 밀어내기 위해 만들어낸 용어는 '아몰랑'이나 '빼애애액' 같은 표현들이며, 기본적으로 비합리적이어서 대화할 수 없다는 의미를 구성한다.

해당 사건과 관련된 게시판 토론에서도 이처럼 여성을 대화 상대자로서 부적합한 대상으로 구성하려는 시도가 반복되었다.[4] 이 커뮤니티는 공지사항으로 남혐, 여혐으로 번질 수 있는 게시글을 금지한다고 한 적이 있지만, 메갈 비판은 계속되어야 한다고 하면서 메갈 사이트의 중계는 금지하지만 메갈에 대한 논의는 허용한다는 공지를 올린 적이 있다. '메갈'의 계보는 남초 커뮤니티의 주장에 따르면 여성가족부에서부터 시작한다. 메갈은 사실은 꼴페미, 된장녀, 김치녀의 다른 이름일 뿐이며 '그들'의 지칭 중 하나임을 보여주는 것이다. '메갈'은 페미니즘의 가치에 위배되고, 페미니즘을 위해서는 기여하는 바가 없는 집단으로 구성된다. 강남'여성살해' 사건에서 추모 행동을 하는 여성들을 비난하는 용어로는 '비정상'이 대표적이다. 정상과 비정상을 가르는 것은 대상을 구성하고 그 대상을 합리적 담론장의 주체가 아닌 자로 배제하는 데 있어 중요하게 작동한다. '페미나치' 역시 페미니즘이 대화 상대가 될 수 없다는 함의로 사용되고 있다. 메갈의 멸칭인 메퇘지 역시 자주 등장하는데, 이 경우 피해자가 될 일이 없는 여성이라는 의미로, 성적 대상이 되지 못한다는 의미로 구성된 멸칭이라는 점이 '여성혐오'적 성격

4 이 절의 논의는 해당 게시판에서 메갈과 관련된 용법을 정리한 것이다.

을 강하게 드러낸다.

> 제가 보기엔 결국 일반시민들이 아니에요. 스스로는 ㅇㅅ, ㅁㄱ 혹은 여초사이트를 하는 정상인이라 생각하는 비정상인들이죠.
> 애초에 페미니즘이란 것부터가 지나치게 다양한 파벌과 대립이 내부적으로 존재해 와서 명확한 정의가 불가능하긴 한데, 여가부에서 여메웜에 이르는 페미니스트를 자칭하거나 그렇게 불려지는 집단들을 보면 오히려 명확한 공통점이 나타나죠. 언플에 적극적으로 달려드는 광신적인 면모마저 지닌 악성 이익집단의 모습이요. 〈"성우 논란에 루리웹 현자님 말씀" 댓글〉

> 야 메퇘지들 이 씨**들아 너넨 피해자 될 일 없어… 남자들이랑 엮일 일 자체가 없어… 말하는 꼴이 일베급인데요… 〈"강남역 현상황)) 재기해~!! 재기해~!!" 댓글〉

이런 의미에서 남초 커뮤니티의 이용자들은 메갈을 일베와 동급으로 두고, 배제하는 전략을 구사하고 있다고 평가할 수 있다. 담론의 배제 기제로서 '메갈'을 비정상인 혹은 인간 여성이 아닌 존재로 묘사하여, 담론의 주체가 아닌 대상으로 삼고 비정상적인 것으로 만든다. 또한 진위의 대립 전략이 배제 전략으로 사용되는데, 진정한 페미니즘과 메갈을 비교하는 것을 통해서이다. 아래의 댓글에서 그 사례를 볼 수 있다. 2016년 초기 남초 커뮤니티는 페미니즘 자체를 문제라고는 하지 않았다. '진정한 페미니즘'이라는 것이 존재한다고 주장하기 때문이다. 다만 한국의 페미니즘이 문제인 것이며 대부분의 여자들 또한 상관이 없다.

남자들은 일베에 대해서 매우 잘 알지만 여자들은 메갈이 뭔지 모르는데 그 이유는 여자들은 인터넷에 대해서 잘 모르기 때문이라는 것이다.

> 저렇게 메갈 쉴드치는 부류의 절대다수는 페미니즘에 대해서 알지도 못하는 게 아니라, 그런 건 알기 싫고 자기들에게 유리한 대로 그 내용을 아예 바꾸고 싶어 하는 거라고 봐야죠. 아마 대부분은 무엇이 진정한 페미니즘인지 알지도 못한 채 페미니즘을 입에 올리죠.여성인권을 신장하고 나아가 인류 모두가 공존하며 조화롭게 살 수 있는 삶을 이야기하는 것과 여성인권 운운하며 또 다른 혐오를 하는 사람과 구별조차 못하는 것 그게 지금 이딴 거지같은 사태의 핵심임 뭘 기대합니까. 〈"성우 논란에 루리웹 현자님 말씀" 댓글〉

> 다른 점은 이거죠, 남자는 게임 등을 위해 인터넷으로 웹 사이트를 전전하는 경우가 많아서 일베가 어떤 곳인지 아는 사람이 많다는 것과, 여자는 인터넷 해도 검색 순위, 블로그, 뉴스, 페북 등만 보고 기타 다른 웹 사이트에는 관심 없어서 메갈은커녕 일베가 뭔지도 모르는 사람이 많다는 거요. 물론 오유도 모르고, 웃대도 모르더라구요. 〈"이번 넥슨성우사건 간단하게 생각하면 쉬운데요?" 댓글〉

그러나 이러한 '진정한 페미니즘' 담론은 이후 DJ DOC의 시국비판 곡에서 '여성혐오' 논란이 일었을 때 페미니즘 자체가 문제라는 담론으로 변화하는 것을 볼 수 있다. 페미니즘 자체를 부인하기보다는 진정하고 선한 페미니즘과 페미니즘의 탈을 쓴 메갈이라는 이분법이 2016년 초반에 있었다. 예를 들어 페미니즘과 메갈의 이분법은 김자연 성우 관련 논의에서는 나타나고 있다. 김자연 성우가 입은 티셔츠의 문구는 페미니즘의 문구가 맞지만, 이를 메갈리아가 페미니즘의 탈을 쓰기 위해 사용한 것이라는 주장이 대표적이다.[5] 하지만 시위 관련 보도에서부터는 메갈과 페미니즘을 구분하지 않으며, 우리나라의 페미니즘은 곧 메갈이라거나, 페미니즘 자체를 문제 삼거나 평등주의(이퀄리즘)[6]가 대세라는 주장이 더 많이 등장하기 시작한다.

동시에, 젊은 세대 여성에 대한 적대를 범죄자로 구성하여 그들을 분리하려는 실천이 진행되면서 페미니즘의 문제화 역시 진행되었다. 메르스 갤러리 직전 온라인 공간에서 여성에 대한 멸칭으로 사용된 것은 '여시' 커뮤니티 참여자를 가리키는 말이었다(윤보라, 2017). 어떤 공간이거나(스타벅스) 대학(이대), 혹은 커뮤니티 이용자들이 다양한 이름으로 불렸으나 핵심은 '여성은 비상식적이거나 문제가 있으며 심지어 범죄자이기도 하다'는 것이었다.

'범죄'자로서의 여성 커뮤니티 배제는 여성시대 사태(윤보라, 2017)에서부터 명백히 가시화되었다. 낙태, 화장품 샘플 판매, 저작권 침해 등 모든 가능한 범죄 목록을 만들고 직접 신고하는 등의 다양한 실천을 보여준 디시인사이드 갤러리의 게시글들은 남성 중심 커뮤니티에서 다양한 방식으로 공유되면서 여성-범죄자의 이미지를 만들었다. 메갈리아

5 "이번 이슈는 메갈에 대해 포커스를 맞춰야 하는데 페미니즘으로 포커스를 맞추는 사람들이 많죠. 아까도 그런 댓글이 있길래 놀랐습니다. 이번 사태를 페미니즘에 대한 탄압으로 이해하면 안 되죠." 〈"트위터에서 해당 성우 지지와 넥슨 보이콧이 빠르게 퍼지는 이유" 댓글〉

6 2016년 나무위키의 평등주의(이퀄리즘) 조작 사건은 상징적인 사건으로, 실제로 존재하지 않는 해외 유명학자를 동원하여 서구에서는 이미 페미니즘의 영향력이 사라지고 성차별은 존재하지 않는다는 주장을 하는 이퀄리즘이 보편화되었다고 주장한 경우였다(김성윤, 2018).

나 워마드에 대해서도 문제되는 게시글 혹은 편집된 내용을 공유하면서 대화 불가능한 범죄자 집단, 즉 시민의 바깥 영역으로 설정한다. 그리고 만약 페미니즘이 '메갈'이라는 범죄 집단을 인정한다면 페미니즘 역시 무가치한 것이 된다고 주장한다. 이러한 과정 속에서 페미니즘은 모두 문제적인 것으로 변화하게 된다.

이 과정은 담론의 대상 구성 과정을 보여주는데, 남성 약자 주체들은, 여성을 가치 없는 대화 상대 혹은 선량함과 대비되는 사악한 대상으로 삼으려 한다. 그래서 선한 여성을 상정하고(진정한 페미니즘) 이에 반대되는 메갈을 상정하였다가, 점차로 여성들의 문제제기가 다방면으로 그리고 구체적으로 남성의 영역을 침범해 들어가면서 여성 전체를 적으로 돌리려는 경향들이 나타난 것이다. 이러한 경향은 맘충 등의 어머니에 대한 혐오표현, 여시와 같은 특정한 커뮤니티 이용자에 대한 혐오표현 등으로 변주되고 있다.

'선량한 일반 남성'이라는 주체의 구성

그렇다면 '메갈'이라는 대화 불가능한, 비정상인, 심지어 범죄자이기도 한 여성 대상에 대해서 비판하는 '우리'라는 주체는 어떻게 구성되었는가? 해당 커뮤니티의 담론 구조 내에서, '우리'는 선량한 남성이라는 위치가 공유된 내러티브 구조에서 제일 중요한 것으로 드러났다. T 커뮤니티 이용자들은 범죄자, 일베, 기성세대 남성과의 구분 짓기를 통해 스스로를 '여성혐오', 성차별과는 무관한 '선량한 일반 남성'으로 구성하고 있다. '선량'하다는 것은 스스로를 '비정상'과 차별하는 가운데에서 구성되는 정체성이다. 강남역 여성 살해 사건에서 범인을 '정신병자'로 보고, '일반 남성을 잠재적 가해자 취급하지 말라'고 주장하는 것은 이러한 구분 짓기 시도의 대표적인 사례이다. 마찬가지로 여성혐오를 일삼는 '일베' 역시 '대한민국 남성 표준'과 대비된다. 이러한 구분 짓기를 통해 이들은 '여성혐오', 성차별의 책임으로부터 자유로운 '선량한 일반 남성'이라는 정체성을 구성해 나간다.

> 싸이코 범죄자 한 놈이 한 일을 마치 모든 남성이 가해자인 양 몰아붙이기를 하는 통에 가만히 자기 일 하다가 졸지에 가해자와 똑같은 사람이 됐는데 누구에게 냉정하라는 건지… 〈"현재 강남역 상황이랍니다…" 댓글〉

> 당장 니들이 그렇게 무시하는 T 커뮤니티(가명)에서 된장녀, 김치녀라는 단어로 검색 좀 해 보란 말입니다. 단 하나라도 검색이 되나 보라구요. 제발 일베랑 똑같은 취급을 하지 말란 말입니다. 〈"시사인 절독에 앞서, 메갈 지지하는 진보 언론과 정의당 분들께 바치는 글" 게시글〉

> 대한민국 남성의 표준이 일베냐????? 〈"시사인 페북 메갈 기사 댓글" 댓글〉

따라서 범죄를 저지르지도, 일베 용어를 사용하지도 않는 '선량한 일반 남성'들은 메갈리아를 비롯한 여성들의 분노의 방향이 잘못되었다고 주장한다. "왜 '여성혐오', 성차별과는 전혀 무관한 평범한 남성들에게까지 화풀이를 하느냐?"면서 여성들의 분노의 화살은 일베, 범죄자에게 가야 하지, 대다수의 '선량한 일반 남성'들에게 겨누어져서는 안 된다고 주장한다.

> 모든 남성의 행위를 미러링한 것이 아니라 일베를 미러링하면서 그 표적은 일반 선량한 남성을 향하고 있어서 욕을 먹는데… 〈"시사인 그냥 막가는군요." 댓글〉

> 평범하게 여자란 모르고 살던 내가 여혐이라는 종자들과 한 케이스로 취급당해야 할 이유 없단다. 〈"시사인 그냥 막가는군요." 댓글〉

그런데 이러한 담론 구조 속에서 '문제적인 것', 즉 '여성혐오' 또는 '성차별'의 범위는 명백한 범죄행위, 또는 일베식의 극단적인 '여성혐오' 표현으로 축소된다. 즉 범죄를 저지르거나 일베식 노골적인 '여성혐오' 용어만 사용하지 않는다면 '여성혐오' 및 성차별과는 무관한 '선량한 일반 남성'으로 정의되는 것이다. "늑대는 될 수 있기에 분노하지 않지만, 성범죄자는 절대 되지 않을 것이기 때문에 분노하는 것이다"[7]는 댓글은 이러한 사고방식을 잘 보여준다. 일상적이고 범죄로 간주되지 않는 행위들은 '선량함'을 구성한다. 하지만 이러한 '선량함'의 주장은, 기존의 범죄 기준, 시민의 요구 사항, 정책 입안 과정 등에 젠더 관점이 전혀 반영되어 있지 않다는 비판을 무시하고, 기존의 남성 중심적 사회 구조가 정당하다는 인식에 기반을 둔 것이다. 게다가 '여성혐오'는 일베식 욕설을 말하는 것이 아니라, 여성을 성적 대상화해오고 동등한 시민으

7 '어째서 남자는 모두 늑대라는 말은 웃어넘기는 사람들이 남자는 잠재적 성범죄자라는 말에는 격분하는가'라는 전우용 교수의 트위터에 대한 반응으로 달린 댓글이다. "강남역 추모에 대한 역사학자 전우용 트윗".

로 인정하지 않는 모든 실천들에 관련된다(김수아·김세은, 2016).

또한 선량한 일반 남성이 성차별에 특히 책임이 없는 것은 이들이 기성세대가 아니기 때문이다. 이들의 정체성은 세대적 정체성이기도 하며, 역차별을 경험하는 약자이기도 하다.

> 한국 사회에서 남성 중심에 대한 부분에서 황당한 건, 그건 엄연히 기성세대입니다. … 한국사회가 그동안 여성에게 불리했고, 지금도 그런 면이 있지만, 그걸 유지하게 하는 것은 기득권 남성이지, 인터넷을 자주 하는 젊은 세대가 아니라는 점이고 〈"시사인 담당자 통화후기" 게시글〉

> 솔직히 반 70평생 살아오면서 남자이기 때문에 이득을 봤던 적이 거의 없네요. 우리 또래 남성들이 일부 극우 성향 있는 꼴통들 빼고는 여성들을 비하하는 문화도 거의 못 봤고요. 우리보다 윗세대가 저질러 놓은 똥 때문에 우리가 함께 여혐종자가 되어버린다면 좀 억울하죠. 〈"오늘 시사인 구독해지 완료했습니다." 댓글〉

즉 이들의 남성성은 윗세대와의 경쟁을 통해서 구성되며, 특히 책임을 져야 하는 당사자와 피해자로서의 이항대립을 성립시킨다. 이우창(2016)은 2010년대 이후 헬조선 담론의 주인공인 젊은 남성 청년 세대는 기성세대를 꼰대로 호명하면서, 어른 세대의 자격 없음을 주장하고 전근대성과 비합리성을 비판한다고 하였다. 이러한 전근대성의 양상이 '성차별'인데, 이들이 말하는 성차별의 내용은 굉장히 좁다. 차별을 금지하는 법이 다양하게 존재하므로 성차별은 더 이상 존재하지 않는다는 것이 이들의 주장이다. 이들이 보는 성차별은, 교육의 기회, 선거의 기회, 취업의 기회 등에서 공식적으로 차별이 없는 상황이다. 기회의 평등이 가장 중요한 평등의 요건이라 믿는 남성 커뮤니티 이용자들은, 과거 기회의 평등이 주어지지 않았던 꼰대 세대의 불평등 결과를 자신들에게 책임지라고 하는 것을 가장 부당한 일로 꼽고 있는 것이다.

이들이 생각하는 평등은, 남녀가 각각 성별로 인해 차별받는 것이 있으므로, 그것을 교환하면 평등하다는 것이다. 남자는 남자이기 때문에 강요받는 것이 있고, 여자는 여자라는 이유로 강요받는 것이 있다. 결국 남녀 모두 각자 몫의 피해를 받고 있으므로 사회는 이미 '공평'한 셈이다. 더구나 이들이 보기에 '헬조선'에서는 남녀 할 것 없이 '개돼지'로 힘들게 살고 있다. 여성만 힘든 사회가 아닌 것이다. 따라서 여성만을 '피해자'로 상정하고 고통을 호소하는 것은 오히려 이 '공평한 질서'를 무너뜨리고 '특권'을 요구하는 행위이다.

예를 들어, DJ DOC 노래의 미스 박은 미스터 박도 있기 때문에 괜찮은 것이다. 현실에서 결코 양자가 같은 효과를 낳지 않는다는 것을 무시하며, 성추행을 당하는 여성이 있다면 성추행을 당하는 남성도 있다는 식으로 동등성을 주장한다. 성추행 피해자의 절대다수가 여성이라는 현실보다 남성 피해자가 있다는 현실이 더 중요하며, '남성'들이 젠더 관계에서 더 큰 권력을 가지고 있다는 사실을 부정한다.

> 미스터 맹뿌 곡까지 만들면 성별평등 인정해줄라나?? 〈"DJ.DOC 수취인분명 가사, 여혐이라 광화문에 못선다고?" 댓글〉

> 성추행 당하는 여자가 없었다는 뜻은 아닙니다.

-성추행하는 미친놈도 없지 않았다는 뜻으로 파악하면 되겠죠? 〈"(극혐주의) 숙대 대자보 "내가 시위에 나가지 않는 이유" 댓글〉

상식, 진보, 성차별 개념의 구성

비정상적 대상을 비판하는 선량한 우리는 상식의 담지자로서, '여성혐오'에 대한 비판을 담론장 내에서 무가치한 것이자 비상식적 주장으로 규정하게 된다. 여기서 상식과 보편 윤리의 개념이 형성된다. '선량한 일반 남성'들은 '상식', '정상' 등의 단어를 전유하며 스스로 '보편적인 윤리'의 대변자를 자칭한다. 자신들의 시각이 곧 상식적이고 정상적인, 국민 대다수의 시각이라는 것이다. 그 대립항에 놓이는 것은 '메갈' 및 메갈에 우호적인 세력들(여성단체, 김자연 성우와 시사인 저널 등)이다.

메갈사태는 남자 vs 여자의 구도가 아닌, 정상 vs 비정상인 건데 〈"시사인 표지로 절독자들 조롱 논란" 댓글〉

상식 vs 비상식의 문제인데… 왜 이 아주 간단한 걸 모르는 자칭 똑똑한 사람들이 많은 거죠? 〈"시사인 장일호 기자의 카운터어택. 굿바이 시사인." 댓글〉

아무리 미러링이고, 위악이라 해도, 대한민국 국민이라면, 아니, 그냥 인간이라면 넘지 말아야 하는 선이라는 게 있는데, 그걸 넘으며 지랄하는 것들 이야기를 왜 더 참으라고 하는지 네티즌들은 이해가 안 가는 겁니다. [중략] 이건 상식과 비상식의 대결이라구요. 〈"시사인 절

독에 앞서, 메갈 지지하는 진보 언론과 정의당 분들께 바치는 글" 게시글〉

'정상', '상식' 등의 개념은 메갈리아를 비롯한 여성들의 문제제기를 무력화시키는 데 동원된다. 정상적인 여성이라면 강남역 살인사건을 추모할 때 난데없이 여성 인권 문제를 제기하지 않을 것이며, 정상적인 상식을 가진 보통의 국민이라면 DJ DOC의 노래가사를 '여성혐오'로 생각할 리 없다는 것이다.

일반 대다수 정상 여자들은 일본인 사야카 작가가 말한 거처럼 정신병 환자에 대한 묻지마 범죄에 초점을 맞추지 약한 여권, 약자인 여자 이런 문제에 초점을 안 맞춥니다. 〈"강남역 살인사건에 대한 문유석 판사 페이스북" 댓글〉

확실한 건 정상적인 여성은 저런 반응이 없다. … 총 맞은 것도 아니고 여성 비하하려고 이 시점에 그걸 노리고 했다고 빼액거리는 거 웃긴 거지. 국민이라면 절대 뭐라 안했다. 〈"DJ DOC의 '수취인분명'이 여성 혐오적인 곡이 아닌 이유." 댓글〉

나아가 '선량한 일반 남성'들은 보편적인 윤리의 대변자로서 패륜, 혐오를 일삼고 '상식'을 무너뜨리는 집단인 '비정상'들을 응징해야 하며, 이는 진보집단으로서의 정체성을 지키고 더 나은 사회를 만들기 위한 실천이라고 믿는다. 이러한 맥락에서 '선량한 일반 남성'들에게 시사인 절독과 예스컷 운동 등은 자신들의 선량함과 상식을 지키기 위한 전쟁에 해당한다. 사실 시사인을 구독해왔다는 것 자체가, 진보매체의 지지자이자 '알만큼 아는' 사람이며, 더 나은 사회를 위해, 정의를 위해 모인 사람들이라는 증거이다.

> 평생 조중동만 읽고 북괴를 입에 달고 있는 사람이 떠난 게 아니라. 무려 그 재미도 X도 없는 시사인을 돈을 주고 구독해준 독자가 떠난 거라고. 이 XX들아. 대한민국에서 시사인을 돈 주고 구독하는 사람이면 뭔 의미인지도 모르는 거냐? 〈"시사인이고 정의당이고 자꾸 원 지지자랑 독자 탓을 하는 건" 댓글〉

그런데 이렇게 '알만큼 아는', 일베처럼 여성을 비하하지도 않을뿐더러 정의로운 세상을 만들기 위해 노력해온 진보 주체에게 감히 '페미니즘을 공부하라, 공부는 셀프다'라고 말하는 기사(「시사IN」, 2016.8.12.)는 이들을 분노하게 만들기 충분했다. 이 기사는 독자에 대한 모욕이고 모독이다. 그래서 이 기사는 "'가르침 받아야 할 개돼지' 취급당한 독자 VS 독자를 계몽하려 하는 선민의식 가득한 진보 엘리트 기자"의 구도를 구성한 것으로 이해된다.[8] 따라서 시사인 절독은 '상식'을 지키고 더 나은 사회를 만들기 위한 노력이 된다.

> 절독자들은 분노해서 시사인을 끊는 것이 아니라, 더 나은 대한민국을 만들겠다는 신념으로 시사인을 절독하고 있는 것입니다 [중략] 이것은, 분노해서 시사인을 절독하는 것이 아니라, 그 어떤 신념 때문에,

8 분석 대상 글 중에 선민의식, 선민사상은 각각 16회와 9회, 개돼지는 34회, 엘리트는 38회, 계몽은 21회 나온다.

> "내가 하는 일이 옳은 일이다."라는 확신에 차서 마음이 아프지만, 어쩔 수 없이 절독을 하고 있다는 뜻입니다. [중략] 그리고, "분노한 남자들"이 아니라, "분노한 사람들", "분노한 상식인들"이라고 멘트 바꿔주십시오. 단순히 "분노" 해서 절독하는 것이 아니라, "메갈", "워마드" 그리고 "일베" 등 혐오 문화가 대한민국에 자리 잡는 것을 막기 위해 신념을 가지고 메갈, 일베 옹호 언론들을 불매하고 있다는 것을 다시 한 번 말씀드립니다. 〈"시사인 고제규 편집장님… 애정을 가지고 마지막으로 한마디만 합니다." 게시글〉

이렇게 진보의 개념이 구성되며, '진보인 우리'는 메갈과의 적대를 통해 구성된 연대로, '우리'와 '그들'은 이제 진보와 진보 아닌 것, 평화(공존)와 혐오 등의 선악 구도 속에서 존재하게 된다. 메갈에 반대하는 것 자체로 윤리적 정당성을 확보할 수 있으며, 그 역으로 옹호한다는 것 자체로 정당화될 수 없기에 예스컷 운동과 같은 것들이 가능해진다.

이들은 성차별의 개념을 재구성하기도 한다. 남성들이 여성들보다 젠더 권력관계에서 우위를 차지하고 있다는 사실을 부정하고, 젠더와 노동, 복지를 분리한다. 남녀 임금격차, 여성의 경력단절 등은 '젠더 문제'가 아닌 '노동 문제', '복지 문제' 등 다른 문제를 성별 문제로 환원한 결과라는 주장이다. 그러므로 이는 '헬조선'에서 누구나 겪는 어려움 중 하나로 보편적인 문제로 보고, 노동정책, 복지정책 등이 개선되면 자연히 해소될 문제로 여겨진다. 또한 혹시 격차가 존재한다면 그것을 능력주의로 환원한다. 남녀 임금격차 및 여성의 경력단절 등이 존재하는 것은 사실이나 그 원인은 성차별적 구조가 아닌 '여성 개인의 부족함' 때문이라는 것이다. 이처럼 차별이 아닌 문제를 남녀 구도로 몰아가는 것이 문제가 된다고 주장하는, 젠더를 지워야만 그것이 올바른 해석이라는 주장은 어떤 맥락 속에서 구성되며 그 내부의 욕망과 정동은 무엇인가? 궁극적으로 '젠더'를 지우려는 이 남성들의 욕망은 남성들만의 세계가 보편 세계로 받아들여지던 과거의 질서가 주던 안정감이라고 추론할 수 있다. 다시 한 번, 문제는 여성 역시 시민이라는 점을 인정하지 않고 있는 것이라는 점을 확인할 수 있는 부분이다.

> 우리 사회에서 남/녀 임금격차의 이유는 남/녀 문제라기보다는 복지 문제에 가까운 겁니다.
> 복지 부족으로 인해서 여성들의 임신으로 인한 경력단절로 인하여 임금이 낮아지는 케이스가 많은 겁니다. 복지 문제로 끌고 가면 상당수 해결될 걸요?
> 위험한 일을 하면 당연히 돈을 더 받아야 하는 게 맞고, 거기에 남녀 문제 따위가 끼어들 틈 따위는 없습니다. 〈"시사인 페북을 보면 이미 답 나왔죠." 댓글〉

'팩트'주의와 순수성의 강조 전략

순수성의 강조, 팩트 강조는 온라인 남초 커뮤니티 주체들이 사용하는 담론의 중요한 구성 전략이었다. 이 전략은 온라인 담론 경쟁에서는 자주 드러나는 것으로, '여성혐오' 및 성차별 논쟁에서도 동일하게 채택되고 있다고 볼 수 있다. 구조적 성차별의 맥락을 인정하지 않고, 이를 사실이 아닌 것으로 만들기 위해 온라인 담론은 늘 '팩트'를 주장한다. 선동과 팩트는 사실상 대립항이 아니다. 사실은 현상에 대한 기술이며, 객관적인 사실이 존재하는 것이 아니라 늘 구성되는 것이라면, 이 반대항은 거짓일 것인데, 여기서 선동은 한 걸음 더 나아가 의도를 포함하는 것이기 때문이다. 편파적 주장 혹은 거짓을 동원하는 '선동'에 대해 극도의 반감을 표시하는 경향은 온라인 커뮤니티에서 일반적으로 나타나는 경향으로 온라인 커뮤니티의 종류나 성향, 구성원의 특성을 가리지 않고 나타난다. 이렇게 선동을 경계하면서 등장하는 것은 '순수성'의 모랄이다. "순수함의 모랄"은 정치화를 경계하는, 오염되어 있는 현실 정치로부터 모든 것을 분리시키려는 것, 그것을 두려워하고 회피하려는 데에서 출발한다는 진단이 지난 촛불 시위 순수한 시위대의 구성을 분석하는 가운데 내려진 바 있다(이상길, 2009). '강남 여성 살해' 사건의 추모 방식을 두고 '순수한 추모가 아니다'라고 주장하는 것, '피해자는 이용당하고 있다'고 주장하는 것[9]은 해당 사안의 의미를 비정치화하려는 의도, 다시 말해 젠더 권력관계로부터 분리하고 회피하려는 경향에서 나오는 것으로 볼 수 있다.

피해자의 죽음마저 이용하는 순수하지 못한 여성 주체의 문제는 '선동'에 있다. 그러므로 '팩트 폭력'을 통해 선동의 거짓을 밝혀야 한다. 이 대표적인 사례로 "강남역 묻지마 살인사건에서 일부 여성단체들이 사용하는 통계의 오류"라는 게시글[10]을 들 수 있다. 이 글은 T 커뮤니티에서 작성된 글이 아니라 각종 커뮤니티를 통해 퍼진 글로 T 커뮤니티에서 게시되었을 때 이미 4차 복사된 게시물이었다. 해당 게시글의 길이는 매우 길다. 그런데 이렇게 자료가 길 경우 대체로 자료 전체에 대한 검증이 이루어지거나 하지는 않는다. 팩트 폭력이라고 하지만 대체

9 "강남역사건) 이게 제대로 된 추모입니까?????" 댓글

10 "강남역 묻지마 살인사건에서 일부 여성단체들이 사용하는 통계의 오류" 게시글.

로는 아래와 같이 세 줄 요약 정도로 정리되어 '사이다' 다시 말해 너희는 선동, 우리가 팩트라는 이분법적 논의를 위한 자료로서 이용되는 것이 보통이다.

> 세 줄 요약
> 1. 실제로 치안 후진국일수록 범죄 갱단에 의해 남성이 많이 살해당해 여성 피해자 비율이 낮아지는 착시효과가 발생한다고 UN에서도 언급
> 2. 즉 한국만 유독 여성 피해자율이 높다는 건 개정된 최신 UNDOC 통계를 통해 전형적인 개소리로 밝혀짐
> 3. 여초애들이 계속 잘못된 2010년 구식 통계만 무기처럼 들고 다니는 건 자기들의 남혐 정당성을 확보하기 하기 위해… 〈"강남역 묻지마 살인사건에서 일부 여성단체들이 사용하는 통계의 오류"〉

그런데 해당 게시글의 요약 첫째는 남자들이 죽는 비율이 높은 나라는 치안 후진국이라는 것이며, 이를 바꾸어 말하면 '한국의 경우 범죄가 많지 않기 때문에 남자들이 덜 죽어서 여자의 비율이 높게 나타나는 것이지 결코 여자가 많이 죽는 게 아니다'라는 것으로 요약된다. 여기서 '남자들이 덜 죽어서'에만 주목하는 지식 구성 구조는 기이하기조차 한데, '치안이 좋아 범죄가 없어 남자들이 덜 죽는다'는 것은 '왜 여자들은 덜 죽지 않는가?'라는 질문에 대해서는 답하지 않고 있기 때문이다. 즉, 자신이 보고자 하는 팩트만을 재구성한 결과물인 것이다.

팩트가 정말 팩트인가에 대한 논란은 지식이 구성된다는 점을 감안할 때 있을 수밖에 없는 논란이다. 문제는 온라인 담론상에서 발화자의 위치에 따라 팩트를 선점할 수 있거나 혹은 팩트를 말할 자격이 없는

것으로 간주될 때이다. '그들'의 자료는 왜곡이나 이 자료는 왜곡이 아니라 팩트라는, 초월적 주체의 위치는 어떻게 가능한 것인가? 이에 대해 모순을 느끼지 않는 그러나 팩트로 무장했다는 이성적-합리적 남성 주체의 위치성에 어떤 식으로 논쟁을 제기할 수 있는가라는 질문이 발생한다. 아래와 같은 합리적 주체는, 절대자의 위치에서 데이터를 왜곡하는 자를 꾸짖는다. 자신의 데이터에 대한 의문은 제기하지 않은 채로 말이다.

> 현재 한국의 가장 큰 문제는 어느 분야를 막론하고 자신들의 논리와 주장을 합리화 객관화 시키면서 동시에 그 주장에 대한 반대 논거를 원천부터 막기 위해 데이터를 자신들에게 유리한 쪽으로 왜곡한다는 것입니다. 〈"강남역 묻지마 살인사건에서 일부 여성단체들이 사용하는 통계의 오류"〉

팩트의 재구성 과정에서 진보언론이 문제인 것은 메갈리아 문제에서 가장 중요한 부분인 메갈리아의 패륜적, 비도덕적 용어들(한남재기, 애비충 등), 메갈리아의 비상식적 행위들(전태일, 안중근 등 조롱)을 언급하지 않으면서 팩트를 왜곡하고 있기 때문이다. 하지만 단순히 자신의 기준에서 중요하다고 생각되는 메갈리아의 특정 측면을 다루지 않았다는 이유만으로 '팩트'의 왜곡이라고 주장하는 것은 가능하지 않다. 이러한 주장은 자신의 신념에 부합하는 것, 자신이 보고 싶은 것에 한정될 때만 '팩트'로 인정하겠다는 의미가 되어버린다.

> 시사인, 한겨레, 오마이, 경향에 실망한 게 그동안 사람들이 좆중동을

> 비판하던 주요 논리였던 팩트 왜곡, 누락을 그들이 했기 때문이었죠. [중략] 그런데 경향, 한겨레, 오마이, 시사인에서는 좆린이, 한남충, 애비충, 6.9cm, 재기해 이런 팩트를 제시하며 자신들 입장을 밝힌 게 아니라 그런 팩트들은 전부 다 누락시키고 존나 두루뭉실하게 여성들의 "분노한 여성들의 과격한 발언", "미러링" 이렇게 좆중동이 평소 하는 식으로 팩트 자체는 누락시켜 버리고 〈"시사인 몰락 예감?" 댓글〉

팩트주의는 앞서 논의한 대로 선량한 '남성' 내러티브를 공유하고 있는 집단적 정체성의 결과물로 형성된 것이다. 이러한 의미에서 팩트주의는 탈진실(post-truth) 시대의 산물이기도 하다. 그리고 이 내러티브에 포함되는 것은 선량한 일반 남성이자, 진보언론의 엘리트주의에 대항하는 자로서, 헬조선 세대 진보의 서사에 저항하는 주체들임을 보여준다. 청년 세대론은 기성세대가 청년을 자기들의 서사에 재배치하고 규정하려는 시도였다(김선기, 2016; 이우창, 2016). 그에 대한 저항이 진보언론에 대한 것으로 먼저 나타나는 것은 흥미로운 지점이다. 이들은 이념상으로는 기성세대 중 보수와는 결별한 상황이며, 진보 세대와도 자신들을 무지한 대중으로 두고 '엘리트 의식'을 보인다는 점에서 결별을 선언한다. 이 결별의 순간이 가장 격렬하게 현현된 것이 '메갈'과 페미니즘을 둘러싼 논쟁이었다는 점에서, 현재 한국 사이버 공간이 구성한 남성-약자 주체가 저항하는 가장 큰 위기는 타자인 여성이 자신의 목소리를 내는 것이었다는 점이 상징적으로 드러난다고 하겠다.

'여성혐오'가 최근 새롭게 발생한 문제는 아니지만, '여성혐오'에 대응하는 남성 주체들의 공유된 내러티브는 특정한 구조를 갖추고 확정되고 있는 것으로 보인다. 온라인 담론 공간은 확증편향의 장소이며, 남성 중심 커뮤니티는 서사 구조 구축 과정을 통해 선량한 남성-약자와 여성-범죄자를 대비시키는 담론을 구축했고, 진보와 선량함을 담지한 순수한 주체로서 해당 커뮤니티의 남성 이용자들은 스스로를 '메갈'이라는 악에 대항하는 위치로 자리매김하였다.

이렇게 온라인 공간에서 구성되고 유통되는 남성-약자, 선량한 진보 시민 담론의 핵심은 기존의 구조가 젠더 관점을 반영하지 않은 것이라는 비판의 목소리를 배제하는 것이다. 민주주의는 합의를 필요로 하지만, 이 기본 전제는 '다양성'에 대한 사유, 정치적 과정에 대한 사유이다. 하지만 이견 노출을 허용하지 않으며 다른 주장을 할 수 있는 주체를 비정상인으로 대상화하고, 이미 합의된 것으로 전제한 '상식'에 도전하는 여성들의 목소리를 갈등 조장이라는 명목으로 배제하는 것은 비민주적인 담론 구성 방식이다. 이 담론 구성은 여성들의 목소리를 두 가지 단계를 거쳐 무화시키고 있다. 첫 번째는 논란이 되는 이슈들을 '남녀 문제'가 아니라고 규정함으로써 젠더 권력관계를 은폐하는 것이고, 둘째로는, 남녀 모두 성별로 인해 각각 차별받는 부분이 있기에 사실상 이는 어느 한쪽이 차별받는다고 볼 수 없고, 각자의 차별을 교환하면 결국 '평등'하다는 논리이다. 이렇게 '남녀 문제'란 없으며 각기 성별로 조금씩 손해 보는 부분이 있기에 사회는 평등하다는 사고방식은 결국 성차별 문제를 지적하는 여성들을 '특권'을 주장하는 '기득권층',

‘엘리트’로, 남성들은 이들에게 착취당하는 ‘피해자’로 탈바꿈시키는 결과를 낳는다.

성차별 문제는 이제 단지 온라인상의 표현 문제를 넘어 생활 세계 곳곳에서 여성을 담론장에서 배제하려는 시도와 그에 대한 반론이 격렬하게 마주치는 형태로 진행되고 있다. 여기서 차별의 구조에 대한 책임을 누가 어떻게 지게 되는가에 대해서 논의하는 일이 중요해진다. 그런데 젠더 권력관계와 차별에 대한 구조적 책임을 인식하려면 반지성주의, 맥락맹 등 기존의 일베 비판에서 사용된 개념들이 유효하고 리터러시 교육이라는 대안이 제시되고 있으나, 계몽의 접근을 통해 해결할 수 있는 지점이 거의 없다는 문제가 있다. 계몽의 기획은 필연적으로 엘리트와 대중을 나누게 하고, 이성에 대한 과도한 의존으로 정동과 감정에 대한 이해를 하기 어렵게 만들기 때문이다. 혐오라는 정동을 동원하기 위해 합리적 이성을 가장한 ‘팩트’의 나열을 담론 도구로 사용하는 것이 현재의 온라인 담론 구조라고 할 때, 이성적 설득을 주요 전략으로 하는 계몽의 기획이 만나게 될 한계는 분명하게 보인다.

리터러시 교육의 핵심은 상상력의 해방에 있다. 사회적, 정치적 또는 경제적 제도의 대안과 문제를 상상하고 개인적 상상력에서 공공 상상력으로 확장시키는 활동들이 요구되는 것이다. 그러나 상상력을 자동으로 “해방”시켜주는 교육 틀이 있는 것은 아니다. 이 점에서 남성 세대와 남성성의 재편 문제를 어떻게 이해해야 하며, 남성성의 구성 문제를 어떻게 접근하고 교육에 반영해야 하는가는 중요한 과제가 될 것이다.

참고문헌

권김현영(2017), "근대 전환기 한국의 남성성", 권김현영(편), 『한국 남성을 분석한다』, 서울: 교양인.

김선기(2016), "'청년세대' 구성의 문화정치학", 『언론과 사회』, 제24권 1호, 5-68쪽.

김성윤(2018). ""우리는 차별을 하지 않아요"." 『문화과학』, 제93호, 93-119.

김수아·김세은(2016), "'좋아요'가 만드는 '싫어요'의 세계", 『미디어, 젠더 & 문화』, 제31권 2호, 5-44쪽.

김수아·최서영(2007), "남성 정체성(들)의 재생산과 사이버 공간", 『미디어, 젠더 & 문화』, 제8호, 5-40쪽.

김수아·이예슬(2017), 『여성혐오 현상 및 여성혐오 대책을 위한 정책 연구』, 서울: 국회여성가족위원회.

김수진(2016), "여성혐오, 페미니즘의 새 시대를 가져오다", 『교육비평』, 제38호, 163-188쪽.

나은영(2006), "인터넷 커뮤니케이션: 익명성, 상호 작용성 및 집단극화를 중심으로", 『커뮤니케이션 이론』, 제2권 1호 , 93-127쪽.

나은영·차유리(2012), "인터넷 집단극화를 결정하는 요인들: 공론장 익명성과 네트워크 군중성 및 개인적, 문화적 요인을 중심으로", 『한국심리학회지: 사회 및 성격』, 제26권 제1호, 103-121쪽.

박무늬(2016), "혐오에 맞서는 혐오 : 인터넷 커뮤니티 메갈리아를 통해 본 한국 사회의 젠더 담론", 고려대학교 석사학위논문.

안민호(2014), 『불통에 대한 이해』, 서울: 커뮤니케이션북스.

엄기호(2017), "보편성의 정치와 한국의 남성성", 권김현영(편), 『한국 남성을 분석한다』, 서울: 교양인.

엄진(2016), "전략적 여성혐오와 그 모순", 『미디어, 젠더 & 문화』, 제31권 2호, 193-236쪽.

유민석(2016), 『메갈리아의 반란』, 서울: 봄알람.

윤보라(2015), "김치녀와 벌거벗은 임금님들 : 온라인 공간의 여성 혐오", 윤보라·임옥희·정희진·시우·루인·나라, 『여성혐오가 어쨌다고?』, 서울: 현실문화연구.

윤보라(2017), "메갈리아의 거울이 비추는 몇 가지 질문들", 김보화·김은희·김홍미리·나영·박은하·박이은실·손희정·엄혜진·윤보라·은하선·조서연·홍태희, 『그럼에도, 페미니즘』, 서울: 은행나무.

이기형(2004), 『인터넷 미디어: 담론들의 '공론장'인가 '논쟁의 게토'인가?』, 서울: 한국언론재단.

이기형(2006), "담론분석과 담론의 정치학 : 푸코의 작업과 비판적 담론분석을 중심으로", 『언론과사회』, 제14권 3호, 106-145쪽.

이나영(2016), "여성혐오와 젠더차별, 페미니즘", 『문화와 사회』, 제22호, 147-186쪽.
이상길(2009), "순수성의 모랄: 촛불시위에 나타난 오염에 관한 단상", 당대비평 기획위원회, 『그대는 왜 촛불을 끄셨나요』, 서울: 산책자.
이우창(2016), "헬조선 담론의 기원", 『사회와 철학』, 제32호, 107-158쪽.
이현재(2017), "포스트모던 도시화와 비체 되기-젠더 '행하기(doing)'와 젠더 '허물기(undoing)'의 역동", 『도시인문학연구』, 제9권 1호, 143-165쪽.
장민지(2016), "디지털 네이티브 여/성주체(Digital Native Fe/male Subject)의 운동 전략", 『미디어, 젠더 & 문화』, 제31권 3호, 219-255쪽.
천정환(2016), "강남역 살인사건부터 '메갈리아' 논쟁까지 : '페미니즘 봉기'와 한국 남성성의 위기", 『역사비평』, 제116호, 353-381쪽.
최윤정 · 이종혁(2012), "인터넷 토론에서 이견(異見) 노출이 정치적 관용에 이르는 경로 분석". 『한국언론학보』, 제56권 2호, 301-330쪽.
푸코, 미셸(2009), 『지식의 고고학』, 이정우(역), 서울: 민음사(Foucault, Michel, *L'Archeologie du Savoir*, Paris: Gallimard, 1969).
푸코, 미셸(2012), 『담론의 질서』, 이정우(역), 서울: 새길(Foucault, Michel, *L'ordre du Discours*, Paris: Gallimard, 1971).
황혜연(2018). 『여성혐오에 결집하는 온라인 연대』, 국내석사학위논문 고려대학교 대학원.
후토시, 다가(2017), 『남자 문제의 시대』, 책사소(역), 서울: 들녘(多賀 太, 男子問題の時代?, 東京: 學文社, 2016).
Fox, J. and T. W. Yen(2014), "Sexism in Online Video Games: The Role of Conformity to Masculine Norms and Social Dominance Orientation", *Computers in Human Behavior*, 33, pp. 314-320.
Garrett, R. Kelly(2009), "Echo Chambers Online? Politically Motivated Selective Exposure among Internet News Users", *Journal of Computer-Mediated Communication*, 14, pp. 265-285.
Jansz, J. and L. Martens(2005), "Gaming at a LAN Event: the Social Context of Playing Video Games", *New media & Society*, 7(3), pp. 333-355.
Massanari, Adrienne(2017), "#Gamergate and The Fappening: How Reddit's Algorithm, Governance, and Culture Support Toxic Technocultures", *New Media & Society*, 19(3), pp. 329-346.
Menzies, Robert(2007), "Virtual Backlash: Representations of Men's "rights" and Feminist "wrongs"", Chunn, D. E., S. B. Boyd, and H. Lessard(eds.), *Reaction and Resistance: Feminism, Law, and Social Change*, Vancouver: UBC Press.
Nyhan, B. and J. Reifler(2010), "When Corrections Fail: The Persistence of Political

Misperceptions", *Political Behavior*, 32(2), pp. 303-330.

Palmer, C. and K. Thompson(2007). "The Paradoxes of Football Spectatorship: On-field and Online Expressions of Social Capital Among the Grog Squad", *Sociology of Sport Journal*, 24, pp. 187-205.

Pomerants, E. M., S. Chaiken and R. S. Tordesillas(1995), "Attitude Strength and Resistance Processes", *Journal of Personality and Social Psychology*, 69(3), pp. 408-419.

Schmitz, R. M. and E. Kazyak(2016), "Masculinities in Cyberspace: An Analysis of Portrayals of Manhood in Men's Rights Activist Websites", *Social Sciences*, 5(2), pp. 1-16.

Siibak, Andra(2010), "Constructing Masculinity on a Social Networking Site: The Case-study of Visual Self-presentations of Young Men on the Profile images of SNS Rate", *Young*, 18(4), pp. 403-425.

Sloman, S. and P. Fernbach(2017), *The Knowledge Illusion: Why We Never Think Alone*, New York: Penguin.

Sproull, L. and S. Kiesler(1986), "Reducing Social Context Cues: Electronic Mail in Organizational Communication", *Management Science*, 32(11), pp. 1492-1512.

Stapleton, K. and J. Wilson(2017), "Telling the Story: Meaning Making in a Community Narrative", *Journal of Pragmatics*, 108, pp. 60-80.

Stroud, Jomini(2010), "Polarization and Partisan Selective Exposure", *Journal of Communication*, 60(3), pp. 556-576.

신문기사 및 기타자료

"강남역 묻지마 살인사건에서 일부 여성단체들이 사용하는 통계의 오류", 2016.5.20., https://goo.gl/P88ugj, 접속일: 2016.11.25.

"강남역사건) 이게 제대로 된 추모입니까?????", 2016.5.18., https://goo.gl/O6CfRN, 접속일: 2016.11.25.

"강남역 살인사건에 대한 문유석 판사 페이스북", 2016.5.20., https://goo.gl/sXYKJg, 접속일: 2016.11.25.

"강남역 추모에 대한 역사학자 전우용 트윗", 2016.5.24., https://goo.gl/gOK9Y7, 접속일: 2016.11.25.

"강남역 현상황)) 재기해~!! 재기해~!!", 2016.5.22., https://goo.gl/WLMYKw, 접속일: 2016.11.25.

"(극혐주의) 숙대 대자보 "내가 시위에 나가지않는 이유"", 2016.11.17., https://goo.gl/aB8g7D, 접속일: 2016.12.15.

"성우 논란에 누리웹 현자님 말씀", 2016.7.19., https://goo.gl/b8KHca, 접속일: 2016.12.7.

「시사IN」, 2016.8.12., “절호의 기회”, http://www.sisain.co.kr/?mod=news&act=articleView&idxno=26735, 검색일: 2017.7.15.
“시사인 고제규 편집장님.. 애정을 가지고 마지막으로 한마디만 합니다.”, 2016.8.25., https://goo.gl/CBWbs9, 접속일: 2016.12.9.
“시사인 그냥 막가는군요.”, 2016.8.21., https://goo.gl/d6fBev, 접속일: 2016.12.9.
“시사인 담당자 통화후기”, 2016.8.25., https://goo.gl/SsUXck, 접속일: 2016.12.9.
“시사인 몰락 예감?”, 2016.9.3., https://goo.gl/eJsBAK, 접속일: 2016.12.9.
“시사인이고 정의당이고 자꾸 원 지지자랑 독자탓을 하는건”, 2016.9.5., https://goo.gl/kzjdzx, 접속일: 2016.12.9.
“시사인 장일호 기자의 카운터어택. 굿바이 시사인.”, 2016.8.19., https://goo.gl/5Bw73t, 접속일: 2016.12.9.
“시사인 절독에 앞서, 메갈 지지하는 진보 언론과 정의당 분들께 바치는 글”, 2016.8.20., https://goo.gl/WVESDb, 접속일: 2016.12.9.
“시사인 페북을 보면 이미 답 나왔죠.”, 2016.8.25., https://goo.gl/YDFd2G, 접속일: 2016.12.9.
“시사인 표지로 절독자들 조롱 논란”, 2016.8.23., https://goo.gl/yA3IGI, 접속일: 2016.12.9.
“시사인 페북 메갈 기사 댓글”, 2016.8.26., https://goo.gl/BXQ68T, 접속일: 2016.12.9.
“오늘 시사인 구독해지 완료했습니다.”, 2016.8.29., https://goo.gl/HO4gvh, 접속일: 2016.12.9.
“이번 넥슨성우사건 간단하게 생각하면 쉬운데요?”, 2016.7.19., https://goo.gl/PMH9s2, 접속일: 2016.12.7.
““트위터에서 해당 성우 지지와 넥슨 보이콧이 빠르게 퍼지는 이유”, 2016.7.19., https://goo.gl/bpR2eh, 접속일: 2016.12.7.
“현재 강남역 상황이랍니다..”, 2016.5.20., https://goo.gl/Y4Rxq2, 접속일: 2016.11.25.
“DJ.DOC 수취인분명 가사, 여혐이라 광화문에 못선다고?”, 2016.11.26., https://goo.gl/Ur3sFi, 접속일: 2016년.12.15.
“DJ DOC의 ‘수취인분명’이 여성 혐오적인 곡이 아닌 이유.”, 2016.11.26., https://goo.gl/qe1n0C, 접속일: 2016.12.15.
oxforddictionaries.com, “Definition of post-truth in English”, https://en.oxforddictionaries.com/definition/post-truth, Web. Jul. 15, 2017.

"생물학적 여성"을 통한 젠더 변혁의 불/가능성[1]

추 지 현

1. "생물학적 여성"을 둘러싼 디지털 공간의 담론 지형

2018년 5월 19일을 시작으로 서울 혜화역과 광화문 인근으로 여성들이 모여들었다. 이 자리에서 여성들은 불법촬영에 대한 경찰의 "편파수사"를 규탄하며 과연 여성에게 국가가 있는지를 물었다. 마스크와 모자로 얼굴을 가린 모습이나 "생물학적 남성"의 시위 참여 배제는 불법촬영과 유포 등 디지털 네이티브 여성들을 향한 성적 폭력에 대한 분노와 두려움을 방증하고 있었다. 이들은 "동일수사 동일처벌"뿐만 아니라 남성 경찰청장과 남성 검찰총장의 파면, 여성 경찰청장과 여성 검찰총장의 선출, "여남 경찰비율 9:1 확보"를 구호로 내걸었다. 즉 형사사법

1 이 글은 2019년『젠더와 문화』12권 2호에 게재된「성별화된 조직의 결과물로서 법 집행: "피해자로서의 여성"과 경찰 성별직무분리의 효과」를 수정, 보완하여 작성된 것임.

기관의 압도적으로 높은 남성 비율을 성차별적 법 집행의 주요 원인으로 진단하고 조직의 재구성을 요구하고 나선 것이다. 법 집행의 남성중심성에 대한 비판, 법률 및 법 해석 변경에 대한 여성들의 요구가 새로운 것은 아니지만 법 집행의 한계를 초래하는 요인으로서 형사사법 조직 구성의 문제를 전면에 내세웠다는 점은 새롭고 급진적이라 할 수 있다. 이 과정에는 생물학적 여성은 성적 피해[2]를 경험할 수밖에 없고 또한 여성들만이 그 경험을 비로소 이해할 수 있다는 주장이 전제되어 있었다. 이와 같이 생물학적 성별과 잠재적/피해자 정체성을 기반으로 한 시위는 5차에 걸쳐 주최 측 추산 참여자 25만 명에 이르는 대규모로 전개되었다.

생물학적 성차를 절대시하고 이를 통해 여성됨과 젠더 부정의를 문제 삼는 경향은 위 시위에 국한되지 않는다. 여성에 대한 조롱과 비하에 분노하고 저항하는 여성들이 그들만의 안전한 장소를 구축하고 지켜내기 위해 "생물학적 여성"을 통해 동질성을 강조하는 경향(이현재, 2018), 페미니즘은 여성을 우선 고려해야 한다는 것을 명분으로 젠더가 섹슈얼리티, 장애, 이주 등의 사회 구조와 교차하는 방식에 대한 이해를 거부하고, 여성들이 경험해 온 폭력과 차별을 "생물학적 여성"으로 귀인시키는 주장(이효민, 2018)은 디지털 공간에서 빈번히 목도되고 있다. 이와 같이 여성의 몸으로 태어났다는 생물학적 "사실"이 여성됨을 나타내는 유일한 증거가 될 수 있다는 주장은 트랜스여성(mtf)에 대한 공격에서 여실히 드러난다. 2020년 2월, 여자대학교에 합격한 트랜스여성의 입학을 반대하는 움직임이 대표적인 사례다. 당시 주된 논거는 트랜

2 sexual violence로 인한 피해로서 한 성(sex)의 다른 성에 대한 폭력이라는 정의에 가깝다(Kelly, 1983).

스여성은 여성이 아닐 뿐만 아니라 "사회적 여성성"을 수행해 가부장제를 공고히 하며 여성들이 지속하고 있는 탈코르셋 운동의 효과를 무화시키거나 여성들만의 안전한 공간을 위협한다는 것이었다. 나아가 트랜스여성의 입학이 여성의 입학 기회를 빼앗는다는 것 역시 논거로 등장했다. 임금격차, 경력단절, 유리천장 등 노동 시장에서의 성차별을 동질적으로 경험하는 집단으로서 여성에 한해서는 연대와 배려를 내걸되, 자신의 "파이"와 생존에 천착하는 태도(이현재, 2020)는 주요한 미래 경력 자원으로서 대학 학력을 두고 생물학적 성별의 자연화와도 결합하는 형국이다.

그렇다면 여성을 자연적이고 통일적인, 단일한 범주로 구성해내려는 시도는 과연 이를 통해 기대한바, 법 집행과 조직의 남성중심성을 변화시키는 데 기여할 수 있을까? 무엇이 그것을 불/가능하게 만드는 것일까? 모두에 설명한 혜화역 시위가 전개된 지 1년 후인 2019년 5월, 인터넷 포털 사이트에는 "대림동 여경"이라는 제하의 영상과 글이 논란[3]을 일으켰다. 여성 경찰관의 현장 대응이 부적절했음을 지적하는 논의들은 여성과 남성 두 집단의 신체적 차이를 강조하며 "여경 무용론"으로 확산됐다. 삶의 불확실성과 미래 불안을 현행화하여 생존을 위한 경쟁과 능력주의의 가치를 내재화하는 것은 "파이"를 뺏기지 않으려는 일부 여성들뿐만 아니라 여성의 지위 확대에 저항하거나 페미니즘을 반

3 서울 구로구 대림동에서 술에 취한 남성 둘을 제압하기 위해 현장 남성 경찰과 함께 출동했던 여성 경찰관의 대응 과정을 보여주는 영상과 함께 그녀의 대응이 미진하였음을 비판하는 댓글들이 등장했고, 나아가 여성이 현장 치안을 담당하는 것이 적절한지에 대한 논란이 확대되었다. 청와대 국민청원 게시판에는 남녀평등한 경찰 채용을 위해 남성과 여성에게 똑같은 기준을 적용하는 것이 공정한 절차라는 청원도 등장했다. 이후 문제 설정을 "여경"으로 놓지 말고 "대림동 공무집행방해사건"으로 명명하자는 요구도 등장했다.

대하는 오늘날의 청년 남성들에게서도 목도되는 바다. 연애, 취업, 결혼이라는 근대적 생애 주기 과제의 달성이 어려워진 남성들의 좌절과 불안, 분노는 동세대 여성을 향하고 있고(배은경, 2015), 이는 20~30대 남성들의 대다수가 전통적인 성역할 규범이나 여성에 대한 폭력과 차별에는 반대하되 군인, 경찰은 물론 고위직 공무원, 국회의원, 기업의 임원 등 그간 남성들이 누려온 직무의 여성 참여 확대에 대해서도 반대하는 모습으로 나타나고 있다. 특히 군인, 경찰 등 신체적 역량이 지배적인 직무 자격으로서 논의되는 직무에 있어서는 여성이 부적합하다는 주장으로까지 이어지고 있다(마경희 외, 2019). 즉 "혜화역 시위"에서 보다 가시화된, 성적 착취의 대상이자 법의 보호가 필요한 대상으로서 "생물학적 여성"이라는 범주를 구성해내고 물화시키는 방식이 "대림동 여경"을 둘러싼 논란처럼 오히려 여성의 지위 확장을 무화시키려는 움직임 속에서 전유되고 있는 것이다. 이러한 상황은 "생물학적 여성"을 젠더 부정의에 대한 저항의 원천으로 삼는 시도들이 젠더 부정의를 제지하려는 움직임과 공명하며 현행의 성별을 재자연화하는 경향으로 이어지고 있음을 의미한다. 이 글에서는 두 상황에서 공히 논란이 되고 있는 경찰 조직의 여성 채용과 직무 배치 관행을 사례로 생물학적 지식을 기초로 한 여성 범주의 구획이 젠더 부정의를 변혁하기 위한 시도로서의 페미니즘에 어떠한 과제를 남기고 있는지를 살펴보고자 한다.

2. 성적 차이와 성평등 전략

그간 많은 연구들이 몸의 다양성을 증진하는 대신 그 차이를 삭제하고 생물학적 성별의 토대를 강화하면서 여성 범주가 정체성과 경험을 재현하고 조직하는 정치적 선택과 실천의 효과라는 점을 비가시화시키고, 여성의 종속과 얽혀 있는 다양한 축들을 흐리고, 마치 모든 여성들을 동일한 경험을 가지는 동질적 존재로 만들어 내는 한계를 지적해 왔다(김보명, 2020; 이현재, 2018; Stringer, 2014). 나아가 그 여성을 피해자라는 일시적이고 상황적인 정체성으로 영속화하고 붙박아 두려는 시도들이 결국 이들이 피해 상태에 머물기만을 원하는 남성 권력을 유지시키는 기제가 된다는 점, 여성 스스로 자신의 삶을 긍정하고 변화시킬 수 있는 힘과 의지로 전환되는 것을 막는다는 점 역시 말이다(김현미, 2019; 무페, 2007; Brown, 1993). 페미니즘 대중화 이후 성적 피해와 상처의 기억을 페미니스트 저항의 원천으로 하는 젠더 정치에 대한 비판, 여성이라는 범주를 재사유하라는 요청이 지속되어 온 이유다(김보명, 2018; 이현재, 2017; 고병진, 2018).

여성이라는 범주를 이와 같이 구성하는 방식이 갖는 한계는 젠더 평등을 위해 성차를 어떻게 고려하고 다루어야 할 것인지를 둘러싼 페미니스트 지식 구축 과정에서 이미 지적되어 온 것이기도 하다. 남성과 여성의 차이를 어떻게, 왜 고려할 것인가는 차별과 평등을 둘러싼 페미니스트 지식에 있어 주요한 쟁점이었으며 누가 무엇을 "차이"로서 구성해내는지, 그리하여 누가 과연 "여성"인지는 페미니즘 사상사 전반을 포괄할 정도의 질문이다. 법과 정책 영역에 국한해 볼 때, 성평등을 해석하는 관점과 전략은 크게 세 가지로 구분된다. 첫째는 남성과 여성의 같음(sameness)을 추구하는 전략으로서 기회의 평등을 요구한 초기 자유주의 페미니즘이 대표적이다. 이것이 남성중심적 규범을 변화시키지 못한다는 비판과 함께 여성들의 위치와 정체성의 상이함을 고려하는 차이의 전략이 등장했으며 적극적 조치나 여성에게만 적용되는 돌봄 지원 정책이 그 예다. 하지만 이러한 접근 역시 성적 차이를 영속화함으로써 여성을 주변적 지위에 머물게 만든다는 비판에 직면했다. 마사 미노우(Minow, 1985)는 억압받는 집단이 정의를 성취하려는 경우 늘 직면하게 되는 이와 같은 상황, 차이에 초점을 맞추자 차이에 부여된 낙인이 재창출되거나 그 차이가 영속화될 수 있는 위험을 "차이의 딜레마"로 지칭했다. 이는 이후 캐럴 페이트먼(Pateman, 1988)이 "울스턴크래프트의 딜레마"로 진단한 것이기도 하다. 그리고 웬디 윌리엄스(Williams, 1985)는 마치 특정 성에 고유한 신체적 특성과 능력이 있고 비교 가능한 것처럼 가정하는 것은 현실적이지 않으며, 차이에 대한 특별대우를 받아들이는 것은 평등을 "헐값에 넘기는 것"이라 비판하기도 했다.

이에 대하여 아이리스 매리언 영은 차이에 대한 고려, 차등 대우 자체가 반드시 여성이라는 집단을 물화시키는 것은 아니라 지적한 바 있다. 단, 정체성, 지배, 권력을 개인이 소유하는 무엇이 아니라 상호작용의 과정으로서 이해할 때 비로소 집단의 속성을 고정시키지 않으면서도 지배와 억압을 식별해 낼 수 있음을 주장했다(영, 1990). 조안 스콧(Scott, 1988) 역시 "차이의 딜레마"는 단순히 차이를 무시하거나 포용하는 것으로 해결되지 않기 때문에 남성과 여성이라는 범주의 차이를 만들어 내고 위계가 설정되는 과정 자체를 드러냄으로써 현존하는 젠더 관계를 전복시킬 것을 제안했다. 미키 벌루(Verloo, 2005)는 이를 "전환 전략"이라 명명하면서 같음, 차이, 전환 전략은 단계적 이행이라기보다는 상황에 따라 혼합된 방식으로 구사될 필요가 있음을 지적한다.

낸시 프레이저(Nancy Fraser)는 평등과 차이의 논쟁이 교착상태로 끝났음을 선언하면서 어느 것도 젠더 정의를 실현하는 데 유용한 접근이 아니라 주장한다. 그녀는 젠더 부정의가 자본주의에 따른 분배 불평등 그리고 사회적 지위에 대한 불인정에서 초래됨을 지적하고 이를 문제 삼기 위한 수단으로서 동등참여(participatory parity)를 요청한다(프레이저, 2017). 평등과 정의 개념의 정치적 유용성에 대해서는 논의가 보다 전개되어야 할 것이지만, 프레이저의 논의에서 주목할 것은 사회적 지위와 인정에 대한 접근 방식이다. 그녀는 상처와 자아감의 훼손을 중심으로 폭력 피해자의 집단적 정체성을 형성하고, 사회로부터 존중과 대접을 받기 위한 이미지를 구축하는 인정 요구의 정치는 여성의 종속에 얽혀 있는 다양한 축들을 모호하게 만든다는 점을 지적한다. 그리고 피해자로서의 여성이라는 정체성 그 자체에 대한 인정을 요구하기보다 동등한 시민으로서 여성의 지위를 확립해야 한다고 주장했다.

여성을 사회적 상호작용에서 완전한 파트너로서는 부족한 존재로 만드는 방식의 인정은 거부해야 한다는 프레이저의 주장은 피해자로서의 여성, 생물학적 여성이라는 정체성에 대한 인정 요구가 한 조직 내에서 여성들의 지위를 어떻게 구성해내고 있는지에 대한 분석적 설명의 필요성으로 이끌고 있다. 조직에서 젠더 불평등이 어떻게 재생산되고 여성들이 배제되는지 역시 페미니스트들의 주요한 관심이었다. 이들은 젠더 중립적으로 보이는 직장, 대학과 같은 조직의 위계 구조, 직무, 인사 과정과 임금 체계, 노동자와 관리자의 이미지, 일과 가족 관계 등을 통해 이에 배태된 젠더의 양상을 규명함으로써 이에 답해 왔다(Acker, 1990; Cockburn, 1983; West and Zimmerman, 1987). 대표적으로 조안 에커(Acker, 1990: 146)는 조직 내 책임과 통제의 위계, 이와 연결된 직무 가치나 배치는 젠더 중립적으로 추상화되어 있지만 "노동자=남성", 즉 전일제 근무가 가능하고 관리자 요구에 충실하며 장시간 노동을 견디어 낼 수 있고 돌봄에 대한 책임이 면제되어 있는 노동자상을 전제로 한 것임을 드러냈다. 에커는 남성(적)/여성(적)이라는 구분을 통해 그리고 그러한 관점에서 정형화된 조직을 "성별화된 조직"으로 명명하면서 이러한 조직이 개인 간의 상호작용을 구체화하고 있음을 설명했다. 이후의 작업에서는 조직의 각 영역에서 생산되는 불평등이 상호 의존적이라는 점을 드러내기 위해 "불평등 레짐"이라는 개념을 사용하면서, 조직에 대한 젠더 분석을 정교화하기 위해 성별직무분리와 같은 조직 내 권력 부여 방식, 이를 정당화하는 조직의 논리와 상징, 구성원들 간의 상호작용과 정체성이 어떻게 상호 연관되고 있는지를 식별할 것을 요청했다 (Acker, 2006).

일군의 연구들은 이와 같은 조직 내 성차별을 유지하는 주요한 요인으로써 여성이 지나치게 소수를 차지하는 구조적 조건에 주목해 왔다. 수적 열세의 상황에서 여성들은 직무 기회의 제약, 승진의 어려움, 남성중심적 조직 문화에 문제를 제기하기 쉽지 않을 뿐만 아니라 오히려 성희롱의 대상으로 내몰리기도 하기 때문이다(Krimmel, et al., 2003; Gustafson, 2008). 모스 캔터(Kanter, 1977)는 특정 집단이 조직에서 차지하는 비율이 15~20% 미만으로 "기울어진 집단"(skewed group)일 경우, 이 집단에 속한 이들은 다른 사람보다 더욱 가시화되고, 이들의 특징이 다른 집단과 극명하게 대조되며, 집단 내부의 이질성이 고려되지 못한 채 지배적인 집단에 동화될 것을 요구받는 "토큰" 상황에 처하게 된다는 점을 지적한 바 있다. 이러한 주장은 혜화역 시위에서의 요구와 같이 경찰, 검찰, 법원 조직에서의 여성 구성원의 양적 확대가 조직의 남성중심성을 변화시키는 데 있어 핵심적 요인이라는 논거가 된다. 하지만 여성의 양적 확대가 조직의 젠더 관계를 변화시키는 충분조건이 된다고 보기는 힘들다. 앞서 에커가 지적한 것처럼 조직의 기저에 자리 잡은 전제와 관행이 성별화된 경우 그 주요한 결과물 역시 성별화될 수밖에 없기 때문이다(Acker, 1990; Krook, et al., 2011).

예컨대 경찰은 남성의 비율이 압도적으로 높은 대표적인 조직이지만 그와 같은 인적 구성이 지속될 수 있었던 데에는 바람직한 경찰상에 대한 전형이 작동해 왔다. 그 전형은 가해자를 진압하는 "범죄 투사"(crime-fighter) 모델이었으며 이는 곧 남성이라는 도식으로 이어졌다(Hunt, 1990; 김성언, 2006). 이와 같이 직무에 대한 성별화된 이해는 여성 배치를 제한함으로써 재강화되지만, 경험연구들은 경찰 업무의 80~95%가 비폭력적인 서비스 활동과 주민과의 상호작용이라는 점에서 남성과 여성의 차이로 환원되곤 하는 신체적 역량이 주요하지 않음을 지적하고 있다(치안정책연구소, 2018; Birzer and Craig, 1996). 더구나 법 집행 과정에 필요한 신체적 역량 역시 민첩성, 지구력, 근력 등 일부에 해당하지만 경찰 체력 검정 기준과 그 측정 방식은 이를 반영하지 않은 채 만연한 남성의 신체에 대한 편견을 정당화하고 남성에게 유리한 결과를 초래하고 있다(Shephard and Bonneau, 2002). 즉 경찰관이 수행하는 직무와 역량의 다양성에도 불구하고 남성을 보편으로 상정하는 경찰 모델이 유지되면서 여성은 남성과의 차이를 통해, 그리고 그 필요에 의해서만 채용되고 배치되는 결과가 나타나고 있는 것이다(이지은, 2003; 김은지, 2019).

이러한 효과는 조직 내 여성의 주변화에 그치지 않는다. 남성성 연구자들은 육체성과 폭력성을 강조하는 남성 경찰관이나 교정관의 젠더 수행, 이에 가치를 부여하는 조직 문화는 이들이 법 집행 과정에서 폭력적 수단을 더욱 많이 사용하도록 만들며 시민과의 불필요한 갈등을 초래하고 있음을 지적한다(Batton and Wright, 2018; Monaghan, 2002). 형사사법기관이 폭력성의 교화에 실패할 수밖에 없는 이유 역시 남성의 폭력 행사를 사소화, 정당화하는 이와 같은 조직 문화에 기인한 것으로 설명되기도 한다(Tomsen and Wadds, 2016). 페미니스트 범죄학자들이 법을 집행하는 여성들의 위치를 통해 조직 문화를 파악해 온 이유도 그것이 피해자, 가해자, 수형자 등과 법 집행 행위자의 상호작용, 교정 프로그램의 구성과 실행 과정에 영향을 미친다는 문제의식 때문이었다(Durham, 1998; Zimmer, 1988; Britton, 1997). 즉 조직 내 여성의 배제나 남성중심적 문화는 조직의 결과물이라 할 법 집행에까지 영향을 미치게 된다. 그렇다면 오늘날 한국 사회에서 여성 경찰관 증원 요구와 함께 부상하고 있는 "피해자로서의 여성", "생물학적 여성"이라는 정체성에 대한 강조는 성별로 분리된 채용과 직무 부여의 관행, 나아가 경찰의 법 집행에 어떠한 영향을 미치고 있는 것일까?

이를 위해 이 글에서는 여성 경찰관의 채용 확대가 어떠한 성적 차이를 표지하는 방식으로 이뤄져 왔는지를 선행연구 및 경찰 생산 자료를 통해 검토했다. 그리고 그것이 현재 경찰 조직 내 여성의 위치와 직무 수행 과정에 어떠한 효과를 가져오고 있는지를 설명하기 위해 지구대, 형사과, 여성청소년과, 청문감사관실(피해자보호담당관) 등 대민 업무 부서에 근무하는 경찰관들과의 인터뷰 자료를 활용했다. 이 자료들은 필자가 2018년과 2019년에 참여한 두 연구 과정에서 생산된 것이다.[4] 각

4 2018년 연구(「인권보호를 위한 피해자 중심 조사·면담 기법 개발에 관한 연구」, 수사 기능 및 피해자 지원 부서 경찰관 21명) 및 2019년 연구(「경찰 성평등 정책 중장기 비전 수립 연구」, 연령, 성별, 입직 경로, 현재 근무부서를 고려한 50명의 남녀 경찰관 참여)는 모두 그 해 6월부터 8월까지 참여자의 근무지 혹은 그들이 원하는 카페 등에서 1시간 반에서 3시간 안팎으로 진행되었으며, 대다수는 이들의 회상과 발화를 촉진하기 위해 2~3명

<표 1> 인터뷰 참여자의 일반적 특성

직급			현재 근무부서			경력		
	남	여		남	여		남	여
경감	1	1	경무	0	5	5년 이하	5	8
경사	2	5	경비	0	2	10년 이하	1	9
경위	4	1	교수요원	1	0	15년 이하	1	4
경장	3	11	교통	0	1	20년 이하	2	3
경정	0	2	기획	1	3	20년 초과	5	1
순경	4	3	수사	3	0	미상	1	
일반직	0	1	여성청소년계	0	2			
총경	1	1	지구대	3	4			
			청문감사관실	0	9			
			형사	7	1			
계	15	25		15	25		15	25

인터뷰는 경찰 수사 과정에서 피해자 보호의 실태, 여성 근무자의 성차별 경험을 파악하는 것이 목적이었으며, 인터뷰 참여자는 경찰청 및 연구자 지인인 경찰관들을 통해 섭외되었다. 이 글에서는 그중 대민 부서 근무 경험을 이야기하고 있는 남녀 경찰관 40명의 구술을 활용하였다. 인터뷰 참여자의 구성은 위와 같다. 40명의 특성을 모두 제시할 수 없어 직급, 부서, 근무연차 등 맥락상 설명이 필요한 부분은 본문에서 부연하도록 한다. 피해자 보호 업무를 주로 담당하는 청문감사관실(피해자전담경찰 소속) 및 경무 기능(행정 업무)의 대다수는 여성, 형사 및 수사 부서 대다수는 남성으로, 성별직무분리의 현실을 반영하고 있다.

이 함께 참여하는 FGI 형태로 진행되었다.

3. 생물학적 성차의 자연화: 여성 경찰관 채용 확대를 둘러싼 정치학

경찰 조직에서 여성의 채용 확대가 이뤄지거나 제한될 수 있었던 데에는 성차를 자연화하는 인식이 주요하게 작동했다. 물리적 힘 혹은 타인에 대한 돌봄과 공감 등 경찰관에게 기대되는 직무 역량으로서 강조된 것은 시기별로 상이하지만 이것을 생물학적 남성과 여성의 자질로 이해하는 관점은 지속되었다. 이러한 관점은 여성 채용 확대 및 "모성 보호"와 같은 적극적 조치, 경찰 직무로서 여성 피해자에 대한 보호 제도가 도입되는 과정은 물론 경제 위기 이후 치안에 대한 새로운 패러다임으로 등장한 서비스 및 거버넌스에 대한 강조, 성별과 무관한 개인의 역량과 노동 참여 기회 확대 필요성에 대한 논의들 속에서 변형된 형태로 나타났다.

개인의 경찰 조직 참여는 채용 과정을 통해 이뤄진다. 그 과정부터 살펴보자. 경찰공무원 임용에 관한 사항을 규정하고 있는 「경찰공무원법」과 「경찰공무원 임용령」에는 현재와 같은 성별에 따른 분리 모집에 대한 조항은 없다. 즉 성별을 구분한 경찰 채용은 법적 근거조차 없는 채용 관행이 제도화된 것으로서, 현재는 시행규칙에서 남녀의 상이한 선발 체력기준을 명시하고 있을 뿐이다. 1946년 7월, 경무부 공안국에 여자경찰과가 신설되면서 여성들이 첫 업무를 시작하게 되고 이듬해에는 서울, 부산, 대구, 인천 등에 여자 경찰서가 창설되어 인원이 확대될 당시, 경찰은 이들의 채용 목적을 "여성 특유의 체질과 재질을 활용하여 남자 경찰관이 하기 힘겨운 업무를 담당"하기 위한 것으로 이야기했다. "체질과 재질"은 부녀자나 청소년에 대한 지도, 보호, 계몽, 그리고 남성 경찰관의 수사 활동을 보조하기에 적합한 속성을 의미했다

(한국경찰사편찬위원회, 1972). 5·16 이후로는 군인들을 경찰로 채용할 정도로 경찰의 범죄 투사 모델이 강력해지면서 여자 경찰서는 물론 치안국과 각 시도 경찰국의 여경계, 각 경찰서의 여경반이 모두 폐지되기도 했다. "여자경찰 암흑기"라 불리는 이 시기(대한민국재향경우회, 2000)에는 "성매매가 여성의 성(性)이라는 특수성을 매개로 한 행위"라는 점에서 여성 경찰관의 필요가 제한적으로 인정되었을 뿐이다(대한민국여경재향경우회, 2007: 46). 이후 국제행사를 앞두고 대테러 및 여성 호송 수요에 따라 여성 경찰의 채용이 이뤄지거나 중단되는 상황이 반복됐다. 즉 여성 경찰관은 남성 경찰의 직무를 보완하기 위한 대체 인력으로서 그리고 여성의 몸과 섹슈얼리티를 상대하기 적합한 존재로서만 평가되었다.

1990년대 후반, 적극적 조치의 도입과 함께 여성 경찰관 채용은 다시 확대되기 시작했다. 주지하다시피 1995년 제정된 「여성발전기본법」 제6조에서는 "여성의 참여가 현저히 부진한 분야에 대하여 합리적인 범위 안에서 그 참여를 촉진하기 위하여 관계법령이 정하는 바에 따라 잠정적인 우대조치를 취할 수 있다"는 "잠정적 우대조치" 조항을 신설했고, 행정자치부는 1996년부터 공직여성채용목표제를 시행하고 이후 그 목표치와 적용 대상을 확대하기 시작했기 때문이다. 이에 따라 1997년부터는 경찰 간부를 양성하는 경찰대학의 입학 정원 중 여성이 10%로 확대되었다. 1999년에는 여경기동대가 창설되었으며, 2000년 경찰특공대에 여성이 처음으로 배치되었다(경찰청, 2014). 이 시기 여성성에 기대던 여성 경찰관에 대한 홍보 방식은 남성 "못지않은" 강인함, 냉철함 등을 갖춘 이미지로 변화했다(이지은, 2004). 즉 경찰 직무의 성격과 가치에 대한 평가는 변하지 않은 채, 남성을 보편으로 상정한 직무 기준에 부합하는 여성을 이상적인 경찰로서 간주하는 "같음"의 성평등 이해가 나타났다.

그런데 2000년대 접어들면서 경찰청은 전통적인 범죄 투사 모델이 아닌 예방과 안전, 피해 회복 등 "사회봉사자"(social-worker)로서의 경찰 모델을 표방하고 나선다. 검찰과의 수사권 조정으로 갈등이 가열되기 시작한 2000년, 경찰청은 보다 인권 친화적인 경찰 이미지 구축을 위해 여성 인력을 활용하기 시작했다(추지현, 2017). 또한 이 시기 국가의 정책 수행 전반에 거버넌스 관점이 도입되면서 경찰 직무는 "대국민 서비스"로 명명되기 시작했다(김은지, 2019). 즉 남성 못지않음을 강조하며 같음을 강조하던 여성 경찰상은 남성과 다른 "특유의 섬세함, 부드러움, 친절성" 등의 "차이"를 전면에 부각하는 방식으로 변화하기 시작했다(이지은, 2004).

하지만 위와 같은 직무 가치 재설정이나 "우대조치" 시행에도 불구하고 2004년, 전체 경찰공무원 중 여성의 비율은 4%에 그쳤다. 그러자 2004년 성별 구분 채용에 대한 문제제기가 국가인권위원회 진정을 통해 처음으로 이뤄졌다. 한 남성이 경찰공무원 공개채용시험에서 남성과 여성의 수를 정하여 구분 모집하는 것은 평등권 침해이므로 폐지하고 여성 경찰관의 채용 인원을 대폭 확대하라는 진정을 제출한 것이다.[5] 국가인권위원회는 당시 경찰 업무 수행에 있어 성별은 진정 직업 자격[6]에 해당하지 않으므로 성별에 따른 구분 모집이 성차별에 해당

5 당시 이 남성의 구체적인 진정 배경은 국가인권위원회의 결정문 및 언론보도 자료를 통해서는 확인되지 않는다. 그는 여성 신장의 조건 완화와 함께 무도자격증, 관련학과 출신자에 대한 특별채용 기회 확대를 함께 진정했다(국가인권위원회, 04진기213 경찰채용시험 제도개선).

6 진정 직업 자격은 고용에서의 차별 행위가 직무의 본질이나 특성에 해당하는 것으로서 합리성이 인정되는 경우를 말한다. 법과 정책의 영역에서 성별은 물론 나이, 장애 등 차이(difference)를 고려하는 것이 차별에 해당하지 않는 예외는 진정 직업 자격, 그리고 차별

한다는 결정을 했다. 하지만 경찰청은 모든 경찰관은 강력범 체포, 주취자 처우 등 물리력을 요하는 업무가 많은 지구대 근무가 원칙이라는 점, 범죄자의 상당수를 차지하는 남성을 제압하려면 신체적, 체력적 조건이 필수적으로 요구된다는 점, 잦은 야간업무, 장거리 출장, 불규칙한 근무시간 등으로 여성이 감당하기 어려운 직무여건이 존재하고 여성 경찰관들이 임신과 육아 문제 등으로 내근부서를 선호한다는 점, 출산 등으로 장기 결원 상태가 유지될 경우 남성 경찰관들의 업무 스트레스가 커지는 것은 결과적으로 범죄 대응력의 약화를 초래할 수 있다는 점 등을 들어 성별 구분 채용을 할 수밖에 없다는 입장을 밝혔다(국가인권위원회, 2006). "우대조치"로서 여성채용목표제를 시행하고 있었지만 경찰청이 이를 조직의 성평등을 위한 수단, 즉 출장, 당직 등 근무의 여건이나 출산과 육아에 따른 차이를 고려해 조직을 재구성하기 위한 수단으로 이해한 것은 아님을 의미한다. 남성을 경찰관의 보편으로 상정한 상태에서 근력은 물론 출산, 육아와 가족 돌봄이 부과된 몸과 위치라는 차이를 변화 가능한 것, 나아가 개선 과제로서 고려하지 않았기 때문이다. 이때 여성들은 불완전한 조직 구성원으로, 기껏해야 차이를 고려한 적극적 조치가 필요한 대상으로 상정되었을 뿐이다(Acker, 1990; Williams, 1992). 이러한 인식이 지속되었기에 채용목표제는 오히려 여성의 비율이 일정 수준 이상으로 확장되지 못하는 방식으로 작동했다(김정혜, 2017).

2004년 4%에 그치던 여성 경찰관의 비율은 2018년 12월 말 현재 11%로 증가했다. 이 수치에 이르기까지 경찰 창설 이래 70년이 소요되

시정을 위한 적극적 조치 두 가지다.

었다. 그렇다면 지난 15년간 7%에 가까운 급격한 증가는 어떻게 가능했는가? 경찰청은 수사권 조정을 둘러싸고 "인권 경찰"을 표방하고 있던 2004년, 밀양 여중생 집단 성폭행 사건에 대한 미흡한 대응으로 비판을 받게 되자 성폭력 피해자 조사를 여성 경찰관이 전담토록 제도화하기 시작했다. 뒤이어 젠더 폭력에 대한 처벌 강화 및 안전 확대를 중심으로 형사정책 전반의 변화가 초래되기 시작하자 경찰 정원 역시 확대되었고, 이 과정에서 여성 채용도 증가할 수 있었다. 즉 젠더 폭력에 대한 대응과 예방 요구가 여성들의 경찰 직무 참여 기회를 넓힌 것이다(추지현, 2017). 경찰관의 대다수를 차지하는 순경 공채 입직자로서 주로 비간부인 여성 경찰관들은 이전에 비하여 성폭력, 가정폭력 등의 피해자 조사에 더욱 참여할 수 있게 되었다. 하지만 여성 경찰관을 수사 및 형사 부서에 배치하지 않으려는 성별직무분리가 지속되는 가운데 이들의 관련 수사 참여 범위는 피해자 조사에 한정되기도 했으며, 수사 외 피해자 보호·지원 업무에 국한되기도 했다(이비현, 2019). 따라서 대여성 업무가 필요할 시에는 타부서에 근무 중인 여성 경찰관을 수시로 동원하는 상황이 초래되기도 했다. 이는 지난 70년간 여성 경찰관의 채용 확대가 이뤄져 왔음에도 불구하고 여성들이 직무를 수행할 수 있는 기능은 여전히 특정 영역에 한정되어 있음을 의미한다.[7] 생물학적 여성의 성폭력 등 피해는 여성들만이 이해할 수 있다는 논리는 이 과정에 기여

7 2018년 12월 현재, 여성 경찰관이 가장 많이 배치된 곳은 민원실, 청문(피해자전담경찰관) 등 감사 기능으로 전체의 23.5%를 차지하며, 그다음은 여성 청소년 관련 수사 및 홍보 등 생활안전 21%, 외사 20.3% 순이다. 여성 경찰관의 진입이 가장 어려운 곳으로서 그 비율이 낮은 곳은 집회 및 시위 진압 등 경비 기능 4.0%, 정보 6.8%, 정보화·장비 8.2%, 교통 8.8%, 지역경찰 9%, 수사 11% 순이다. 경찰에서 심사 승진에 도움이 되는 것으로 여겨지는 주요 기능인 경비와 정보나 수사 업무에 배치되는 비율은 여전히 낮다.

했고, 이를 통해 경찰의 성별 직무분리나 성별 분리채용 역시 지속되었다. 이러한 유리벽은 승진을 제약하는 유리천장으로 작동하고 있을 뿐만 아니라 순경 여성 공개채용의 경쟁률이 남성의 배를 웃돌고 필기시험의 합격선 역시 더욱 높은 상황을 초래했다.

2005년 국가인권위원회는 경찰의 모든 직무가 범죄자 제압능력 등 신체적, 체력적 우위를 요구하지 않고, 체력을 요구하는 직무라 할지라도 모든 여성이 이를 수행할 수 없다고 볼 수 없으며, 남성과 여성에게 할당된 채용 인원의 산출 근거 역시 불분명하다는 점을 들어 경찰의 성별분리모집이 헌법의 평등권을 침해하는 것이라 판단하고 폐지를 권고한 바 있다(04진기213).[8] 당시만 하더라도 젠더 불평등을 생물학적 성차로 귀인시키는 주장이 가능했던 것에 반해 2010년대 중반 이후 페미니즘 대중화와 함께 이는 어려워지게 된다. 또한 2010년대 접어들면서 청년 세대의 취업난이 보다 심화되고 개인의 능력과 노력에 따른 보상이 사회 정의의 핵심 요소로 강조되면서 성차를 정당화의 논거로 전면에 내건 채용 차별 역시 설득력을 얻기 힘들게 된 것이다. 2017년, 경찰개혁위원회 인권보호 분과에서는 2005년 국가인권위원회의 결정과 같은 취지로 성별 통합모집을 실시할 것, 경찰대학 신입생 및 경찰 간부후보 채용 시 성별 제한을 우선 폐지할 것을 권고하였다(경찰청, 2017). 그리고 경찰청은 이 권고를 수용하고 성평등위원회를 발족하며 조직 내 성평등 실태 진단에 나서기 시작했다.

그러자 이러한 움직임에 대한 반발 역시 대두되었다. 청년 실업에 대한 대응책이자 여성의 폭력 피해에 대한 사회적 요구에 부응해야 하는

8 국가인권위원회는 2013년 경찰간부후보생모집(13진정0093000)과 2014년 경찰대 신입생모집(13진정0701900)과 관련하여서도 같은 취지의 의견을 밝혔다.

상황이 맞물려 경찰관의 채용 규모 확대가 이뤄지기 시작하자 공무원이라는 안정된 일자리로서 경찰관 채용 절차에 대하여 개인의 능력과 노력에 대한 보상이라는 측면에서의 공정성 논란은 이전처럼 생득적 정체성이라 여겨지는 성별을 전면에 내걸기보다는 집단의 평균적 속성을 논거로 삼는 방식으로 변형되기 시작한다. "여남경찰 성비 9:1을 만들라"는 요구와 함께 혜화역 시위가 한창이던 2018년 6월, 경찰청 성평등정책담당관은 "여성 폭력"에 대응할 만한 인력조차 갖추지 못한 경찰 조직의 인사 관리를 비판하며, 경찰 신규 임용의 대다수를 차지하는 순경 일반 공채에서 이뤄지고 있는 남녀 분리 모집의 관행을 폐지해야 한다는 의견을 밝혔다(『머니투데이』, 2018.6.29). 앞선 경찰위원회의 권고를 적극 이행하겠다는 의지를 보인 것이었다. 그러자 청와대 국민청원 게시판에는 "진정한 평등은 기회와 과정의 평등이지 결과의 평등이 아닐 것"이라는 주장이, 그 밖의 온라인 공간에서는 여성이 경찰, 소방, 군인 등 직무에 적합하지 않음을 주장하려는 영상들과 "여경 무용론", 여성 경찰을 "치안조무사"라 비하하는 표현 등이 등장했다. 그리고 2019년 5월, 술에 취한 남성을 제압하는 여성 경찰관의 대응 과정을 촬영한 영상이 온라인에 유포되고 직무 역량을 비판하는 글이 쏟아지면서 해당 여성을 지칭하는 "대림동 여경"이 포털 사이트의 실시간 검색어 1위를 차지하기에 이른다. 주목할 것은 이때 성차는 이전 시기처럼 개개인의 타고난 직무 자질을 평가하는 기준으로서 거론되기보다는 개인의 능력의 문제, 개인이 속한 집단의 평균적 속성으로 환원되는 특징을 보이기 시작한다는 것이다. 여성 경찰관의 채용 확대에 반대하는 청년 세대 남성들은 여성이 경찰관이 되려면 남성을 기준으로 설정된 현재의 체력 검정 기준에 부합해야 하며 그 "같음"이 기회와 과정의 평등이라 주장했다. 그러자 일부 여성들조차 "얼마든지 할 수 있으니" 현행 체력 기준을 강화하라는 반응을 보이기도 했다(『동아일보』, 2019.5.22). 르윈 코넬은 특정 시점에 발현되고 있는 집단의 평균적 속성을 개인에게 환원하고 규범화하려는 시도가 생물학적 성차로 환원하는 만큼이나 여성성, 남성성의 실천 맥락을 비가시화시키고 젠더 불평등을 정당화하는 기제가 되고 있음을 지적한 바 있다(Cornell, 1992).

"대림동 여경"으로 논란이 된 사건의 핵심이 여성 경찰관의 직무 수행 능력이 아니라는 점은 분명하다. 남성 경찰관들이 처했던 유사한 상황은 "공권력 경시 풍조"의 문제로 진단되었고, 심지어 그들이 범죄와 연루되었을 때조차 남성 경찰관 집단의 직무 역량이 도마 위에 오르지는 않았다. 이러한 반응과 비교할 때, 이 논란에는 여성 경찰이 개인이 아닌 여성으로서만 존재하게 되는 조직 내 토큰적 지위, 성별 통합모집에 대한 일부 청년 세대 남성들의 역차별 피해 의식이 작동한 것임이 분명해진다. "여경 무용론"을 지지하는 영상과 글은 경찰공무원 수험생들의 인터넷 커뮤니티에서도 생산되었는데, 전체 국가공무원의 신규 임용 중 순경 공개채용을 비롯한 경사 이하 경찰 채용은 20%에 달하는 수준이다.[9] 즉 취업준비생들의 공무원 자리를 둘러싼 불안이 가속화되고 일자리의 상당 비율을 경찰이 차지하고 있는 상황에서 청년 남성들의 경찰 성별 통합모집에 대한 반발의 목소리가 강력하게 표출된 것이다. 청년의 이름으로 명명되는 남성들의 삶의 불확실성과 두려움이

9 일반직, 그리고 교육, 소방, 외무, 검사 등 특정직을 포함한 국가공무원의 신규 임용 규모는 (직급 불문) 2013년 2만 명에서 이후 3만 명 안팎을 보이고 있다(e-나라지표, 2019). 경찰 입직 경로의 대다수를 차지하는 순경 공개채용을 비롯한 경사 이하 신임 채용은 연간 3,000명 수준에서 2013년에는 4,000명을 넘어섰으며 2014년 6,200명, 2015년 6,900명에 이르고 있다(경찰청, 2018: 52).

이와 같이 성별화된 방식으로 나타난 것은 새로운 것도 아니다(배은경, 2015; 김수아, 2017).

이러한 백래시에 대응하여 여성들은 남성 경찰관과 "같음"을 증명하면 충분할까? 범죄와 수사 환경이 디지털화되고 검거와 제압을 위한 도구 역시 효율화되며 피해자 보호와 예방의 요구가 강화되고 있는 상황에서 모든 경찰관들에게 그와 같은 체력이 과연 필요한가? 경찰관에게 필수적인 직무 역량은 도대체 무엇인가? 여성과 남성의 같음을 주장하는 것을 넘어 체력의 구체적 필요성, 선발 기준, 나아가 직무 평가 체계 전반에 대해 젠더 관점의 재검토가 필요한 이유다. 한편으로는 여성으로서 피해와 차별을 경험할 수밖에 없는 요인으로 "생물학적 여성"이라는 동질성을 통해 남성과의 차이를 강조하면서, 취업과 생존을 위한 경쟁 과정에서는 같음을 이야기할 때, 과연 그 같음과 차이를 통해 조직 내 여성의 위치는 어떻게 구성되는 것일까? 피해자로서의 여성이라는 차이에 대한 강조를 통해 형사사법기관의 여성 비율이 확대된다면 법 해석과 집행의 남성중심성 역시 변화할 수 있을까?

4. "피해자로서의 여성"에 대한 불안과 분노: 성별직무분리의 재강화

이에 답하기 위해 여성들의 경찰 조직 내 직무 수행과 관계성을 살펴보자. 그간 경찰 조직의 여성 채용 과정은 여하한 노동 조직과 마찬가지로 임신과 출산, 가족 돌봄 등 이른바 "사적인 것"이라 간주되는 것으로부터 자유로운 몸을 바람직한 조직 구성원의 자격으로 간주했다. 나아가 경찰 직무 수행에 있어서는 근력이라는 몸의 역량이 주요한 기준으로 평가되기도 했다. 이러한 상황에서 여성 경찰관은 동등한 직무 수행의 주체로서는 불완전한 존재, 그리고 여성 시민을 대면하고 피해자를 보호하는 등 남성 경찰관의 직무 공백을 보완하기 위한 존재로서 간주되어 왔다. 때문에 여성들의 경찰관으로서의 존재 이유는 남성들과 달리 늘 치안 수요와 필요의 측면에서 설명되어야 했고 동등하게 일할 기회에 있어서 성차별은 지속되었다. 그렇다면 생물학적 여성은 언제고 성적 피해를 경험할 수 있고 이는 여성들만이 이해할 수 있다는 주장은 이와 같은 성별직무분리의 관행에 어떠한 영향을 미치고 있을까?

필자의 2019년의 인터뷰는 "대림동 여경" 논란이 발생한 지 한 달 여 후에 시작되었다. 해당 여성 경찰관의 직무 수행이 정당하다는 의견에는 남녀 경찰관 모두 동의했다. 이는 적어도 경찰 조직 외부의 공격에 대한 방어로서다. 남성 경찰관들은 신체적 완력을 사용해야 하는 상황에서 여성보다는 남성과 함께 일하는 것이 더욱 편하다는 의견도 덧붙였다. 예컨대 4년차로 지구대 근무 중인 남성 〈사례 35〉는 술에 취한 주취자 한 명을 이동시키는 것은 남성 경찰 둘이서도 버거운 일인데 여성과 함께해야 한다면 더 힘들 것이라 주장했다. 그런데 이러한 반응을 내놓은 이들이 여성들과 함께 직무를 수행하면서 실제 어려움을 겪어 본 것도 아니었다. 많은 여성 경찰관들은 남성 경찰관들의 이러한 인식은 여성 경찰관들의 체력 문제라기보다는 "노파심"에서 비롯된 것이라 주장했다. 구체적으로 어떤 노파심일까?

여성청소년과에 근무하는 여성 〈사례 23〉은 남성 경찰관들이 여성 경찰관 역시 여성인 이상 법 집행 현장에서 남성 시민으로부터 여하한 피해를 당할 수 있다는 것을 우려하고 있으며, 이러한 피해로부터 여성을 보호해야 한다는 부담을 갖고 있다고 이야기한다. 그래서 여성들과 함께 현장 대응을 하기 꺼려하고, 관리자들은 여성을 해당 부서에 배치하려는 "모험"조차 하지 않고 있다는 것이다. 남성 경찰관들 역시도 조직 내 이러한 문화가 존재한다는 것에 동의하고 있었다. 경력 4년차인 40대 남성 〈사례 34, 35〉는 현장에서 시민으로부터 성희롱 등 피해를 경험하게 된다면 여성 경찰관들이라 할지라도 "그래도 여잔데 힘들지 않을까"라는 온정적인 생각을 갖고 있었다.

물론 법 집행 과정에서 시민들이 여성 경찰관을 여성이라는 이유로 하대하는 상황이 발생하기도 한다. 〈사례 19, 21〉은 자신을 "아가씨"라 지칭하며 법 집행에 관여하지 말 것을 요구하는 남성들의 행태를 가장 흔한 사례로 들었다. 19년차 관리직급 여성인 〈사례 12〉는 지구대에 근무하는 여성들 대다수가 채용 직후의 짧은 경력을 가진 저연령이기에 연령 권력을 활용할 수 없는 상황에 보다 많이 직면하게 됨을 주장했다. "여경은 빠져"라든지, "여경, 너 법조항 뭐야, 뭔지 알아?"라는 식의 반응이 대표적이다. 더구나 여성을 때려도 된다는 인식을 갖고 있는 가정폭력 등 가해자의 경우에는 "여경이 감히" 자신에게 뭐라 하는 것을 참지 못한다는 점이 지적되기도 했는데, 이러한 상황은 여성 경찰관들이 가해자들을 제압할 신체적 능력이나 법적 통제의 수단을 결여하고 있기 때문이 아니라 공고화된 젠더 위계에 기인한다. 〈사례 30〉은 한술 취한 시민이 자신의 다리를 쓰다듬은 상황에서 함께 현장 출동한 남성 경찰관이 다른 남성 동료들로부터 비난받을 것을 걱정했던 것을 예로 들었다. 여성 경찰관을 보호하지 못한 무능에 대한 비난이다. 여기에는 여성을 보호하는 것이 진정한 남성이라는 관념뿐만 아니라 "피해자로서의 여성"이라면 그 상황에 스스로 대응할 수 없고 누군가에 의존할 수밖에 없다는 관점이 전제되어 있다. 이러한 상황은 주취자 대응에 국한된 것이 아니었다. 4년차인 20대 여성 〈사례 24〉는 집회 및 시위 현장에서 무전기를 잡고 상황을 지휘해보고 싶다. 하지만 경비 업무를 맡고 있는 부서에서 자신에게 주어지는 것은 채증을 하는 일, 카메라를 들고 시민들 "뒤에 빠져" 있는 일이다. 그녀 역시 이러한 상황이 여성을 보호 대상으로 삼는 남성 관리자들의 "노파심"이 초래한 것으로 평가했다. 인터뷰에 참여한 어떤 여성 경찰관도 시민으로부터 입게 되는 피해에 대응할 수 없다고 생각하거나 자신을 보호받아야 할 대상으로만 생각하고 있지도 않았다. 오히려 많은 여성들은 이미 경찰로서 "제 몫"을 다 하고 있음에도 불구하고 남성 동료들이 가진 그와 같은 시선을 힘들어했다. 경력 9년차 남성 경찰관인 〈사례 36〉 역시 남성 경찰관들이 여성 경찰관을 보호해야 한다는 책무감을 갖고 있는 것을 비판하면서, 여성 경찰관들 역시 이미 "한 사람의 경찰관으로서 업무를 할 수 있다는 자신감"에 경찰이 된 것임을 인정해야 한다고 주장했다. 즉 여성 경찰관 역시 여성인 이상 잠재적 피해자가 될 수 있으니 보호해야 한다는 관념은 여성은 물론 남성들 역시 그 정당성을 받아들이지 못하고 있는 상황인 것이다.

남성 경찰관들이 여성들과 함께 일하기를 저어하는 것은 여성들의 체력이 주취자나 폭력을 행사하는 시위 참여자 등 법 집행에 저항하는 이들을 제압하기에 불충분해서라기보다는 행여 그러한 상황이 발생했을 때 여성 경찰관"까지" 지켜줘야 한다는 부담감 때문이었다. 현장의 불확실성을 특징으로 하는 경찰관의 업무 수행 과정에서 동료와의 상호 의존과 돌봄은 핵심이다. 하지만 이를 유독 여성에게 있어서는 동료애나 연대가 아닌 부담으로 느끼게 만드는 것은 여성을 언제고 피해를 당할 수밖에 없는 보호받아야 할 존재로서 구성하고 있는 담론이다. 현존하는 성적 피해와 경험의 차이를 불가역적인 것으로 영속화하는 것은 피해에 대항하고 또한 경찰관으로서 직무를 수행할 수 있는 여성의 역량을 비가시화시키고 이들의 다양한 직무 참여 기회 역시 제약하게 된다.

그런데 많은 남성 경찰관들은 여성을 잠재적인 피해자, 그리하여 함께 일하기 어려운 존재로 간주하는 자신들의 행태에 여성 경찰관들이 불편함과 어려움을 느끼고 있다는 점을 알지 못하고 있었다. 남성인 〈사례 34, 35〉는 정말 그럴 수 있느냐는 듯 연구자에게 되묻기도 했다. 그리고 여성 동료들과 솔직한 속내를 드러내고 소통해 볼 기회가 없었음을 토로했는데, 그 과정에서 자신이 "여성혐오" 발언을 하는 가해자로 지목될 것을 우려했기 때문이다. 많은 여성 경찰관들은 이러한 이유로 남성들이 여성들과 함께 자리하거나 일하는 것을 기피하는 배제와 분리가 경찰 조직 안에서 더욱 강해졌다고 평가했다. 9년차 여성 경찰관인 〈사례 33〉은 이것이 여성 경찰관들을 "내부고발자처럼 불편한 존재"로 간주하는 데서 비롯된 것이라 평가했다. 〈사례 32〉는 남성들만 존재하던 현재의 근무 부서에 배치될 당시 "썸씽"이 날 것을 우려하며 인사 발령을 꺼려했던 관리자의 사례를 들었다. 여성을 남성을 유혹하는 위험한 존재로 여기며 그 귀인을 여성들에게서 찾는 행태는 성별직무분리 관행에서 새로운 것은 아니지만, 여성이 언제고 피해를 호소할 수 있다는 불안, 즉 "썸씽"을 "피해"로서 주장할 수 있다는 두려움이 크다는 것이다. 때문에 여성들은 〈사례 32〉가 말하듯 "내부고발자"로 여겨진다. 위험 요인을 차단하기 위해 여성들과 거리를 두려는 "펜스룰"은 많은 남성들이 여성 경찰관을 배제하고 직무를 부여하지 않으려는 태도로 나타나기도 했다. 과연 경찰관의 생물학적 성별 그 자체가 피해 호소나 그에 대한 반감을 추동하는 핵심 요인일까?

남성 경찰관들이 조직 안팎의 여성을 실제로 보호하는 것만도 아니다. 여성 경찰관들과의 인터뷰 과정에서는 남성 경찰관의 성희롱 사례가 빠지지 않고 언급됐다. 지구대에서 3년을 넘게 근무하다 이제 막 교통관리반에서 일하게 된 〈사례 25〉는 여성 경찰관들이 순찰차를 타야 하는 지구대 및 파출소 근무를 꺼려하는 이유는 사람들이 생각하듯 외근이 힘들어서가 아니라 폐쇄된 공간 혹은 둘만이 함께하는 상황에서 이뤄지는 남성 경찰관들의 성희롱 때문이라 주장했다. 그녀는 모텔에서 발생한 신고 상황에 출동하며 돌아 나오는 길에 남성 경찰관이 "여기서 쉬다 갈래"라고 말했던 상황을 예로 들었다. 현재 6년차인 여성 〈사례 17〉 역시 형사과에서 3년간 근무하면서 반복된 성희롱 피해를 경험했다. 문제제기를 하지 못한 채 버텼던 것은 그렇지 않아도 여성들에게 참여 기회가 제한된 형사과에 여성 경찰관을 배치했더니 "도망간다"는 평가를 듣고 싶지 않아서였다. 7년차 20대 여성으로서 형사과에 근무하고 있는 〈사례 14〉 역시 해당 부서의 남성중심적 분위기가 결국 여성을 배제하는 주요한 요인임에도 불구하고 마치 여성 경찰관들이 "감당 못해서 (일을) 폭파시키고 간다"는 식으로 평가받는 것을 안타까워했다. 19년차로 관리자급 여성인 〈사례 12〉는 이와 같은 성적 괴롭힘이 여성들의 직무 제한의 핵심적 기제이자 "악순환"의 요인이 되고 있다고 평가했다. 마찬가지 직급의 〈사례 18〉 역시 자신처럼 대학에서 체육을 전공하고 체력이 단련된 여성들조차 형사과 근무 기회를 부여받지 못하는 것은 그들의 현장 대응 역량이나 체력이 아니라 "야한 농담"을 할 남성들의 자유가 우선되기 때문이라 진단했다. 이러한 이야기들은 여성의 신체적 역량이나 성기 형태로 환원되는 생물학적 성차보다 여성이라 간주되는 존재를 평가절하하고 용인하되 이를 구성적 타자로 삼아 연대를 다질 수 있게 만드는 남성성의 문화가 핵심적인 요인이 되고 있다는 것을 의미한다.

〈사례 17〉은 형사과에서 반복된 성희롱 피해를 경험한 후 여성들만이 근무하는 여경기동대에 자원하여 왔다. 그곳을 "도망"치듯 나와 그토록 하고 싶었던 직무를 수행할 수 없게 되었지만 지구대 및 형사팀에서는 경험해 볼 수 없었던, 다른 여성 경찰관들과 함께 근무해 보는 경험 중이다. 피해를 신고조차 하지 못한 자신과 달리 이에 문제를 제기하고 2차 피해를 우려하여 기동대로 "도망" 온 〈사례 18〉의 용기를 크게 평가했다. 많은 여성들이 성적 피해에 노출되어 있고 경찰 조직 역시 예외는 아니다. 그리고 피해의 공통된 경험은 여성들이 문제의식을 벼리고 연대할 수 있는 자원이 되고 있었다. 〈사례 17, 18〉은 남성들의 성차별적 행태를 비난하고 조롱하면서도 "메갈"로서 어떤 조직을 만들어 나갈 것인지, 어떤 경찰관이 될 것인지를 상상하고 있으며, 이 과정에서 페미니스트로서의 정체성 역시 강화되고 있었다. 이곳에서 여성 경찰관들은 서로의 경험을 토로하고, 성희롱 피해를 신고한 이를 지지해 주고, 대응 전략을 공유하기도 하며 여성 관리자의 롤 모델을 그려 보기도 했다. 이들은 그 공통의 경험을 여성에게 부여되는 의미와 가치보다는 생물학적 여성이라는 것으로부터 찾고 있었다.

그런데 성차별적 문화에 문제의식이 강고한 여성들 중에서는 여성 경찰관의 채용 확대에 반대하는 이들도 많았다. 심지어 여성이 "필요 이상으로 많아졌다"고 평가하기도 했는데, 〈사례 23〉은 여경들끼리 "피튀"기는 상황, 〈사례 26, 30〉은 "자리싸움", 〈사례 19〉는 "시기질투"라 표현하며 채용 확대가 여성들에게 이미 제한된 직무기회를 둘러싼 갈등으로 이어지고 있음을 지적했다. 물론 이러한 "자리싸움"에 대한 우려에는 여성이라는 이유로 직무 역량을 의심받거나 남성 동료에게 보호의 부담을 줄까 눈치를 보았던 자신의 경험을 다른 여성들이 겪지 않았으면 하는 안타까움 역시 이유가 되기도 했다. 하지만 이러한 경쟁 상황에 놓이는 이들의 위치가 "여성"인 이유, 즉 직무 배치에서 남성을 더욱 선호하는 이유와 그 주체가 누구인지, 싸움을 해야 하는 여성들이 왜 특정한 입직 경로, 조직 내 계급, 연령, 자녀 유무에 따라 상이한 입장인지에 대한 질문으로 확장되지 못하고 있었다. "여성의 적은 여성"이라는 남성의 관점이 도대체 누구를 "여성 경찰관"으로 상정하고 있는지에 대한 질문 말이다.

5. 젠더화된 직무가치와 남성중심적 법 집행의 지속

이러한 조직 특성은 법 집행 과정에 어떠한 영향을 미칠까? 조직 구성원의 생물학적 성별 비율이 변화한다면 조직 밖, 자신을 여성으로 정체화하고 있는 여성들의 성적 피해에 대한 법적 인정이나 개입 역시 보다 용이해질 수 있을까? 조직에서 함께 일하는 여성들에게도 성차별적인 발언과 배제를 행하고, 이들의 피해 호소나 가해자 지목을 우려하는 남성들이 법 집행 현장에서 만나게 되는 여성들을 달리 대할 리 만무하다. 조안 에커(Acker, 1990: 146)는 성별화된 조직은 그 주요한 결과물조차도 성별화된다는 점을 지적한 바 있다. 많은 여성 경찰관들은 여성 시민에게 성차별적으로 대응하는 남성 경찰관들의 행태가 자신들에게 보이는 모습과 다르지 않음을 주장했다. 하지만 여성을 성적 피해의 잠재적 피해자로서 간주하고 그 경험은 여성만이 이해할 수 있다는 관점은 오히려 남성들의 그와 같은 법 집행 관행을 개선하는 데 제약이 되고 있었다.

여성 경찰관의 채용 확대와 함께 이전과는 달리 많은 여성들이 수사 업무에 참여할 기회를 얻게 되었다. 하지만 이것은 "피해자로서의 여성"을 이해할 수 있는 "생물학적 여성"으로서다. 물론 여성 피해자들은 여성 경찰관을 통해 사건 조사를 받고 싶어 하는 경우가 많으며 남성들의 상대적으로 낮은 성인지 관점을 고려할 때 그 필요성도 인정된다. 여성 경찰관의 부족은 피해 여성들이 이들을 만나 조사에 참여하기까지 상당 시간이 소요되도록 만들고 보다 빈번히 2차 피해를 야기하는 상황을 초래하기에 현재로서는 여성 경찰관의 인력 확보가 여전히 필요한 상황이다. 성폭력, 가정폭력 등을 수사하는 여성청소년과의 경우 상대적으로 그러한 상황은 개선되었지만 여성들이 피해자 혹은 피의자로서 조사의 대상이 되고 시민과 경찰의 관계가 여성과 남성의 관계로 전환되는 경우는 이러한 수사 기능에 국한되지 않는다. 그럼에도 불구하고 여성 경찰관들에게 수사에 접근할 기회는 주지 않은 채 수사 과정에 필요한 라포 형성, 조사, 호송, 신체수색 등 대여성 업무가 필요할 때마다 동원하는 형태의 성별직무분리가 지속되고 있었다. 피해자전담경찰관인 〈사례 8〉은 정작 피해 현장에서 필요한 조치에 대한 의견을 담당 남성 수사관에게 제시할 수도 없음에도 불구하고 밤낮없이 여성 시민을 응대해야 하는 상황에 대하여 남성들이 자신을 "빌려"가는 것, "이용당하는 느낌"이라 표현했다.

여성들을 해당 부서에 배치하지 않으면서 필요시 동원하는 현재의 방식은 피해자 조사의 전문성 약화를 초래한다는 점에서도 문제적이다. 남성 경찰관으로 경력 28년차인 형사팀장 〈사례 6〉은 필요시 동원되어 여성을 조사하는 여성 경찰관들의 수사 전문성이 없다는 점을 한

탄하면서 결국 수사의 전문가인 자신이 다시 조사를 할 수밖에 없는 상황이라 말했다. 3년차 남성인 〈사례 7〉 역시 마찬가지다. 이들은 경찰로서의 전문성의 부족을 "여경"의 문제로 일축하고 있었지만, 정작 그러한 전문성 제고의 기회가 남성에게만 부여되고 있다는 점은 인지하지 못하고 있었다. 더구나 〈사례 6〉은 "수사관의 감각"을 가진 자신이 진정한 피해자를 선별할 수 있다고 주장하면서 왜곡된 강간 통념을 부끄러움 없이 드러내기도 했다.

"범죄 투사"로서의 남성 경찰관과 "대민 서비스"를 행해야 하는 여성 경찰관의 직무 분리는 성적 피해를 경험한 여성에 대한 1차 조사와 가해자 검거 등 그 밖의 수사 분리로 이어진다. 이러한 상황은 형사 업무를 처리하는 대부분의 남성들이 여성과 대면하여 언어화되지 못하는 피해자의 몸짓, 감정, 이를 통해 상황을 헤아릴 수 있는 기회조차 차단한다. 피해자 전담 경찰관인 여성 〈사례 9〉는 가해자 검거를 중시하는 형사들이 가해자의 말에 더욱 귀를 기울이고 피해자의 상황을 고려하지 않은 채 범죄 사실을 이해하고 그 진위를 확인하려는 한계가 있다는 것, 특히 젠더 폭력에 있어서는 남성 경찰관과 남성 가해자 사이의 연대가 나타나고 있는 것 같다고 평가했다. 〈사례 30〉은 형사들이 자신의 처지가 부당함을 주장하는 피해자보다는 아쉬워서 고분고분한 태도를 보이는 피의자들과 더욱 많이 대면하게 되면서 그들의 편을 들게 되고 "동맹"을 이루게 된다고 말했다. 젠더 폭력에 대한 이해 결여는 경찰관들의 한계로 지적되어 온 것이지만, 여성의 피해 경험은 여성만이 이해할 수 있다는 논리가 여성 전담조사라는 해법으로 귀결되고 누군가에게는 성인지 관점을 배양하기 위한 노력조차 불필요하게 만드는 것이다. 그렇다고 피해자 보호와 그 밖의 수사가 분리되는 것도 아니다. 가해자를 검거하고 증거를 확보하는 과정에서 피해자에 대한 이해는 필수적이기 때문이다. 피해자의 특성, 삶의 맥락에 대한 이해 없이 그들의 행동 방식이나 진술을 이해할 수 없고 그러한 이해를 삭제한 채 사건 수사의 방향을 설정하게 된다면 그에 부합하지 않는 많은 증거들을 놓쳐버릴 수도 있다. 이와 같이 성별화된 수사 절차와 이원화는 2차 피해, 남성 경찰관의 피해자 조사 기회 배제로 인한 수사 전문성 약화를 초래할 수밖에 없다(이비현, 2019).

여성의 성적 피해는 여성 경찰관이 보다 잘 이해할 수 있다는 통념에는 많은 여성 경찰관들이 이의를 제기하기도 했다. 〈사례 13〉은 신체수색과 같이 여성 경찰관에게 기대될 수밖에 없는 역할이 있기는 하지만, 생물학적 여성이라고 모두 젠더 평등한 관점에서 법 집행을 하는 것도 아니라며 이들이 하필 "여경"으로서 느끼는 문제를 이해하고 젠더에 대한 문제의식을 벼릴 수 있게 하는 것이 자신과 같은 여성 관리자의 책임이라 생각하고 있었다. 마찬가지 관리자급 여성인 〈사례 15, 16〉이나 30년차 관리직 남성인 〈사례 40〉 역시 남성 경찰관들도 여성폭력 관련 업무를 하도록 해야 훈련을 통해 성인지 역량이 강화될 수 있을 것이라 주장했다. 〈사례 30〉은 여성청소년과에 여성 경찰관 배치가 확대되고 남성과 여성 경찰관이 소통할 기회가 마련되자 이곳에서 일하는 남성들의 젠더에 대한 이해도가 타부서 근무자들보다 훨씬 높아졌다고 평가하고 있었다. 〈사례 9〉는 심리 상담의 오랜 경력을 가진 자신보다 젠더에 대한 이해도가 더욱 높았던 남성 경찰관의 예를 들면서 생물학적 성별은 운명이 아님을, 그리고 노력 여하에 따라 젠더 관점의 수사가 충분히 가능하다는 주장을 했다.

여성이라면 언제든 성적 피해를 호소할 수 있다는 두려움과 "펜스룰"

역시 법 집행 과정에 한계를 초래하고 있었다. 〈사례 20, 22〉는 남성 경찰관들이 현장 출동을 했다가 언제든 술 취한 여성을 추행했다는 민원을 받을 수 있다는 두려움을 가지고 있다는 것, 이에 여성들과 신체 접촉조차 하지 않으려는 행태가 초래되고 있다고 평가하면서, 한국 사회가 남녀를 구분하고, 여성 피해자는 여성 경찰관이 조사를 해야 한다는 식의 구분에 너무 "예민"해져 있는 것 같다고 지적했다. 여성 경찰관의 채용이 확대된다 하더라도 여성의 피해 경험은 여성만이 이해할 수 있다는 인식에 바탕을 두고 시민과 경찰관의 성별에 따라 직무가 분리된다면 남성 경찰관들이 여성 시민이 놓인 위치를 이해하고 고려하여 필요한 개입 수단과 방법을 강구하거나 책무성을 느낄 수 있는 기회는 제약될 수 있다. 2018년 8월, 지하철 역사에 만취한 채로 앉아 있는 여성을 깨우려던 남성 경찰관이 여성의 몸에 손을 대지 못한 채 그녀의 머리채를 잡아 흔들어 깨워 논란이 되었던 경우처럼 말이다(『인사이트』, 2018.8.3).

많은 인터뷰 참여자들은 경찰의 직무수행이 여전히 형사사법기관의 행위자와 피의자, 2자 관계 중심이라는 점을 지적했다. 가해자 검거를 목표로 삼는 전통적인 경찰상을 수용하는 만큼, 형사절차상 기소가 어려운 상황들에 대한 개입, 주로 여성들에게 부과되고 있는 피해자 보호·지원 업무를 경찰관 본연의 직무가 아닌 것으로 부차화하는 오랜 조직 논리가 지속되고 있는 것이다. 피해자 전담 경찰관인 여성 〈사례 30〉은 경찰관들의 "기소 중심 마인드" 때문에 유죄 판결에 이르기 힘들다고 판단되는 사안에서는 피해자가 어떠한 상황에 놓여 있는지를 고려하지 않은 채 "안 돼 안 돼"만을 이야기하여 돌려보내려 하면서 2차 피해를 야기하고 있다고 주장했다. 〈사례 10〉은 두개골이 깨진 성폭력 피해 여성의 머리를 동여매고 그녀를 병원이 아니라 진술 확보를 위한 해바라기 센터로 데리고 왔던 남성 형사들의 예를 들면서, 응급실로 가서 필요 조치를 하는 것보다 가해자에 대한 구속 영장 신청을 우선하는 행태를 비난했다. 그리고 이러한 관점이 여전히 경찰 조직에 팽배해 있음을 지적했다. 경찰관직무집행법에 따른 경찰의 임무는 "국민의 생명, 신체, 재산에 대한 안전 보장"으로서 검거나 진압에 국한되지 않는다.

이러한 이유로 경찰청은 피해의 회복과 공동체 통합을 목표로 삼는 "회복적 경찰활동"을 직무 모델로 표방하고 나섰다. 또한 "지역사회 경찰활동"과 같이 범죄 투사가 아닌 새로운 경찰 직무 모델을 표방해 온 지 20여 년이 흘렀다. 그럼에도 현장에서는 가해자를 체포, 검거하여 기소 의견으로 송치하는 전통적인 경찰 모델을 "본연의 임무"로 생각하는 경향이 지속되고 있었다. 오히려 피해자 보호와 지원에 애를 쓰는 것은 경찰 조직에 충분히 적응하지 못한 미숙한 행태로 평가되기도 했는데 〈사례 31〉은 "상담하는 사람"처럼 군다, "아직까지 자기 정체성을 못 찾고 있다"는 평가를 받기도 했다고 한다. 〈사례 9〉 역시 마찬가지의 평가를 받으면서 스스로 "내가 상담관인가 경찰관인가"를 두고 오랜 기간 고민을 했다고 말했다. 여성으로서 피해자 지원의 전담 업무를 맡고 있는 〈사례 8, 9〉 모두 "니가 수사를 알아?", "조사해 봤어?", "니가 형사야?"라는 식으로 피해자 보호 업무를 수사와 분리시키고 사건에 대한 의견 제시를 가로막는 남성 경찰관들의 사례를 열거했다. 인터뷰 과정에서도 29년차 남성 경찰관인 〈사례 1〉은 가정폭력, 성폭력 등 피해자와 가해자가 서로 아는 관계에서 발생한 사건들을 "잡사건"이라 지칭하며 예전에는 그와 같은 사건을 강력팀에서 다루지도 않았다며 사소화했다. 이들에게는 피해자에 대한 "배려"는 필요하되 수사 경찰 본연의 임무는 아니라는 것이다.

가해자 검거를 핵심 목표로 삼는 전통적인 경찰상과 이를 지지하는 조직 논리가 강고한 만큼, 여성들은 이에 부적절한 존재로 여겨졌다. 이러한 상황에서는 여성에게 공감하고 적절한 대응을 할 수 있다는 이유로 "생물학적 여성"인 경찰관의 채용 확대가 이뤄진다 하더라도 이들의 직무 수행은 조직 내에서 저평가되고 또한 이들이 관리자로서 성장하여 법 집행 과정 전반을 성인지 관점에서 감독하고 변화시킬 수 있는 기회 역시 제약될 수밖에 없다. 즉 남성들이 독점해 온 직무에 여성 경찰관들이 참여할 기회를 부여하는 것을 넘어 피해자 보호를 경찰의 부차적인 활동으로 간주하고 "여성적"이라 가치 절하하는 성별화된 직무 평가 기준 자체를 변형시키는 것이 필요하다. 그때 비로소 경찰관에게 필수적인 역량이 무엇인지가 명확해질 수 있으며 다양한 직무를 수행하는 경찰관들의 채용 기준을 성별 혹은 체력 하나로 환원하는 것 역시 문제 삼을 수 있다.

6. "생물학적 여성"에 대한 의문과 페미니스트 저항

여성 피해자의 목소리에 귀 기울일 수 있는 여성 경찰을 확보하라는 "혜화역"의 요구와 여성이 과연 경찰 직무를 수행할 신체적 역량을 갖추고 있는가를 되묻는 "대림동"의 응답 사이에는 청년 세대의 불안정한 노동 현실이나 폭력 피해 두려움 등 성별화된 불안과 페미니즘에 대한 상이한 태도가 자리하고 있다. 양측은 대립하고 있는 듯 보이지만 외관상 "성별 관계없는" 법 집행과 "성별과 무관한 경찰" 채용을 요구하되 자신들의 정체성을 몸에 귀속시키고 그 차이를 자원 삼아 평등을 요구한다는 점에서는 공통점이 있다. 이 과정에서 신체적, 성적 차이는 남성과 여성의 강고한 차이로 구성되고, 여성이라는 집단이 경험할 수 있는 피해자로서의 정체성에 대한 동일시 역시 강화되고 있다. 물론 이러한 동일시는 부정의한 현실에 도전하는 정치적 자원이 되고 있으며, 공통의 억압 경험을 본질화하지 않더라도 연대를 위한 정체성 정치는 가능하다(Butler, 1997; 영, 2016).

하지만 경찰 조직의 사례를 볼 때, 남성과 여성을 잠재적 가해자와 피해자로 할당하고 영속화하는 것이 조직 내에서 여성을 동등한 성원으로서는 오히려 불완전하게 만든다는 것, 나아가 성평등한 법 집행에 있어서도 걸림돌이 되고 있음을 알 수 있다. 이러한 인식이 지속되는 한 여성 경찰관의 채용 확대는 성별직무분리를 완화시킬 수 있을지언정 넘어설 수는 없게 된다. 이때 "피해자로서의 여성"이라는 관념은 조직이 여성을 포섭하되 배제할 수 있는 유효한 명분이 되어버리기 때문이다. 페미니스트들은 차이와 평등을 대립항으로 놓는 이분법을 넘어 바로 그와 같은 프레임을 만들어 내는 남성 규범과 제도에 도전하는 변혁의 전략 역시 제안해 왔다. 이를 위해 차이의 맥락화, 집단 간 차이에 대한 관계적 이해가 요청되어 왔으며(Scott, 1988; 영, 2017), 이것은 무엇이 "피해자로서의 여성", "무능한 여경", 나아가 경찰 직무의 가치와 역량의 평가 기준을 만들어 내고 있는지를 물으라는 요청이었다. 여기에 생물학적 성별로 답하는 것은 현상을 원인으로 환원하는 것일 뿐만 아니라 복잡한 현실을 개선할 것을 포기하는 것이기도 하다. 경찰 조직의 동등한 성원으로서 여성의 지위 확립을 어렵게 만드는 요인은 단순히 섹스가 아니라 비공식적 상호작용 과정에서 강화되고 있는 성별직무분리 관행, 이를 둘러싼 상징, 남성들이 독점하고 있는 네트워크와 권력,

나아가 여성의 경험에 귀 기울이는 것을 사회 정의의 실현에서 부차적인 것으로 간주하는 조직 논리와 이것을 구성하는 원리로서 젠더다.

"생물학적 여성"의 차이와 특수성을 강조하는 것이 법 해석과 집행의 변화로 이어지지 못하는 과정에도 이와 같은 조직의 직무 분리와 평가의 남성중심성이 작동하고 있다. 그간 페미니스트들은 법 언어와 집행방식 자체가 남성의 관점, 남성의 경험에서 추상화되어 있기에 여성의 피해 경험이 형사 절차에서 배제되고 있음을 지적해 왔다(Smart, 1989; West, 1984). 한국의 반성폭력 운동 역시 이러한 문제의식에 바탕을 두고 위력, 간음, 음란, 대상 청소년 등의 구성요건과 그 해석을 변경하기 위해 노력했다. 하지만 이러한 페미니스트 기획은 법 집행의 성평등을 요구하면서도 그 조건이 되는 조직의 젠더 동학을 충분히 고려하지 못했다. 물론 여성들이 사회 전반에서 경험하는 억압 구조가 정치적 대표성의 보장 없이 해결될 수 없다는 페미니스트들의 문제의식 역시 지속되어 왔다. 대표성 확대는 역사적으로 누적되어 온 성차별을 시정하고 여성들에게 더 많은 참여의 기회를 제공하는 것을 넘어 법률과 정책의 결정 과정에서 배제되어 온 여성 집단의 목소리를 드러내는 것(영, 1990; Phillips, 1995), 나아가 과도하게 대표되어 온 특정 집단의 목소리를 제한함으로써 모든 집단이 정치적 이해를 드러낼 기회를 누리는 것을 목표로 삼고 있다(Scott, 2005; Murray, 2014). 그러나 이러한 참여 동등은 주로 국회와 지방의회 등 선출직을 중심으로 논의되어 왔고, 그 밖의 정부 부처나 민간 기업의 관리직 여성 확대를 위한 적극적 조치(affirmative action)는 대표(representation)를 통한 성평등의 수단이라기보다는 성평등 그 자체로 간주되거나 차별 시정을 위한 시혜적 조치, "할당"으로 여겨져 온 것이 사실이다. 즉 형사사법기관의 조직 구성이 법 집행에 미치는 영향은 두 접근 모두에서 충분히 고려되지 못했으며, 사법 개혁의 프레임에서조차 젠더 관점은 삽입되지 못하고 있다. 형사사법기관의 압도적으로 높은 남성 비율을 "편파수사"의 주요 원인으로 진단한 혜화역 시위의 요구가 급진적이라 평가될 만한 이유다.

다만 생물학적 여성이라는 여성 범주에 대한 디지털 네이티브 여성들의 상상력은 페미니즘의 과제를 더욱 명료히 던지고 있다. 이 글에서 살펴본 바와 같이 "생물학적 여성"인 경찰관의 채용 확대가 이뤄진다 하더라도 이들의 직무 수행은 조직 내에서 저평가되고 또한 이들이 관리자로서 성장하여 법 집행 과정 전반을 성인지 관점에서 감독하고 변화시킬 수 있는 기회 역시 제약될 수밖에 없다. 즉 남성들이 독점해 온 직무에 여성 경찰관들이 참여할 기회를 부여하는 것을 넘어 피해자 보호를 경찰의 부차적인 활동으로 간주하고 "여성적" 업무라 가치 절하하는 성별화된 직무 평가 기준 자체를 변형시키는 것이 필요한 것이다. 지배적인 젠더 질서가 형사사법기관에서도 반복되고 있다는 것을 드러내는 것이 아니라, 사회적 차원의 젠더 정치가 법적 실천과 어떻게 상호작용을 하고 있는지, 성별직무분리와 이를 정당화하는 상징 질서에 젠더가 어떠한 방식으로 기여하고 재구성되는지, 경찰뿐만 아니라 검찰, 법원 등 여타의 법 집행 조직, 나아가 입법 과정에 참여하는 제도 정치 영역의 여성은 물론 그 외부에서 여성 범주를 문제 삼는 페미니스트 정치의 과제로서 확장될 필요를 제기하고 있는 셈이다. 이미 젠더화된 분업과 그 상징은 법을 넘어 보다 일상적인 언설들을 통해 구성되고 있다.

경찰, 검찰, 법원 등 법 집행 조직의 직무는 억압적 권력 행사로부터 시민의 안녕을 도모하는 것으로 변화하라는 요청에 직면해 왔고, 바로 그 요청을 통해 조직 확장이 이뤄져 왔다. 이는 해당 조직이 여성이라는 집단을 어떻게 상상하고 있는지를 점검하는 것이 책무라는 것을 의미하는 것이기도 하다. 오늘날 여성 경찰관들은 스스로를 성적 피해를 당할 수밖에 없는 보호의 대상으로 상정하고 있지 않으며, 동등한 경찰관이 되고자 하는 자신의 삶에 걸림돌이 되는 성차별의 요소들을 문제 삼기 시작했다. 이러한 행태를 구조적 변혁을 꾀하기보다 손쉬운 해법, 개인화된 선택을 하고 있는 것이라 단정할 수 없다. 일찍이 마틴은 여성이 남성중심적 경찰 조직에서 살아남는 방법으로서 남성적이라 간주되는 자질을 갖추려는 "같음"의 전략(POLICEwomen 되기)과 조직 내의 직업적 성공을 포기하고 여성성을 지키면서 예외적 존재로 남기를 수용하는 "차이"의 전략(policeWOMEN 되기) 두 가지로 설명한 바 있다(Martin, 1979). 하지만 여성됨을 지우거나 성적 차이를 물화시키는 방식에 호소하지 않으면서도 자신의 여성됨을 설명하려는 과정에 스스로를 연루시키고 있는 이들이 있다. 이들에게 여성과 피해자, 경찰, 검사, 판사는 이미 공존 가능한 기획이며 더 이상 차이와 같음의 딜레마도 아니다. 이러한 상황에서 생물학적 지식을 자명한 것으로 간주하고 이에 참여할 개인을 선별하는 작업은 오히려 그러한 노력들의 지속 가능성을 저해하고 나아가 늘 국가의 보호를 필요로 하는 불완전한 주체로서 여성을 구획할 따름이다.

이와 같이 여성을 여성으로 만드는 힘은 생물학으로 환원해 설명할 수 없다. 이 과정에 연루된 조직 논리와 직무 가치, 개인의 역량 평가 기준을 재설정하는 정치가 젠더 부정의에 저항하는 정치로서 활성화되어야 하는 이유다. 그렇다면 여성들이 스스로를 페미니스트로 동일시하는 계기를 그 경험의 맥락보다 생물학적 지식으로 환원되도록 추동하는 것은 무엇인가? 왜 누군가는 페미니즘을 지지하되 더 이상의 앎은 불필요하다고 생각하는가? 그 앎을 좇아가는 이들에게 타인의 삶을 대면할 충분한 기회는 주어지고 있는가? 페미니즘에 대한 지지는 과연 생물학적 여성에 국한되고 있는가? 그간 교육 제도는 무엇을 교육의 핵심 과업으로 삼아 왔는가? 몸이 위치한 토대와 그 차이를 지워버리고 누군가의 삶과 사람에 대한 대면이 아니라 텍스트와 이미지를 통해 남성과 여성에 대한 상상을 구축하도록 만들고 이를 통해 관계성을 조율하도록 추동하는 디지털 자본주의나 반지성주의에 대한 저항은 지금, 여기 여성됨, 남성됨을 만드는 기제에 대한 질문을 제기하고 있다. "생물학적 여성"은 그러한 기회가 박탈된 이들이 손쉽게 채택할 수 있는 연대의 근간이되 해당 질문에 대한 앎의 지속을 부차화하거나 그 시도를 무화시키려는 남성 권력에 전유될 위험이 크다. 페미니즘 안팎에서 누가 여성인지가 아니라 무엇이 여성을 만드는지에 대한 질문을 활성화해야 하는 이유다.

참고문헌

경찰청(2014), 『한국경찰사 제6권』, 서울: 경찰청.

경찰청(2018), 『경찰통계연보 2017』, 서울: 경찰청.

국가인권위원회(2014), 『경찰·소방·교정직 여성공무원 성차별 개선을 위한 실태조사』, 서울: 국가인권위원회.

김성언(2006), "경찰활동과 성차-경찰 하위문화와 여자경찰관의 지위갈등에 대한 경험적 접근", 『형사정책연구』, 139-208쪽.

김수아(2017), "남성 중심 온라인 커뮤니티에서의 페미니즘 주제 토론 가능성 : "역차별" 담론 분석을 중심으로", 『미디어, 젠더 & 문화』, 제32권 3호, 5-45쪽.

김은지(2019), "지역경찰의 "서비스 지향적 경찰 역할 모델" 수용", 서울대학교 대학원 사회학과 석사학위 논문.

김정혜(2017), "경찰공무원 성별 구분 모집의 정당성에 대한 고찰", 『법학논집』, 제22권 2호, 67-104쪽.

대한민국재향경우회(2007), 『한국여자경찰60년사』, 서울: 대한민국재향경우회.

대한민국재향경우회여경회(2000), 『한국여자경찰50년』, 서울: 두루.

배은경(2015), ""청년 세대" 담론의 젠더화를 위한 시론: 남성성 개념을 중심으로", 『젠더와 문화』, 제8권 1호, 7-41쪽.

영, 아이리스 매리언(2016), "제멋대로의 범주들: 낸시 프레이저의 이원론 비판", 낸시 프레이저 외(2016), 『불평등과 모욕을 넘어-낸시 프레이저의 비판적 정의론과 논쟁들』, 케빈 올슨 엮음, 이현재·문현아·박건 옮김, 서울: 그린비, 141~169쪽, Young, I. M.(2008), "Unruly Categories: A Critique of Nancy Fraser's Dual System Theory", in *Adding Insult to Injury*, ed. K. Olson, London: Verso, pp. 89-106.

영, 아이리스 매리언(2017), 『차이의 정치와 정의』, 서울: 모티브북, Young, I. M.(1990), *Justice and the Politics of Difference*, Princeton: Princeton University Press.

이비현(2019), "경찰조직 내 성별직무분리와 성폭력 사건처리 과정", 서울대학교 대학원 여성학협동과정 석사학위 논문.

이지은(2003), "경찰 조직 내 양성관계에 관한 연구", 서울대학교 대학원 여성학협동과정 석사학위 논문.

추지현(2017), "사법민주화와 엄벌주의", 서울대학교 대학원 사회학과 박사학위 논문.

프레이저, 낸시(2017), 『전진하는 페미니즘』, 서울: 돌베개, Fraser, N(2013), *Fortunes of Feminism*, New York: Verso Books.

한국경찰사편찬위원회(1972), 『한국경찰사(I)』, 서울: 내무부치안국.

Acker, J.(1990), "Hierarchies, Jobs, Bodies: A Theory of Gendered Organizations",

Gender and Society, 4(2), pp. 139-158.

Acker, J.(2006), *Class Questions: Feminist Answers*, Lanham, MD: Rowman & Littlefield.

Batton, C. and E. M. Wright(2018), "Patriarchy and the Structure of Employment in Criminal Justice: Differences in the Experiences of Men and Women Working in the Legal Profession, Corrections, and Law Enforcement", *Feminist Criminology*, 21, pp. 1-20.

Birzer, M. L. and D. E. Craig(1996), "Gender Differences in Police Physical Ability Test Performance", *American Journal of Police*, 15(2), pp. 93-108.

Britton, D. M.(1997), "Gendered Organizational Logic: Policy and Practice in Men's and Women's Prison", *Gender and Society*, 7, pp. 204-226.

Butler, J.(1997), "Merely Culture", *Social Text*, 52, pp. 271-273.

Cockburn, C.(1983), *Brothers: Male Dominance and Technical Change*, London: Pluto Press.

Durham, C. M.(1998), "Thoughtful and Worldly Women: Women Judges and the Law", in *Women in Law*, ed. S. Shetreet, London: Kluwer Law International.

Gustafson, J. L.(2008), "Tokenism in Policing: An Empirical Test of Kanter's Hypothesis", *Journal of Criminal Justice*, 36(1), pp. 1-10.

Hunt, J.(1990), "The Logic of Sexism Among Police", *Women & Criminal Justice*, 1(2), pp. 3-30.

Kanter, R. M.(1977), *Men and Women of the Corporation*, New edition, New York: Basic Books.

Krimmel, J. T. and P. E. Gormley(2003), "Tokenism and Job Satisfaction for Policewomen", *American Journal of Criminal Justice*, 28(1), pp. 73-88.

Krook, M., K. Celis, and P. Meier(2011), "The Rise of Gender Quota Laws: Expanding the Spectrum of Determinants for Electoral Reform", *West European Politics*, 34, pp. 514-530.

Martin, S. E.(1979), "Policewomen and policeWomen: Occupational Role Dilemmas and Choices of Female Officers", *Journal of Police Science and Administration*, 7, pp. 314-323.

Minow, M.(1985), "Learning to Live with the Dilemma of Difference", *Law and Contemporary Problems*, 48(2), pp. 157-211.

Monaghan, L. F.(2002), "Hard Men, Shop Boys and Others: Embodying Competence in a Masculinist Occupation", *The Sociological Review*, 50(3), pp. 334-355.

Pateman, C.(1988), *The Sexual Contract*, London: Oxford Handbooks.

Phillips, A.(1995), *The Politics of Presence: The Political Representation of Gender, Ethnic-*

ity, and Race, New York: Oxford University Press.
Scott, J.(1988), "Deconstructing Equality-versus-Difference: Or, the Uses of Post-structuralist Theory for Feminism", *Feminist Studies*, 14(1), pp. 33-50.
Shephard, R. J. and J. Bonneau(2002), "Assuring Gender Equity in Recuitment Standards for Police Officers", *Canadian Journal of Applied Physiology*, 27(3), pp. 263-295.
Smart, C.(1989), *Feminism and the Power of Law*, London: Routledge.
Tomsen, S. and P. Wadds(2016), "Nightlife Ethnography, Violence, Policing and Security", in *Australian Violence: Crime, Criminal Justice and Beyond*, ed. J. Stubbs and S. Tomsen, Sydney: The Federation Press, pp. 194-209.
Verloo, M.(2005), "Mainstreaming Gender Equality in Europe: A Critical Frame Analysis Approach", *Greek Review of Social Research*, 117, pp. 11-34.
West, C. and D. Zimmerman(1987), "Doing Gender", *Gender & Society*, 1, pp. 125-151.
Williams, W.(1985), "Equality's Riddle: Pregnancy and the Equal Treatment/Special Treatment Debate", *N.Y.U. Review of Law & Social Change*, 13(2), pp. 325-380.
Williams, W.(1992), "The Equality Crisis; Some Reflections on Culture, Courts, and Feminism", *Women's Rights Law Reporter*, 14(2/3), pp. 151-174.
Zimmer, L.(1988), "Tokenism and Women in the Workplace: The Limits of Gender-Neutral Theory", *Social Problems*, 35(1), pp. 64-77.

신문기사

『동아일보』, 2019.5.22, "여성경찰 체력기준 높여도 걱정 없다" 남성과 나란히 땀 뻘뻘", https://soda.donga.com.
『머니투데이』, 2018.6.29, "경찰, 팔굽혀펴기 꼭 필요하나… 성평등, 여경 늘려야", https://news.mt.co.kr.
『인사이트』, 2018.8.3, "강남 한복판서 만취 여성 깨우려 머리채 움켜 잡고 흔든 경찰", https://www.insight.co.kr.

인터넷 검색자료

국가인권위원회(2006), "경찰 채용시 성별 구분모집은 평등권 침해", https://www.humanrights.go.kr/site/program/board/basicboard/view?menuid=001004002001&boardtypeid=24&boardid=555022(검색일: 2019.7.1).
경찰청(2017), "경찰개혁위원회 대국민 중간보고회 실시 보도자료, https://police.go.kr/cmm/fms/FileDown.do?atchFileId=FILE_000000000098516&fileSn=1&bbsId=B0000011&type=0(검색일: 2019.7.1).

여성가족부 외(2017), "「공공부문 여성대표성 제고 5개년 계획」 수립 합동 보도자료", http://www.index.go.kr/com/cmm/fms/FileDown.do? apnd_file_id=1575&apnd_file_seq=10(검색일: 2019.7.1).
치안정책연구소(2018), 『미국 여성경찰 현황 및 시사점』, https://m.police.ac.kr/pds/professor/1537436970648.pdf(검색일: 2019.7.1).
e-나라지표(2019), "행정부 국가공무원 신규임용 현황", www.index.go.kr/ potal/main/EachDtlPageDetail.do?idx_cd=1018(검색일: 2019.7.16).
Murray, R.(2014), "Quotas for Mem", pdfhttps://qmro.qmul.ac.uk/xmlui/ bitstream/handle/123456789/7875/Quotas%20for%20Men%20final%20for%20publication.pdf?sequence=9(검색일: 2019.7.1).

신자유주의 시대 젠더 정의와 '유리천장 깨뜨리기'
변혁적 논의를 위한 비판 페미니즘의 제안[1]

이 현 재

1. 비판으로서의 페미니즘: 유리천장 깨뜨리기 담론을 어떻게 볼 것인가?

페미니즘의 의제들이 봇물처럼 쏟아지고 있다. 불법동영상 아웃, 성폭력 폭로전, 낙태죄 폐지, 4비 운동(비섹스·비연애·비혼·비출산), 탈코르셋에서 '경력단절', '임금격차', '유리천장 깨뜨리기'에 이르기까지 매우 다양한 의제들은 뜨겁게 토론되고 있다. 특히 '유리천장 깨뜨리기'는 최근 '정상', '야망'과 '성공' 담론을 동반하며 주요 이슈로 떠오른 바 있다. 이러한 흐름을 반영하듯 국내에는 셰릴 샌드버그(Sheryl Sandberg)의 『린 인』(2013)에 이어 메그 마이어스 모건(Meg Myers Morgan)의 『여자에게는 야망이 필요하다』(2019)가 번역되었고 최근에 커뮤니케이션 디렉터

1 이 논문은 『젠더와 문화』 12권 2호(2019)에 실린 논문으로서, 2016년 대한민국 교육부와 한국연구재단의 지원을 받아 수행된 연구임(NRF-2016S1A5A2A01027184).

김진아는 『나는 내 파이를 구할 뿐 인류를 구하러 온 게 아니라고: 자기 몫을 되찾고 싶은 여성들을 위한 야망 에세이』(2019)를 출간하여 인기몰이를 하고 있다.

그러나 '유리천장 깨뜨리기', '정상', '성공', '야망보지 힘주기 프로젝트(야보힘)'[2]와 같은 의제를 바라보는 심경은 복잡하다. 젠더 정의를 실현하기 위해 여성도 고위직에 올라야 한다는 주장에는 전적으로 동의하지만, 이 과정에서 비정규직 노동자나 다국적 가사노동자의 문제 등 여성 내의 계급적 차이가 발생하는 것을 어떻게 설명할 것인가에 대해서는 아직까지 적극적인 고민이 이루어지지 않고 있기 때문이다. 그러나 여성 내 계급의 문제를 도외시한다는 이유로 이 담론을 제기하는 페미니스트를 '이기적인 여성 집단'으로 내몰거나 신자유주의의 변종이라고 폄하하는 것도 성급하다고 본다. 여성들과의 연대를 중요시한다는 의지도 분명하게 표출되고 있기 때문이다. 이에 이 논문은 다음과 같은 물음을 제기하고자 한다. 고위직의 수가 제한되어 있다면 유리천장 깨뜨리기는 모든 여성들을 위한 운동일 수 있는가? 유리천장 깨뜨리기는 사실상 특정 계급의 몇몇 여성들의 성공에 지나지 않는 것이 아닌가? 유리천장 깨뜨리기는 개인적인 성공을 넘어 위계적 젠더 이분법이나 노동 분업의 틀을 변혁하는 데까지 나아가는가?

이 논문은 이러한 물음을 제기하고 해명하는 과정이 바로 낸시 프레

2 야망보지 프로젝트가 무엇인지에 대해서는 이론가마다 다른 정의가 가능하겠지만 다음의 글에 따르면 "'비섹스/(이성애와 동성애를 포함한 모든 종류의) 비연애/비출산/비혼/비소비/비돕비(비혼은 돕는다 비혼을)'의 6가지 규칙으로 대표되는 야보힘프로젝트는 우선 옷이나 화장품 등의 '코르셋'이나 '꼭 필요하지 않은 것'에 대한 소비를 일체 중단하면서 공부하고, 스펙을 쌓고, 성공을 위해 노력하기를 요구한다." 『블로그 연희관 015B』(2019.03.26).

이저(Nancy Fraser)가 말한 '비판으로서의 페미니즘'(feminism as a critique)이라고 본다. '비판으로서의 페미니즘'은 우선 여성 억압과 해방을 둘러싼 시대의 투쟁과 바람을 제대로 해명하고자 한다. 한 발 더 나아가 '비판으로서의 페미니즘'은 '비판의 비판'도 수행한다(Fraser, 1987: 31). 가령 프레이저는 당대의 페미니즘을 신사회운동으로 이론화하는 하버마스의 비판이론이 정작 페미니즘의 관점을 제대로 담아내지 못한다고 비판한다. 이에 이 논문은 우리 시대 유리천장 깨뜨리기 담론이 어떻게 구성되어 있는지를 해명하고 나아가 이를 비판적으로 분석하는 작업까지 수행하고자 한다.

비판의 비판을 수행하기 위해 이 논문은 우선 캐서린 로텐버그(Catherine Rottenberg)와 함께 미국판 유리천장 깨뜨리기인 여성리더십 담론이 어떤 범주와 키워드를 중심으로 하고 있는지를 살펴볼 것이다. 나아가 이 논문은 프레이저의 변혁적 치유책의 관점을 도입하는 가운데 여성리더십 담론이 파이 자체를 바꾸는 일에 관심을 두고 있지 않다는 점을 비판적으로 살펴보고자 한다. 마지막으로 이 논문은 최근의 한국판 유리천장 깨뜨리기인 '야망보지' 담론이 미국의 여성리더 담론과 어떤 지점에서 같고 또 다른지를 해명하는 가운데 이 담론이 신자유주의를 넘어서는 변혁의 가능성을 가지고 있는지를 비판적으로 살펴보고자 한다.

2. 삼차원적 젠더 부정의: 잘못된 분배, 무시, 대표 불능

비판적 담론분석에 들어가기 전에 유리천장 깨뜨리기 담론이 젠더 정의(Gender Justice)와 어떻게 연관되어 있는지부터 생각해 보자. 이를 위해 2015년부터 본격화된 우리 사회의 페미니즘은 어떤 이슈를 제기했는지부터 살펴보자.

가장 먼저 이슈로 떠오른 것은 성적 대상화였다. 불법동영상 아웃, 성폭력 폭로전, 4비 운동(비섹스, 비연애, 비결혼, 비출산), 탈코르셋 등의 이슈는 성차와 섹슈얼리티로 인한 폭력과 여성 대상화를 내면화하는 일상의 문화를 거부하기 위한 것이었다. 여성의 성적 대상화와 함께 임금 격차의 문제도 꾸준히 지적되었다. 2018년 여성가족부의 〈남성 대비 여성 임금 현황〉에 따르면 남성 대비 여성의 임금 비율은 66.6%에 지나지 않는다(『오마이뉴스』, 2019.10.17). 장진희 한국노총중앙연구원 연구원의 분석에 따르면 "전체 여성의 월평균 임금은 남성보다 37.1% 낮은 것으로 조사됐다(『한국일보』, 2019.09.26). 페미니스트들은 이 과정에서 공기업 및 금융기관 신입사원 채용에서 여성들이 배제되는 사건을 고발했으며 해고된 KTX 여승무원의 복직투쟁, 톨게이트 요금수납원들의 정규직 전환투쟁을 지지하기도 했다. 경력단절 등으로 인한 승진에서의 불이익과 국회의원 등 고위직 공무원 여성비율 등 유리천장 담론도 등장하였다. 남녀동수제 등 열악한 여성의 정치적 대표성을 보완하기 위한 정책도 탐색했다. 이슈들을 놓고 볼 때 최근의 페미니스트들이 여성 대상화뿐 아니라 경제적 불평등 그리고 정치적 배제 또한 젠더 부정의(Injustice)의 주요한 심급으로 생각하고 있음을 보여준다.

'여성'을 둘러싼 다양한 부정의의 차원이 있음을 체계적으로 분류하여 보여주는 것은 낸시 프레이저이다. 프레이저는 '여성'을 "2가적 집단"(bivalent collectivities)이라고 설명한 바 있다. 경제적 분배와 연관되어 있는 계급이나 문화적 무시와 연관되어 있는 섹슈얼리티와 달리 여성이라는 젠더 집단의 부정의는 "사회의 정치-경제 구조와 문화 평가적 구조 **양자**와 연관"(강조는 저자)(프레이저, 2016: 41-2)되어 있다는 것이다. 프레이저에 따르면 부정의의 이 두 가지 차원은 실체적으로 분리된 것이 아니며 "분석적"(31)으로만 구분된다. 노동이나 경제 제도에는 이미 여성의 노동을 평가 절하하는 문화적 가치가 스며들어 있으며, 여성을 멸시하는 문화적 의미체계는 여성에게 열악한 경제상황을 조성한다. 핑크노동은 여성의 노동이기 때문에 그 가치가 평가 절하되며, 여성이 저임금의 비정규직 노동에 집중되어 있는 것은 여성성의 문화적 가치가 무시되기 때문이다. 여성이 당하는 문화적 무시(disrespect)나 잘못된 분배(maldistribution)는 완전히 분리되어 있는 것이 아니라 여성이 당면하고 있는 문제의 두 측면이다. '여성'과 같은 젠더 집단의 "실천에서 이 둘은 서로 얽혀"(32) 있는 것이다.

논의를 확장시켜 나가는 가운데 프레이저는 세 번째 부정의의 차원인 정치적 대표 불능(misrepresentation)을 추가한다. 가령 지구화로 인한 이주민이 급증하는 시대에 시민권을 갖지 못한 사람들은 자신의 목소리를 알릴 기회를 박탈당한다. 자신의 위치를 대표할 수 없는 여성의 목소리는 시민 공론장에서 배제되기 십상이다. 대표 불능은 경제적 착취를 지속시키고 여성에 대한 조롱을 방치하게 만든다. 반대로 절대적 가난과 굴욕의 경험은 여성이 자신을 정치적 권리의 담지자로 이해하는 것을 방해한다. 이로써 프레이저에게 '여성'과 같은 집단은 3가적 부정의에 시달리는 집단이 된다. 여성은 그 집단에 속해 있다는 이유만으로 경제적으로 문화 · 상징적으로 부당함을 겪으며, 정치적으로도 자신의 목소리를 대표(재현)할 수 없다. 따라서 젠더 정의는 여성이 이러한 서로 얽혀 있는 세 가지 차원의 부정의를 극복하고 '참여 동등'(participatory parity)의 지위를 획득할 수 있을 때 비로소 가능하게 된다.

이 논문은 이와 같은 삼차원의 젠더 정의를 체계적으로 고려하려 할 때 간과할 수 없는 중요한 이슈가 유리천장 깨뜨리기라고 생각한다. 잘 알려져 있듯이 우리 사회에서는 여직원 비율이 높은 조직조차도 간부급으로 가면 여성 비율이 매우 낮은 경우가 많다. 한국 사회에서 여성 관리자 비율은 20.4%(2016년), 여성 국회위원의 비율은 17%(2019년 현재 51명)로 전 세계 평균 24%를 밑돌고 있다(『중앙일보』, 2019.03.07). 이러한 상황에서 최근 등장한 '성공', '야망보지', '유리천장 깨뜨리기' 담론은 출산과 양육을 여성에게 전가하는 문화가 여성을 비정규직 노동, 저임금의 핑크노동, 경력단절로 내몰고 있을 뿐 아니라 여성을 정치적인 담론의 장에서 제외시키고 있음을 지적한다. 여성들은 문화적으로 인정받지 못하고 경제적으로 가난하기 때문에 정치적 참여 동등의 지위에서 멀어지게 되며 결정권을 가진 고위직 인사가 되지 못하기 때문에 가난하고 조롱당한다. 여기서 유리천장 담론은 계급 착취, 문화적 상징, 정치적 배제가 없는 젠더 정의의 방향으로 나아갈 필요가 있다.

3. 미국의 여성리더 담론: '신자유주의 페미니즘'의 등장인가?

이렇듯 '유리천장 깨뜨리기는' 서로 연관되어 있는 여성의 경제적, 문화적, 정치적 젠더 부정의를 지적하고 나아가 이를 해결하기 위한 중요한 이슈가 된다. 그러나 여기서 비판으로서의 페미니즘은 다시 한 번 물음을 제기한다. 최근에 등장하는 '유리천장 깨뜨리기' 담론은 젠더 정의에 이바지하는가? 이 담론은 모든 여성들의 경제적, 문화적, 정치적 지위를 향상시키는 데 기여할 수 있는가?

이에 대답하기 위해 이 논문은 먼저 캐서린 로텐버그(Catherine Rottenberg)와 함께 미국에서 등장한 여성리더 담론이 어떤 핵심어를 중심으로 진행되고 있는지를 분석해 보고자 한다. 로텐버그는 최근의 저서 *The Rise of Neoliberal Feminism* (2018)에서 미국 셀럽을 중심으로 퍼져나가고 있는 페미니즘 선언이나 셰릴 샌드버그(Sheryl Sandberg), 앤-마리 슬로터(Anne-Marie Slaughter)와 같은 성공한 중산층 여성 CEO 사이에서 확산되는 페미니즘 담론을 비판적으로 분석한다. 그의 분석에 따르면 여성리더 담론은 "일-가족 균형"(Rottenberg, 2018: 55)과 "행복"이라는 키워드를 핵심 범주로 삼고 있는 신자유주의 페미니즘이다. 그렇다면 신자유주의 페미니즘에서의 여성리더 담론은 젠더 정의를 구현하는 방향으로 나아갈 수 있는가? 로텐버그는 미국의 여성리더 담론이 젠더 정의를 추구하는 듯하지만 알고 보면 기존의 젠더 이분법과 계급적 차이를 신자유주의적으로 유지시키는 '신자유주의적 통치술'[3]에 불과하다는 답을 내놓는다. 구조나 계급 자체의 변화가 불가능한 담론 안에서 젠더 정의는 실현될 수 없다는 것이다.

로텐버그에 따르면 미국의 여성리더 담론은 무엇보다도 일과 가정 사이의 적절한 "균형"을 강조한다. 여성은 비용을 최대한 고려하는 가운데 양자 모두를 성취하고자 한다는 것이다. 여성은 자신의 능력을 계발하고 관리해서 성공의 기회를 놓치지 않아야 하며 육아 등으로 인한 경력단절이 없도록 최선을 다해야 한다. 그러나 여성이 성공을 위해 가정을 포기할 필요는 없다. 신자유주의 기업가적 주체상에 맞추어 여성성이 유연화될 필요가 있을 뿐이다. 여성의 경력단절을 막을 적절한 제

3 "신자유주의 통치성의 핵심은 모든 삶의 영역을 시장의 질서로 환원하고, 개인의 선택과 자유를 통해 스스로의 삶을 자기 주도적으로 이끌어 나가는 주체를 만들어 내는 데 있다." (엄혜진, 2014: 8-9)

도를 마련하고 여성 개인도 야망을 가져야 한다. 야망을 가지고 열심히 자기계발을 하는 여성은 가정과 직장생활을 병행하면서 얼마든지 성공할 수 있다는 것이 주요 메시지다.

실제로 샌드버그는 자신의 저서 『린인』(*lean in*)에서 섀런 미어스(Sharon Meers)와 조애나 스트로버(Joanna Strober)의 『완전한 평등을 향하여』(*Getting to 50/50*)를 인용하면서 정부와 사회과학 분야에서 실시한 연구들을 종합해 볼 때, "부부가 직장에서 풀타임으로 근무하더라도 자녀 교육에서도 결혼 생활에서도 모두 성공할 수 있다"고 주장한다. "경제적 책임과 자녀 양육의 책임을 부부가 분담할 경우 아내는 죄책감을 덜 수 있고 남편은 가정에 더욱 관심을 쏟으며, 아이들도 잘 성장한다."(샌드버그, 2013: 44)

그러나 로텐버그에 따르면 일-가족 균형의 이념은 결국 신자유주의의 통치술이다. 이 이념에 따라 자신의 욕구, 포부, 행동 등을 구성하는 여성은 모든 여성의 젠더 정의를 촉진시키기보다 개인의 자기계발과 경쟁에 몰두시키는 데 기여하게 된다는 것이다. 여기서 여성은 한편으로 경쟁을 통해 살아남는 '인적 자본'으로 그리고 다른 한편으로는 난자 냉동 등의 재생산 기술 등을 통해 재생산을 미루는 그러나 궁극적으로는 재생산을 하는 존재가 되며 이로써 생산-재생산의 세트로 구성되는 신자유주의 체제를 지속시키는 주체가 된다는 것이다. 신자유주의 체제에서 생산-재생산은 모두 자본과 기술을 통해 매개된다.

나아가 미국의 여성리더 담론은 페미니스트의 관점을 "정의에서 행복으로"(Rottenberg, 2018: 39) 옮겨 놓는다. 좀 더 정확하게 말하자면 젠더 정의보다 개인의 행복이 더 큰 관심이라는 것이다. 물론 이 담론의 주체는 젠더 부정의를 문제 삼고 도전한다. 하지만 그 도전의 방식은 완전히 개인화되어 있다. 그들은 젠더 부정의를 치유하기 위해 경제, 사회, 문화 구조를 비판하기보다 개인적으로 경쟁을 뚫고 성공하여 행복하게 살 것을 촉구한다. 여기서 젠더 부정의는 노력을 통해 개선될 수 있는 개인의 문제가 되고 따라서 성공한 경우 여성 개인은 그 성공을 오롯이 자신의 것으로 인식한다. 성공의 결실도 자신의 웰빙을 위해 소비한다. 고생한 자신을 위해 소비를 하면서 개인적인 행복을 느끼는 것은 성취감의 주요한 모멘트다.

그러나 로텐버그에 따르면 이러한 신자유주의 페미니즘이야말로 무엇인가 진보적인 것을 하고 있다는 착각 하에 페미니즘의 정신을 사실상 퇴각시키는 포스트페미니즘의 흐름이다. 개인의 선택과 자유를 중시하는 신자유주의 이념과 더불어 모든 공과 실의 책임은 개인에게 귀속되며 구조 변혁은 추동되지 않기 때문이다. 그 결과 "신자유주의 페미니즘은 신자유주의와 신자유주의적 합리성을 내재적으로든 그 다른 방식으로든 전혀 비판하지 않는다."(54-5) 평등, 해방, 사회적 정의에 대한 관심은 사라지고 여성의 자기계발 그리고 이를 통한 신자유주의 체제의 지속만이 남게 된다.

로텐버그는 "균형"과 "행복"을 추구하는 페미니즘이 어떤 점에서 신자유주의의 체제 유지에 기여하는지를 '신자유주의적 합리성', '새로운 중간계급 여성 세대', '자기 책임', '웰빙' 등의 키워드를 중심으로 다시 설명한다. 이 설명에 따르면 첫째로 이러한 페미니즘은 "신자유주의적 합리성"(neoliberal rationality)에 따르는 주체를 구성한다. 경제적 합리성은 모든 행위의 기반이 된다. 일-가족 균형도 비용을 계산하는 가운데 추구된다. 이 합리성에 따르는 여성은 기회, 자유로운 선택, 평등을 강조한다. 그러나 이는 개인의 영향력, 혁신을 배가하고 자원을 확보하기 위한 자기계발의 문제로 집중된다. 따라서 여기서 자기계발의 주체는 "자본을 강화하는 행위자(capital-enhancing agents)"(7)가 된다. 자기계발에 몰두하는 여성은 자본주의 노동시장의 인적 자본이자 소비시장의 소비 주체가 된다.

둘째로 이 담론을 이끄는 주인공은 "새로운 중간계급 여성 세대"(63)다. 이 새로운 계급은 이미 어느 정도의 능력을 가지고 있고 따라서 이제 능력에 상응하는 야망을 가지기만 하면 성공할 수 있는 것으로 간주된다. 이 계급은 따라서 젠더 간에 존재하는 "야망 격차"로 인한 고위직 불평등을 없애는 데 관심을 집중한다. 그러나 로텐버그에 따르면 여기서 주도권을 갖는 여성은 특정 계급에 한정된다. 샌드버그가 말하듯 "여성의 진정한 선택은 가정에서 책임을 분담하는 배우자와 직장에서 여성을 지지해주는 고용주와 동료가 생길 때"(샌드버그, 201: 241) 가능하며 이러한 환경을 가질 수 있는 여성들은 제한적이다. 이러한 환경을 가진 여성리더는 모든 여성들을 대변하거나 모든 여성들과 공감할 수 있다고 여겨지지만 이들은 결국 특정 계급에 속해 있다. 여기서 성공한 여성은 모든 여성과의 연대를 지향하지만 그 방식은 구조적인 변화가 아니라 개인적인 선의에 호소한다.

셋째로 이 담론에서 모든 것은 여성 개인의 "자기 책임"(self-responsibility)이다. 중간계급 여성 개인이 자신의 커리어를 위해 선택과 도전(lean in)하는 것이 중시되며 그러기에 자신의 선택에 대한 궁극적인 책임은 개별 여성 자신에게 있는 것으로 강조된다. 사회구조의 비판에는 초점이 모이지 않는다. 가장 중요한 것은 자기계발과 자기변혁이다. 이런 맥락에서 로텐버그는 "린인의 초점은 사회 억압에 맞서 이를 변화시키는 것이 아니라 '여성들이 자신을 변화시키는 것', 다시 말해서 '내적 장애물'을 없애는 것에 있다."(Rottenberg, 2018: 63)고 주장한다.

마지막으로 여성리더 담론은 여성 개인의 웰빙에 관심을 기울인다. 스스로 책임지고자 하는 이러한 새로운 중간계급 여성 세대는 더 이상 국가, 정부, 집단의 변화를 요구하지 않는다. 이들은 또한 공유재(common good)와 같은 것에도 관심이 없다. 모든 것은 개인의 책임이므로 개별 여성은 전문가 사다리에 기어오르기 위해 분투한다. "여기서 변화는 내적, 고립적, 정동적 사안이 된다."(68) 따라서 개인은 끊임없이 자신을 계발한다. 이런 기업가적 주체는 자신의 커리어 번영, 특히 사업계에서의 커리어를 향상시키기 위해 주도권을 갖도록 고무된다. 이 여성들의 궁극적인 정서는 이 체계 내에서의 행복이 된다. 도전에서 성공하여 자신감을 갖고 자신을 긍정할 수 있게 되는 것, "지금 여기"에서 존재하며(being present) 웰빙하는 것이 궁극의 정서가 된다(105).

결국 로텐버그는 야망과 성공을 강조하는 미국의 여성리더론이 젠더 부정의를 비판하는 외양을 가지지만, 사실상 여성들의 집단적 투쟁이나 구조적 변혁을 원치 않는 신자유주의적 담론임을 분명히 한다. 여기서 유리천장 깨뜨리기는 개인의 선택, 자유, 자기계발을 중심으로 추동되며 성공과 야망은 특정 계급의 여성이 도달할 수 있는 행복한 미래이다. 즉 지금 여기에서 일-가정의 균형을 이룸으로써 웰빙하는 행복한 삶의 능력은 나와는 다른 여성들의 미래에 대한 비전을 고민하고 제시하는 가운데 현재의 구조적 틀을 변혁시키려는 의지로 이어지지 않는다.

4. 변혁적 개선책: 왜 비판 페미니즘은 변혁적이어야 하는가?

결국 로텐버그가 미국의 여성리더십 및 성공 담론을 비판하는 이유는 그 담론이 신자유주의 체제에 대한 변혁을 시도하지 않기 때문이다. 그것은 모든 여성이 아니라 이 체제에서 성공하여 행복을 성취할 수 있는 여성 개인을 주인공으로 한다. 시장의 논리에 맞는 자아를 계발함으로써 개인적인 성공과 행복을 성취하는 것을 목적으로 한다. 그런데 여기서 필자는 다시 한 번 묻고자 한다. 왜 페미니즘은 신자유주의 비판적이어야 하는가? 왜 젠더 정의는 이 구조를 변혁하는 방향이어야 하는가?

이를 좀 더 분명히 드러내기 위해 다시 한 번 낸시 프레이저의 정의론을 소환해 보자. 프레이저는 부정의의 세 가지 측면 이외에도 부정의에 대한 두 가지 개선책을 언급한다. 하나는 근본적 집단 분화와 이를 유지시키는 틀에 손을 대지 않은 채 그 결과를 보정하는 긍정적 개선책(affirmative remedy)이고 다른 하나는 근본적인 집단 분화의 틀 자체를 해체하는 변혁적 개선책(transformative remedy)이다.

> "부정의에 대한 긍정적 개선책이라는 말은 사회 질서의 불공정한 결과를 창출하는 근저의 틀거리는 손대지 않은 채 그 틀거리가 만들어 내는 결과를 교정하고자 하는 것을 의미한다. 변혁적 치유책이란 이와는 반대로 근저에서 이를 발생시키는 틀거리를 재구조화함으로써 불공정한 결과를 교정하고자 하는 것을 의미한다."(프레이저, 2016: 49)

프레이저는 문화적으로는 변혁적 개선책을 사용하면서 경제적으로는 긍정적 개선책을 사용하는 경우, 반대로 문화적으로는 집단 분화를 긍정하면서 경제적으로는 집단 분화를 해체하는 개선책을 사용하는 경우 모순에 빠질 수 있다고 주장한다. 왜냐하면 여기서 하나는 구조적 집단 분화를 해체하는 방향으로 나아가지만 다른 하나는 분화를 유지하는 방향으로 나아가기 때문이다. 집단 분화와 관련된 이러한 모순을 해결하는 방법은 문화와 경제적 측면 모두에서 긍정적 개선책을 택하거나 변혁적 개선책을 택하는 것뿐이다.

그러나 프레이저는 긍정적 개선책으로 방향을 통일하는 것에는 문제가 있다고 본다. 왜냐하면 그것은 심층의 구조를 건드리지 않고 표면적 재할당만 문제로 삼기 때문이다. 게다가 분화된 집단 정체성을 전제로 적극적 조치를 실행하는 경우 해당 집단은 "특별대우나 과분한 부조의 수혜자"로 낙인찍힐 위험을 갖는다. 가령 젠더 분화가 강조되는 정책은 "여성을 결함이 있고 만족을 모르는 존재로, 항상 더 많은 것을 요구하는 존재로 표시한다."(61) 이것은 정체성을 "물화(reification)"(Fraser, 2016a: 204)시킬 뿐 아니라 편견을 더욱 강화시키는 방향으로 이어질 수 있다. 따라서 젠더 정의는 집단 분화를 그대로 둔 채 그 결과를 조정하기보다 집단 분화 자체를 해체하는 변혁적 개선책으로 나아갈 필요가 있다.

그렇다면 유리천장과 같은 페미니즘 이슈가 변혁적이어야 하는 이유는 무엇인가? 왜 신자유주의 페미니즘은 젠더 정의와 관련하여 비판되는가? 미국의 여성리더 담론을 이와 관련하여 재고해 보자. 물론 여성리더는 개인의 힘으로 고위직에 올라 젠더에 따른 노동 분화를 해체한다. 이런 점에서 여성리더 담론은 매우 변혁적인 개선책이라는 인상을 준다. 그러나 고위직에 올라 노동 분화를 해체하는 것은 일부 여성들이다. 이들의 모습은 일부 여성의 경제적 상황과 여성성의 문화적 의미를 변화시키지만 지도자가 된 여성들은 사회 전반적으로 나타나는 젠더에 따른 노동 분화를 변혁하는 데 큰 관심이 없다. 이들은 제도보다 개인의 선택과 노력을 더욱 강조한다. 따라서 개인적인 노력에도 불구하고 고위직에 오르지 못하는 여성들은 여전히 계급적, 젠더적 노동 분화의 굴레를 벗어나기 힘들다.[4] 중간 또는 하층 계급의 여성들은 기껏해야 고위직에 올라간 여성들의 선의나 연대의식에 기댈 수밖에 없다. 여기서 여성 내의 계급 분화는 여전히 존재한다. 그 밖에도 여성리더 담론은 고위직에 올라갈 사람의 수나 그 직업의 속성을 변화시키는 데 관심을 갖지 않는다. 고위직의 총량과 속성을 그대로 두는 상태에서 이루어지는 유리천장 깨뜨리기 담론에서 여성은 기존의 남성 노동자상을 표준으로 삼으며, 따라서 독립적이고 능력 있는 주체로서의 여성은 남성의 자리를 빼앗는 경쟁자이자 항상 더 많은 것을 요구하는 이기적인 존재로 낙인찍힐 확률이 높다.

그렇다면 사회 변혁으로 나아가는 유리천장 깨뜨리기 담론은 가능한가? 어떻게 유리천장 깨뜨리기는 삼차원적 젠더 정의를 위한 변혁적 개선책이 될 수 있는가? 모든 것을 개인의 역량으로 환원시키기보다 유리천장 깨뜨리기를 가능하게 하는 사회적 조건을 만드는 정책은 어떤 것인가? 『전진하는 페미니즘』에서 프레이저는 가족임금 이후의 '정의로운' 사회복지의 비전을 탐색하는데 이는 어떤 복지정책의 모델이 유리천장 깨뜨리기를 변혁의 방향으로 노정할 수 있을지에 대한 단초를 보여준다.

4 신경아는 박소진을 참고하는 가운데 신자유주의 시대 한국사회에서 여성들이 자아실현을 '가족경영'의 임무를 통해 수행함으로써 성별 역할 분리가 지속되기도 한다고 설명한다. "경쟁과 효율성의 원리가 지배하는 시장 중심 사회에서 개인들은 사회적 안전망 없이 '자기계발'이나 '자기관리'의 책임과 의무를 다해야 하는데, 여성은 어머니로서 자녀의 '매니저 엄마' 역할을 통해 '가족경영'의 임무를 수행한다."(신경아, 2013: 219) 이러한 맥락에서 임옥희 역시 가족주의가 지배하는 한국사회에서 자식의 '매니저' 역할을 충실히 수행하는 어머니를 모성을 통해 자아실현을 하는 사례로 설명한다(임옥희, 2010; 신경아, 2013: 219에서 재인용).

프레이저에 따르면 남편이 생계부양자가 되고 부인이 가사노동자가 되는 '남성 생계부양자 모델'은 더 이상 오늘날 유효하지 않다. 좋은 일자리가 부족한 신자유주의 시대에 가족임금까지 보장된 월급을 가져오는 남성은 매우 제한적이며 여성들도 비록 안 좋은 조건이지만 공적 시장으로 나가기 시작했기 때문이다. 그렇다면 우리는 어떠한 복지 모델을 추구해야 하는가? 어떤 모델이 젠더 정의를 증진시키는가?

프레이저가 먼저 살펴보는 것은 "보편적 생계부양자(universal breadwinner) 모델"(프레이저, 2017: 161)이다. 이는 여성을 남성과 동일한 생계부양자로 만들어 젠더 정의를 실현하고자 한다는 점에서 언뜻 집단적 분화를 넘어서는 변혁적 개선책으로 보인다. 여기서 아이를 주로 돌보는 것은 남편도 부인도 아닌 공적인 탁아서비스다. 그러나 아쉽게도 신자유주의 시대에 이 모델은 부분적으로만 실현 가능하다. 왜냐하면 이 경제체제 안에서 여성에게 남성 생계부양자만큼의 고임금 정규직을 보장해 주는 일자리는 충분히 제공되기 힘들기 때문이다. 따라서 이 모델의 혜택을 볼 수 있는 사람은 전문 교육을 받은 여성으로 제한된다. 앞서 로텐버그의 지적대로 이들을 위해 저임금의 돌봄 노동을 제공하게 되는 사람들은 대부분 "저임금에 여성화되고 인종화된 이민자들"(176)이다. 제한된 일자리를 두고 벌어지는 경쟁에서 밀려난 여성들은 여전히 저평가된 임금의 돌봄 노동을 하게 되며 이런 점에서 사회 전반에서 남성과 여성의 역할 분화 및 여성 내의 계급 분화는 지속된다(181).

그렇다면 "동등한 돌봄 제공자(caregiver parity) 모델"(161)은 어떠한가? 이 모델은 국가가 여성의 비공식 돌봄 노동을 지원함으로써 젠더 정의를 증진시킨다. 여기서 여성은 돌봄에 전념하거나 유연근무·임시직에 종사하면서 돌봄을 병행하게 되는데 국가는 이에 대해 상근직과 같은 비율의 수당을 지급한다. 이를 통해 여성들은 어느 정도 경제 불평등의 회복을 꾀할 수 있다. 그러나 여기서 돌봄은 여전히 여성의 일이 되기 쉽다. 그리고 유연 노동을 하는 여성들은 풀타임으로 일하는 남성에 비해 승진이나 승급의 기회를 제한당할 수 있다. 이런 점에서 이 모델은 여성에게 기존의 노동 분업, 기존의 젠더 분업을 지속시키고 여성들이 고위직으로 진출할 수 있는 기회를 제한할 가능성이 높다. 이 모델은 충분히 변혁적이지 않은 것이다.

이 두 가지를 비판적으로 검토한 후 낸시 프레이저는 제3의 대안으로 "보편적 돌봄 제공자(universal caregiver) 모델"(188)을 제시한다. 이는 여성이 남성의 생계부양자 생활패턴을 따라가는 것이 아니라 남성이 여성의 돌봄 제공자 생활패턴을 따라가도록 유도하는 정책이다. 필자는 이 모델이 기존의 젠더 구분뿐 아니라 생계부양과 돌봄 노동 사이의 분화를 해체하는 변혁적 치유책이라고 본다. 이것은 남성과 여성의 젠더 역할 구분만이 아니라 여성 내부의 역할 분화와 계급적 분화를 해체한다. 필자는 이러한 변혁이 가능하기 위해서는 조안 윌리엄스가 말한 노동시간의 단축, 남성의 의무적 육아휴직 같은 제도의 변화가 필요하다(Williams, 2019)고 주장한다.

그렇다면 앞서 로텐버그와 함께 살펴보았던 미국의 여성리더 담론은 어떤 모델을 전제로 하는 것인가? 샌드버그는 여성은 슈퍼우먼이 아니며 남편은 양육을 돕는 자가 아니라 양육의 책임자가 되어야 한다고 주장한다. 나아가 기업의 차원에서 여성 경력단절을 방지할 수 있는 제도적인 방안이 모색되어야 한다고 말하기도 한다. 이때 샌드버그식의 페미니즘은 "보편적 돌봄 제공자 모델"에 공명하는 것처럼 보인다. 하지만 샌드버그가 제시하는 여성리더십 담론은 젠더 이분법과 계급적 분화의 근저에는 손을 대지 않은 채 그 결과를 일부 교정하는 "보편적 생계부양자 모델"에 더 가깝다고 할 수 있다. 그는 남성도 의무적으로 양육휴가를 가져야 한다거나 돌봄을 위해서는 과감한 근무시간 단축이 있어야 한다고 강력하게 주장하지 않는다. 오히려 샌드버그는 자신의 동료이자 야후 CEO인 마리사 메이어가 임신 말기까지 일했던 것을 페미니스트들이 비판하자 그 사람의 선택을 존중할 것을 강조한다(샌드버그, 2013: 242). 샌드버그는 사회 전체의 구조를 바꿀 정책에 관심을 갖기보다 개인의 선택과 역량을 강조한다. 또 다른 사례로 샌드버그는 윌리엄스를 인용하면서(Williams, 2012.08.22) 여성이 여성을 적대시하는 현상을 비판하지만 이를 극복하는 방법을 구조 변화에서 찾기보다 고위직에 올라간 여성의 선의나 질투하지 않는 인품의 회복에서 찾는다. 이로써 고위직에 오르지 못한 여성들은 고위직에 올라가 힘을 키운 여성의 개인적이고 선택적인 도움을 받는 집단이 된다.

결국 여성리더 담론은 사회 전반에 놓인 젠더에 따른 노동 분업구조와 여성 내부의 계급적 분화를 근본적으로 해체하는 일에는 손을 대지 않으며 그런 점에서 여성들을 여전히 문화 · 상징적으로 무시하고 경제적으로 착취하는 구조를 근본적으로 넘어서지 못한다. 젠더 정의는 따라서 자기계발의 여성주체가 노력과 선의를 통해 개별적으로 성취해야 하는 문제가 된다.

5. 한국형 유리천장 깨뜨리기 담론: 신자유주의를 넘어서는 신자유주의 주체

그렇다면 최근 한국사회에서 등장한 유리천장 깨뜨리기나 래디컬 페미니스트를 중심으로 추진되는 야망보지 힘주기 프로젝트는 어떠한가?

이 담론 역시 미국의 여성리더 담론과 마찬가지의 신자유주의 페미니즘인가? '야망보지'를 언급하는 페미니스트들은 노동 및 계급 분화 자체를 해체하는 변혁적 관심을 갖는가? 아니면 근저의 틀거리를 손대지 않은 채 부분적인 재할당만을 시도하고 있는 것인가?

이 질문에 대해 하나의 통일된 답을 제시하기는 힘들다. 최근 스스로를 페미니스트로 정체화한 사람들은 서로 다른 페미니즘의 입장을 개진하기 때문이다.[5] 이에 이 논문은 최근 출판된 김진아의 『나는 내 파이를 구할 뿐 인류를 구하러 온 게 아니라고』(2019)[6]에 나타난 야망 담론을 분석하는 것으로 연구의 범위를 제한하고자 한다. 이 저서에서 김진아는 모든 소수자나 약자가 아니라 여성을 우선 챙기는 페미니즘을 하겠다고 선언한다. 저자는 래디컬 페미니즘과 기본 입장을 함께하는 것이다.[7] 저자는 전 인류를 생각하는 도덕적 관점을 과감히 버리고 여성

5 최근의 한 기사에 따르면 자신을 페미니스트로 여기는 전국의 20대 여성 1169명에게 '현존하는 인물 중 롤 모델로 삼고 있는 여성 인물은 누구인가?'를 물었을 때 그 대답은 매우 다양했다. 1위는 '없다'(33.27%)였고 강경화 외교부 장관이 2위(18.64%), 박근혜 전 대통령이 3위(8.98%), 심상정 정의당 국회의원(4.70%)이 4위 등으로 나타났다(『여성신문』, 2019.10.17). 롤 모델이 없다는 대답이 1위를 차지했다는 것도 생각해봐야 할 일이지만 구체적으로 이름이 언급된 사람들의 정치적 성향이 보수에서 진보까지 매우 다양하다는 점도 특이하다. 이는 신자유주의 비판이나 변혁적 관점에 대해 페미니스트들이 다양한 입장을 가지고 있다는 것을 추측하게 하는 부분이다. 과거에 페미니즘은 진보 혹은 좌파라는 등식이 성립했다면 이제 더 이상 그 등식은 기계적으로 성립되지 않는다.

6 물론 이 책이 한국사회 래디컬 페미니즘의 '야망보지' 담론을 대변한다고 보긴 어렵다. 야망 담론은 주로 2030을 중심으로 확산되지만 이 책의 저자는 40대이기 때문이다. 그러나 이 책에서 나타나는 어조가 많은 청년 페미니스트의 지지를 받고 있는 이상 최근의 흐름을 진단하는 데 매우 유용한 자료라고 본다.

7 물론 한국형 래디컬 페미니즘의 스펙트럼 역시 워마드 중심으로 활동을 하는 래디컬 페미니스트, 트랜스젠더 배제적 입장을 견지하는 래디컬 페미니스트, 정치적 레즈비어니즘을 강조하는 래디컬 페미니스 등 다양하다. 이 논문은 '생물학적 여성'의 경험을 강력한 동일성의 토대로 강조하는 가운데 여성을 최우선으로 먼저 챙기는 입장을 한국형 래디컬 페미니즘으로 명명하고자 한다.

의 생존을 최우선으로 생각하고자 한다. 따라서 이 저서를 비판적으로 분석하는 일은 적어도 여성을 최우선으로 챙기는 한국형 래디컬 페미니즘이 유리천장 깨뜨리기를 어떤 방식으로 이해하는지를 보여주는 일이 될 것이다. 또한 이 작업은 한국형 래디컬 페미니즘의 '야망보지' 담론이 미국의 여성리더 담론과 마찬가지로 신자유주의 체제를 공고하게 만드는 페미니즘인지를 비판적으로 살펴보는 과정이 될 것이다.

선취해서 말하자면 한국형 래디컬 페미니즘이 제안하는 야망 담론에서 여성은 그 어느 때보다 '정상'과 '성공'을 욕망한다. 미국의 여성리더 담론과 마찬가지로 여성도 좋은 일자리를 가져야 하며 고위직에 올라야 한다고 강조한다. 그런 점에서 한국형 래디컬 페미니스트의 야망보지 프로젝트는 신자유주의 페미니즘이라는 의심을 피해갈 수 없다. 그러나 특이하게도 한국형 담론은 성공만큼이나 '생존'을 강조한다. 생존을 강조하는 한국형 야망 담론은 결정적으로 '일-가정 균형' 대신 '출산불매', '결혼불매'를 선택한다는 것이다(김진아, 2019: 55). 개인의 '행복'이나 '웰빙'보다 여성 '연대'와 정치적 소비를 더 궁극적인 과제로 간주하기도 한다. 그렇다면 이 담론은 기존의 젠더에 따른 노동 분화와 계급 분화를 해체하는 변혁적인 방향으로 나아가고 있는가? 그것은 보편적 돌봄 노동자 모델처럼 다른 여성들을 착취하지 않는 방식으로 젠더 이분법의 구조를 해체시키고 있는가?

다음에서 필자는 앞서 로텐버그가 미국 여성리더 담론의 키워드로 제시했던 신자유주의적 합리성(합리화), 새로운 중간계급 여성 세대(계급화), 자기 책임(개인화), 웰빙(정서화) 등의 키워드가 김진아식의 야망 담론에서 어떻게 변주되고 있는지를 살펴봄으로써 이 물음에 답해 보고자 한다. 이는 한국형 래디컬 페미니즘의 유리천장 깨뜨리기가 미국의 신자유주의 페미니즘과 어떻게 같고 또 다른지를 밝혀 보는 과정이기도 하다.

먼저 한국형 야망 담론이 '신자유주의적 합리성'과 어떤 연관을 갖는지부터 살펴보자. 김진아는 살아남기 위해 여성들이 '전문성'을 가질 것을 촉구한다. 자기계발이 중요함을 강조한다. 이것은 체제 내에서 자신의 가치를 최대화하려는 계산적 합리성이다. 살기 위해 스스로 신자유주의에 적합한 인적 자본이 된다는 것이다. 그러나 한국형 페미니스트 주체는 일-가정 양립을 선택하지 않는다. 오히려 신자유주의적 계산적 합리성은 가정 대신 '비섹스', '비연애', '비혼'을 그 답으로 내놓는다. 이는 신자유주의 시대 출산과 양육으로 인해 경력이 단절된 여성들이 자녀의 교육과 경쟁에 몰입하는 방식으로 자아를 실현하곤 했던 경향과도 확연히 다르다. 출산과 양육이 그 어떤 방법으로도 평등하게 수행될 수 없는 사회에서 경제적으로 위기감을 느끼는 여성은 남성과의 사랑, 연애, 가정을 부정함으로써 계산을 최대화한다. 이는 김진아가 자신이 한때 롤 모델로 삼았던 드라마 〈섹스 앤 더 시티〉 주인공들을 비판하는 대목에서 잘 드러난다.

> "사실 〈섹스 앤 더 시티〉의 더 큰 해악은 '꾸밈 중독'보다 '남자 중독'의 패션화다. '나는 나를 더 사랑해'라고 외치지만 그들의 삶은 남자(와의 관계)를 중심으로 공전한다. 어딜 가든 무얼하든 친구들과의 대화 소재도 늘 남자다. (…) 야망과 재능이 무엇이건 간에 연애와 결혼이 여자의 가장 중요한 이슈라고 선동하는 프로파간다."(80)

아이러니하게도 여기서 저자는 신자유주의적 합리성에 따른 자기계발을 최대화하는 가운데 탈코르셋과 비혼을 선택하고[8] 이로써 가부장적 젠더 이분법뿐 아니라 자본주의적 생산과 재생산—비록 지연되지만 궁극에는 이루어지는—세트로 유지되는 신자유주의 체제를 넘어선다. 신자유주의적 합리성을 매우 충실하게 실천하는 가운데 신자유주의를 떠받치고 있던 젠더 이분법에 저항하고 최첨단 생식 기술 및 자본을 통해 유지되는 재생산 과정을 벗어나게 되는 것이다. 이런 점에서 신자유주의적 페미니스트는 본의 아니게 신자본주의적 틀을 교란하게 된다. 이것은 의식적인 저항은 아니지만 여성의 발목을 잡았던 재생산의 문제를 무화시킨다. 여기서 페미니스트는 프레이저가 말하는 보편적 돌봄 노동자 모델과 같은 것을 아예 처음부터 생각하지 않는다. 비섹스, 비연애, 비혼 등과 연결되는 야망 담론은 처음부터 타인에 대한 돌봄을 염두에 두고 있지 않기 때문이다. 아쉽지만 모든 사람들이 돌봄 노동자가 되는 모델은 여기서 추진되지 않는다.

둘째로 그렇다면 한국형 야망 담론은 '새로운 중간계급 여성 세대'의 담론인가? 필자는 우리 사회에서의 여성 성공과 야망 담론 역시 평등하게 교육받은 새로운 여성 세대의 등장과 연관되어 있다고 본다. 교육부·한국교육개발원의 「교육통계연보」에 따르면 이미 2005년부터 여성의 대학진학율은 남성을 앞질렀고 2017년에는 72.7%로 남성보다 7.4% 높다. 2000년대 초반부터 '알파걸'은 여러 방면에서 남성을 능가하는 높은 성취욕을 갖는 여성을 의미한다. 이들은 부모로부터 전폭적인 지지를 받으며 교육받으며 자기계발에 주력한다.[9] 전문직을 향한 열망도

8 『블로그 연희관 015B』(2019.03.26). 이 글에 따르면 야망보지 힘주기 프로젝트는 연애와 화장을 할 시간에 자기계발을 해서 성공할 것을 촉구한다.

9 김진아 역시 자신이 부모의 전폭적인 지지를 받았으며 강남의 아이들을 동경하면서 더 높

현실화되고 있다. 한국여성정책연구원 성인지통계에 따르면 2017년도 행정고시 합격자는 여성 141명, 남성 207명, 사법고시 합격자는 여성 40명, 남성 69명으로 점차 그 간극을 좁혀가고 있으며 외교관 후보자 합격자는 여성 22명, 남성 21명으로 여성이 남성보다 1명 더 많았다(『한국여성정책연구원 성인지통계(GSIS)』, 2018.10.16). 이런 분위기에서 좋은 인적자본을 축적하게 된 여성들은 좋은 직장 및 고위직에 대한 야망을 갖게 된다. 김진아가 말하듯 "유난히 야망이 컸던 나는 누군가의 여자보다 누군가가"(김진아, 2019: 26) 되고 싶었다. 중간계급으로 부상한 여성들은 행복한 주부보다 자기를 실현한 고위직 리더를 꿈꾸게 되는 것이다.

여기서 능력을 갖춘 여성은 부당한 문화적·경제적 구조를 변화시키는 데 관심이 적다. 오히려 이들에게 익숙한 것은 현 체계 내의 경쟁에서 이겨 유리한 고지를 점하는 것이다. 특히 IMF 이후의 한국사회는 배가된 신자유주의적 경쟁으로 인한 불안이 지배하고 있다. 이 경쟁에서 지면 도태할 수 있다는 위기감을 느끼고 있는 여성들에게 파이의 수와 크기를 변혁하는 일, 틀거리를 바꾸는 일은 사치다. 신자유주의 시대에 중간계급 여성들에게 중요한 것은 주어진 틀 안에서 열심히 자기계발을 해서 '생존'하는 것이다. 이런 여성들에게 모든 인류를 구하기 위해 틀거리를 바꾸어야 한다는 규범은 판타지일 뿐이다.

"정치적으로 올바르고 모든 소수자와 표현의 자유를 지지하며 남녀를 떠나 공정한 판단을 하는 '멋진 나'에 취했던 때가 있다. MTV, 온스타

은 곳으로 올라가기 위해 자기계발에 몰두했다고 고백한다.

일, 넷플릭스로 이어지는 미국 팝컬처를 먹고 자란 사람이라면 빠지기 쉬운 백인 중산층 리버럴 판타지다."(7)

"여자도 얼마든지 부도덕해질 수 있다. 남자만큼 혹은 남자보다 잔인해질 수 있다. 무엇보다 페미니즘은 평화주의가 아니며 도덕성 투쟁이 아니다. 남자들에게 빼앗긴 여자 몫의 파이를 되찾는 투쟁이다."(33)

여기서 한국형 야망 담론은 샌드버그가 분석한 미국의 리더 담론 이상으로 중간계급 여성의 이익과 생존에 충실하다. 이들은 살기 위해 소수자, 사회적 약자를 고려하는 도덕을 벗어던진다. 이는 수단과 방법을 가리지 않고 성공하겠다는 의지의 표현이기도 하다. 따라서 이들은 가사노동을 담당하는 제3세계 여성이나 비정규직 여성의 문제도 적극적으로 생각하지 않는다. 여기서 야망 담론은 젠더 정의의 중요한 여성 내부의 계급적 분화의 문제를 중심에 놓지 않는다.

그러나 흥미롭게도 야망 담론에는 반전이 존재한다. 도덕성을 거부하고 꼭대기에 올라간 여성 CEO는 완벽한 개체가 아니다. 이들은 '여성'이라는 이름하에 다른 여성의 경험에 공감할 능력이 있는 것으로 등장한다.

"남자가 최종 결정권자였다면 가능했을까? 아무리 나의 카피가 좋아도, 아무리 D기획사에서 시안을 잘 만들고 PT를 잘해도, 오랜 클라이언트 경험으로 비춰봤을 때 남자 대표였다면 선뜻 이 광고안을 고르지 않았을 것이다. 이 기적에서 신의 한 수는 최종 결정권자가 여성이라는 사실이다. 강남역 살인사건을 기점으로 가시화된 여성혐오, 여성

의 실질적 안전과 생존이 위협받는 현실 인식과 공감은 여성 대표였기에 가능한 일이었다."(123)

흥미롭게도 여기서 중간계급 여성의 야망 담론은 취소했던 윤리를 다시금 불러온다. 그러나 이것은 어디까지나 **여성**에 대한 공감과 배려이다. 여기서 여성 CEO는 여성 보편의 경험에 공감하는 능력이 있으며 적어도 여성에 한에서만은 계급적 분화를 뛰어넘을 수 있는 존재로 그려진다. 이 성공한 여성은 다른 여성들에게 손을 내민다. 물론 이러한 배려는 숭고한 이념이나 가치에만 따르는 것이 아니다. 여성 일반이 살아야 여성 개인이 생존할 수 있다는 합리적 사고 속에서 도덕을 거부했던 여성은 아이러니하게도 여성 일반에 대한 공감의 윤리를 소환한다.

셋째로 "자기 책임"의 문제를 살펴보자. 한국의 야망 담론은 물론 신자유주의에 공명하면서 개인의 노력과 선택이 매우 중요하다는 것을 강조한다. 이런 맥락에서 조직 내에서 열심히 일했으나 실패했던 경험은 한때 "내가 부족해서 실패했다는 자책감, 손끝 하나 까딱할 수 없는 무력감"(17)으로 이어지기도 한다. 그러나 강남역 사건 이후 자신을 페미니스트로 정체화한 이 중간계급은 자신의 실패를 여성혐오라는 구조와 연결시켜 인식하게 된다. 40세만 되어도 여성이 직장에서 천대받는 이유는 자신의 무능력 때문이 아니라 남성중심적으로 편재된 구조 때문이라는 자각에 도달하게 된다는 것이다. 이것은 제2의 물결에서 개인적인 것을 정치적인 것으로 인식할 수 있게 되었던 여성들의 각성과도 유사하다. 김진아 역시 자신이 회사를 그만두게 된 것은 선택이 아니었다고 생각한다(37). 물론 2030은 각종 시험 성적에서 두각을 드러내는 등 여성 개인이 얼마나 능력을 발휘할 수 있는가를 알고 있는 세대이기도 하지만 여성이 당면하고 있는 구조적인 문제를 해결하기 위해서는 자신의 변화와 더불어 사회제도적 변화가 필요하다는 것을 분명히 알고 있다.

> "여성이 투표권을 웃으며 얻지 않았듯 이 과정[여성리더의 수를 늘리는 과정—필자 첨가] 역시 자율과 선의에만 기댈 수 없다. 기업 내 여성 임원 할당제의 법제화가 필요하다."(100)

김진아는 한 발 더 나아가 자기 자신 역시 구조적으로 다른 여성을 착취할 수 있다는 점을 분명히 인지하고 있다. 고위직으로 올라가기 위해서는 일에 전념할 수밖에 없으며 이 과정에서 자신도 여느 남성 생계부양자처럼 다른 여성의 돌봄 노동을 착취할 수 있다는 것을 알고 있다.

> "예전 같으면 '나도 아내가 있었으면 좋겠다.'고 한탄했겠지만 아내라는 이름으로 다른 여성을 착취하는 일임을 이제는 안다. 한 여성-엄마의 노동을 이만큼 무급 착취했으면 충분하다."(54-5)

그러나 아쉽게도 자기 돌봄은 변혁적 복지 모델에 대한 요구가 아니라 개인이 해결해야 하는 문제로 처리된다. 가령 김진아는 다른 사람의 돌봄에 기대기보다 온라인 쇼핑 등 가사노동을 최소화하기 위한 방법을 찾아야 한다고 제안한다. 여기서 돌봄과 관계를 생각하던 페미니스트는 다시 소비 자본주의의 주체로 돌아온다.

마지막으로 한국형 여성 야망 담론이 개인의 '웰빙', '개인의 행복'을 궁극의 목적으로 지향하는지를 살펴보자. 후기자본주의 시대에 교육받은 중간계급 여성들은 자신의 웰빙을 지향한다. 그리고 웰빙은 무엇보다 소비의 행복과 직결되어 있다. 맛집을 찾아다니고 해외직구로 브랜드를 구입하면서 행복감을 느낀다. 그러나 카피라이터인 김진아는 기업이 여성들을 어떻게 파워 소비자로 만들어 내는지를 간파한다. 야근에 지친 자기 몸에 좋은 음식으로 보상하고 매력자본을 최대화하기 위해 소비하는 일은 여성의 주체성이 아니라 "기업과 시장이 장려한 소비자 주체성"(79)으로 판명되었다는 것이다. 김진아에 따르면 나를 주체적으로 꾸미는 소비는 알고 보면 나의 웰빙이 아니라 어떤 남자의 웰빙이다. 그러면서 꾸미기 위한 소비를 반성한다.

> "내 기분 좋자고, 힐링하려고, 더 멋진 나로 꾸미려고, 더 나은 남자를 찾으려고 하는 게 페미니즘이 아니라는 사실. 자기계발이 아닌 정치의 영역이라는 사실. 페미니즘이 남성 중심 사회와 가부장제를 향한 생존투쟁이자 해방운동이라는 기본적인 합의가 이루어지면 여자들은 많은 것들로부터 자유로워진다."(34)

탈코르셋 운동과 함께 이제 페미니스트에게 소비는 정치적 문제가 된다. 소비는 개인적이고 수동적인 행위에서 집단적이고 적극적인 행위자성으로 전환되는 것이다. 가령 페미니스트들은 여성혐오적인 기업에 대해 소비 총파업을 벌이거나 여성이 운영하는 사업체의 물건을 구매함으로써 여성을 독려하는 정치적 활동을 한다. 소비 행위는 개인적이지만 소비의 목적은 개인적이지만 않게 되었다. 이것은 단번에 모든 것을 바꾸는 혁명과 같은 것은 아니지만 신자유주의의 그물 속에서 신자유주의의 구멍을 만들어 내고 그 얽힘을 달리한다는 점에서 기존의 틀을 교란하는 행위자성을 갖는다.

결국 이러한 전환 과정에서 김진아의 '성공'은 신자유주의의 틀거리를 벗어난다. 리더가 된다는 것, 고위직이 된다는 것은 돈을 많이 벌거나 높은 자리에 올라간다는 것을 넘어 자신이 하고 싶은 일, 자신이 잘할 수 있는 일을 지속적으로 하는 전문가가 된다는 것이다.

> "페미니즘을 광고로, 매스미디어로 연결시키기 위해 이 일을 계속하고 싶다. 계속할 것이다. 그게 내가 이룰 수 있는 성공이리라."(132)

이들은 사회조직도 변화시킨다. 여성 게이머들은 여성혐오적인 회사를 나와 여성들을 위한 기업을 창업하고 여성 과학자들은 사회적 협동조합이라는 대안 경제 기업을 만들어 내기도 한다(『WISET』, 2018.07.06).[10] 김진아 역시 여성들이 네트워킹할 수 있는 '우먼소셜클럽'을 만들었다. 이것이 바로 페미니스트 여성의 '성공', 유리천장 깨뜨리기의 결과인 것이다.

물론 김진아는 여기서 프레이저가 말했던 보편적 돌봄 노동자 모델과 같은 변혁적 개선책을 분명하게 상상할 수 없었다. 그러나 적어도 그의 한국식 야망 담론은 미국의 여성리더 담론과 달리 젠더에 따른 노동 분화와 여성 내의 계급 분화가 구조적이라는 인식에 도달한다. 신자유주의적 합리성을 충실하게 밀고 나가는 가운데 신자유주의의 토대가 되는 기술 자본 기반적 재생산을 거부한다. 중간계급의 이익을 충실하

10 『WISET』는 경력단절 과학전공자 여성들이 만든 온과학교육문화협동조합, 짧은 근속과 재취업이 힘든 환경을 극복하고자 여성 IT 전문가들이 만든 굿잡마마협동조합, 과학기술과 사회과학 분야의 전문가들이 만든 한국창의여성연구협동조합 등을 소개하고 있다.

게 따르는 과정에서 소수자에 대한 도덕을 거부하지만 아이러니하게도 여성 연대와 배려의 도덕은 실천한다. 여기서 여성들의 실천은 일관적이지 않다. 그들의 행위자성은 처음부터 신자유주의를 변혁하기 위해 저항하는 행위자성은 아니지만 신자유주의의 문법을 반복적으로 혹은 과잉으로 수행하는 가운데 신자유주의를 강화하기도 하지만 이탈하기도 하는 행위자성이다.

마지막으로 이 논문은 한국형 야망 담론을 추구하는 신자유주의적 페미니스트 주체의 행위자성을 과잉과 모순의 행위자성으로 정리하고자 하다. 결론적으로 야망 담론은 신자유주의 페미니즘이지만 신자유주의 페미니즘을 넘어선다. 가령 페미니스트들은 신자유주의적 합리성을 과잉으로 최대화하는 가운데 비연애와 비혼을 선택하고 이로써 자본 기술을 토대로 하는 생산과 재생산의 신자유주의 세트를 넘어선다. 야망 담론은 자신의 생존을 위해 소수자에 대한 도덕은 버리지만 철저히 생존의 문제에 천착하는 과정에서 여성에 한해서만은 연대하고 배려한다. 이들은 생존을 위해서는 개인적인 노력이 필요하다고 보지만 자신의 실패는 구조의 결과임을 인식한다. 이로써 '성공'과 '행복'은 신자유주의적 의미를 이탈한다. 성공은 경쟁을 통해 높은 곳에 올라가는 것이라기보다 자기 자신이 하고 싶은 일을 하고 사는 것을 의미하며, 행복은 기업과 시장이 장려한 소비가 아니라 페미니즘의 관점에서 정치적인 소비를 하는 것이 된다. 생존을 모색하는 가운데 사회적 협동조합과 같은 비자본주의적 기업을 만들기도 한다. 이로써 야망보지 프로젝트는 아직은 미약하지만 새로운 커뮤니티나 대안 경제를 만들어 내는 변혁적 방향으로 나아가기도 한다.

6. 변혁적 관점과 협상하는 페미니즘

앞서 필자는 로텐버그와 함께 미국에서 등장하고 있는 여성리더 성공 담론이 "일-가정 균형"과 "행복"을 목적으로 하고 있으며 이는 또다시 신자유주의적 합리성, 새로운 여성 중간계급의 등장, 자기-책임론, 개인의 정서적 웰빙과 같은 키워드를 통해 해명될 수 있음을 보여주었다. 결국 로텐버그는 샌드버그식의 여성리더 담론을 신자유주의 체제를 유지시키는 데 기여하는 포스트페미니즘으로 규정한다. 프레이저의 이론에 따르면 이러한 신자유주의 페미니즘은 젠더 이분법과 계급적 착취를 근본적으로 해체하는 변혁적 개선책을 제시할 수 없다. 그것은 보편적 돌봄 노동자 모델과 같이 계급적 차별 없이 성별 분업을 없앨 수 있는 변혁적 방법을 고안하는 데 관심을 기울이지 않는다.

이와 달리 최근 우리 사회에서 등장하고 있는 야망 담론과 유리천장 깨뜨리기 담론은 전면적이지는 않지만 부분적으로나마 과잉과 모순의 변혁적 행위자성을 드러낸다. 김진아의 저서를 중심으로 살펴보면 우리 사회의 야망 담론은 신자유주의적인 합리성을 끝까지 밀고 나가는 가운데 연애와 결혼을 거부하는 등 가부장적 기반을 뒤흔드는 방향으로 나아간다. 소수자를 고려하지 않고 철저히 자신의 생존에 관심을 두는 야망 담론은 모순적이지만 여성에 한해서만은 도덕적 태도를 견지한다. 이러한 과잉과 모순의 행위자성을 갖고 있기에 야망 담론은 성공과 행복의 의미를 해체적으로 재구성한다. 여기서 성공은 높이 올라가는 것이 아니라 자신이 하고 싶은 일을 하는 것이며 행복은 여성들이 연대하는 새로운 조직을 만드는 것이 된다.

그렇다면 가장 신자유주의적이면서 동시에 신자유주의직이지 않은 행위자성을 보여주는 한국사회의 유리천장 깨뜨리기 담론을 어떻게 평가할 것인가? 대대적인 것이 아니라 부분적으로만 변혁적인, 때로는 보수적이지만 때로는 매우 급진적인 변화를 추동하는 이 프로젝트가 젠더 정의를 앞당기고 있다고 말할 수 있는가? 로텐버그는 미국의 여성리더 담론을 비판적으로 분석하는 가운데 신자유주의 체제와 비판 페미니즘이 함께 갈 수 없다고 보았다. 낸시 프레이저는 젠더에 따른 노동 분업과 계급 격차를 해체할 때 비로소 젠더 정의가 실현될 수 있다고 보았다. 그리고 보편적 돌봄 노동자 모델과 같은 변혁적 관점으로 전환할 때 비로소 성별뿐 아니라 여성 내부의 계급적 차이까지도 고려하는 페미니스트 정책이 마련될 수 있다고 보았다. 이런 관점에서 보자면 한국형 야망 담론은 철저히 변혁적이지 않다. 그것은 모순적이다. 그러나 프레이저 스스로도 고백하듯 경제적 사회주의와 문화적 해체주의를 조합하는 변혁적 개선책을 현실에서 대대적으로, 한 번에 실현하는 일은 쉽지 않다. 변혁적 개선책은 "모든 사람이 현재의 문화적 구성과 결부된 자신의 이해관계와 정체성에 대한 애착에서 벗어날"(프레이저, 2016: 65) 때 비로소 실현 가능한데 이를 선택할 수 있는 인간은 매우 드물기 때문이다. 그렇다면 비판이론으로서의 페미니즘은 현재의 유리천장 깨뜨리기 담론이 자신과 결부된 문화적·경제적 이해관계에서 전적으로 벗어나지 못했다고 비판할 것이 아니라 어떻게 자신의 이해관계와 정체성에서 완벽하게 벗어나지 못하는 페미니스트들이 과잉과 모순을 통해 자신의 행위자성을 넓혀가고 있는가에 좀 더 관심을 기울여야 하는 것이 아닌가? 그 과정에서 현실적으로 페미니스트들이 어떻게 변태하고 있는지, 어떻게 자신의 상황과 구조의 문제를 협상하는지에 주목해야 하는 것이 아닌가? 그것이 바로 비판으로서의 페미니즘이 해야 할 일이 아닌가?

참고문헌

Fraser, Nancy(1987), "What's Critical about Critical Theory?", in *Feminism as Critique: Essays on the politics of gender in late-capitalist societies*, ed Cornell, Drucilla, Seyla Benhabib(ed.), Minneapolis: University of Minneasota Press, 1987.

Marx, Karl(1975), "Letter to A. Ruge, September 1843," in *Karl Marx: Early Writings*, tr. Rodney Livingstone and Gregor Benton, New York: Vintage Books, 1975.

Rottenberg, Catherine(2018), *The Rise of Neoliberal Feminism*, Oxford: Oxford Uni. Press.

Williams. Joan, Aug.22.2012, "Slaughter vs. Sandberg: Both Right" in *Huffington Post*, https://www.huffpost.com/entry/ann-marie-slaughter_b_1619324

Williams, Joan(2019), "Women and Work in Korea: Lessons from Other Lands", in 한국여성학회, 『성평등 노동시장을 위한 법제도 개선 및 정책 제안 - Joan C. Wolliams 교수 초청특강』, 서울, p. 3~27

김진아(2019), 『나는 내 파이를 구할 뿐 인류를 구하러 온 게 아니라고』, 서울: 바다출판사.

신경아(2013), 「여성노동자의 생애이야기에 나타난 '개인'의 인식」, 계명대 여성연구소, 『젠더와 문화』, 제6권 2호, pp. 215-252.

엄혜진(2014), 『신자유주의 시대 한국의 자기계발 담론에 나타난 여성 주체성과 젠더관계: 1990년대 이후 베스트셀러 여성 자기계발서 분석을 중심으로』, 서울대학교 박사학위 논문.

임옥희(2010), 「신자유주의시대 모성의 정치경제학」, 여성문화이론연구소, 『여/성이론』, 제22호, 10-32쪽.

파이어스톤, 슐라미스(2016), 『성의 변증법』, 김민예숙 · 유숙열 옮김, 서울: 꾸리에북스.

프레이저, 낸시(2016), 「재분배에서 인정으로? - '포스트사회주의' 시대 정의의 딜레마」, 낸시 프레이저 외(2019), 『불평등과 모욕을 넘어 - 낸시 프레이저의 비판적 정의론과 논쟁들』, 케빈 올슨 엮음, 이현재 외 옮김, 서울: 그린비, 24~68쪽, Fraser, Nancy(2008), "Redistribution to Recognition?", in *Adding Insult to Injury*, ed., Olson Kevin, London: Verso.

프레이저, 낸시(2016a), 「인정을 다시 생각하기 - 문화 정치에서의 대체와 물화의 극복을 위하여」, 낸시 프레이저 외(2019), 『불평등과 모욕을 넘어 - 낸시 프레이저의 비판적 정의론과 논쟁들』, 케빈 올슨 엮음, 이현재 외 옮김, 서울: 그린비, 202~220쪽, Fraser, Nancy(2008), "Rethinking the Recognition", in *Adding Insult to Injury*, ed., Olson Kevin, London: Verso.

프레이저, 낸시(2017), 『전진하는 페미니즘』, 임옥희 옮김, 파주: 돌베개, Fraser, Nancy(2013), *Fortunes of Feminism*, London: Verso.
멕, 마이어스(2019), 『여자에게는 야망이 필요하다』, 김나연 옮김, 서울: 토네이도, Morgan, Meg, *Everything is Negotiable: The 5 Tactics to get What You Want in Life, Love, and Work*, NY: Seal Press.
샌드버그, 셰릴(2013), 『린 인』, 안기순 옮김, 서울: 와이즈베리, Sandberg, Sheryl(2013), *Lean In*, NY: Ebury Press.

『블로그 연희관 015B』(2019.03.26), "[신자유주의의 환상]페미니스트에게 다른 야망을", https://yeonhee015b.tistory.com/121
『여성신문』, 2019.10.17, "배울 여성 롤모델 '없다'", http://www.womennews.co.kr/news/articleView.html?idxno=193721
『오마이뉴스』, 2019.10.17, "'성별 임금 격차' 부정하는 유튜브 방송...성차별은 어떻게 정당화되나", http://www.ohmynews.com/NWS_Web/View/at_pg.aspx?CNTN_CD=A0002579086&CMPT_CD=P0001&utm_campaign=daum_news&utm_source=daum&utm_medium=daumnews
『중앙일보』, 2019.03.07, "한국 여성 국회의원 비율 17.1%...세계평균 크게 밑돌아", https://news.joins.com/article/23403754
『한국일보』, 2019.09.26, "결혼한 남녀 임금 격차, 싱글 남녀 격차의 배", https://www.hankookilbo.com/News/Read/201909261493023086?did=DA&dtype=&dtypecode=&prnewsid=
『한국여성정책연구원 성인지통계(GSIS)』, 2018.10.16, "성별 국가고시 합격자 수 및 여성비율" https://gsis.kwdi.re.kr/gsis/kr/board/BoardDetail.html?board_class=BOARD20&board_seq=9209&menuId=2003103&rootId=2003000
『WISET』, 2018.07.06, "함께 만드는 시너지 ② '여성과학기술인협동조합' 이궁금해?", http://blog.naver.com/PostView.nhn?blogId=wisetter&logNo=221313823683

부록

「주디스 버틀러와의 대화」는 계간 『대산문화』 2020년 여름호 '대산초대석'에 실렸던 대담을 주디스 버틀러와 조현준 교수, 대산문화재단의 허락을 얻어 재수록하였습니다.

[편집자 주] 주디스 버틀러는 1990년 기존 페미니즘 정치학에 도발적으로 문제를 제기한 『젠더 트러블』(*Gender Trouble*)을 출간하여 학계에 큰 논란을 불러일으켰다. 이 책은 전 세계적으로 번역되어 주디스 버틀러를 영미 지성계의 떠오르는 아이콘으로 만들었다. 오늘날 가장 중요하고 영향력 있는 페미니즘 이론가로 인정받고 있는 그를 젠더 이론가이자 주디스 버틀러 전문 연구자인 조현준 경희대 교수가 인터뷰했다. 인터뷰는 이메일로 진행되었으며 조현준 교수가 인터뷰 진행과 번역을 맡았다.

주디스 버틀러와의 대화
오늘날의 페미니즘

주디스 버틀러, 조현준

조현준 코로나가 한창인데 선생님과 이메일로 인터뷰를 하게 되어 반갑습니다. 2008년 '세계적 철학자 7명 릴레이 인터뷰'를 하신 이후로 여기서는 선생님의 책 17권이 번역되었거나 번역 중이고, 저도 『젠더 트러블』의 역자입니다. 『젠더 트러블』은 대중뿐 아니라 학계에도 큰 영향을 미친 책입니다. 한국에서 이렇게 큰 관심을 받는 것에 대해서 어떻게 생각하십니까?

주디스 버틀러 『젠더 트러블』을 한글로 옮기느라 애써주신 조현준 교수님께 깊이 감사드립니다. 그렇게 생각해 주신다니 영광이며, 언젠가 한국을 방문해 페미니즘, 젠더 연구, 사회 철학과 정치 철학에 관심 있는 학생 및 교수진과 대화를 나눠볼 수 있으면 좋겠습니다. 지금은 한국과 미국 모두가 고통을 겪고 있다는 것을 알고 있습니다.

조현준 선생님께선 젠더와 퀴어 이론, 섹슈얼리티, 그리고 정치 윤리에 대해 꾸준히 관심을 기울여 오신 것으로 잘 알려져 있습니다. 여러 이론적이고 실천적 의미가 있는 책도 많이 집필하셨고요. 초기의 이론적 경향에서는 '젠더 정체성이 없는 정치학'을 향하던 것이, 9·11 이후 최근에는 '윤리적 정치나 현실의 정치'로 초점이 이동했다고 생각되는데, 이런 변화를 어떻게 보시나요? 기존 '수행성 이론'의 강화라 보시는지, 아니면 새로운 '정치 윤리학' 주제의 시작이라 보시는지요? 윤리학과 정치학을 차이 짓는 관계는 무엇이라고 보십니까? 이런 초점 변화가 정치의 윤리화, 더 단순하게는 윤리학으로의 전환이라고 보는 비평에 대해서는 어떻게 답하시겠습니까?

주디스 버틀러 중요한 질문을 해주셔서 감사합니다. 『젠더 트러블』을 집필하던 당시 저는 주체에 관한 푸코의 해석을 연구하던 중이었습니다. 주체는 권력이 만들었어요. 제 주장은 젠더 주체가 이성애 토대 안에서 만들어지는데, 막상 그 토대는 이성애를 규범으로 한다고 말해지지 않는다는 것이었어요. 사회생활 영역은 기본적으로 사회적 규범이라는 관념을 통해 이해되었습니다. 거기에는 젠더의 생존 방식을 확정하지는 않아도 은밀히 만들어가는 규범이 있었지요. 사람은 다른 사람에게 젠더 범주로 불리게 된다고 간단하게는 언급했지만, 사회적 호명이라는 권력이 실제로 어떻게 작동하는지는 충분히 생각하지 못했습니다. 다른 사람들이 나를 규정하는 것인가, 아니면 규범이 나를 규정한다고 하면 되는 것인가? 나는 어떻게 타인의 부름을 알고, 순환하는 사회 규범을 알고, 규범이 주체 형성과 감정에 미치는 영향을 알까? 윤리학 영역에서는 나를 규정할 때 타인의 자리를 진지하게 생각합니다. 나는 나를 규정하지 않습니다. 나는 사람들이 내 이름을 부르고 나를 규정하는 방식에도 좌우되지만, 동시에 그런 이름과 규정에 내가 저항하는 방식에도 좌우됩니다. 그것은 윤리 관계이기도 하고 권력 관계이기도 합니다. 그 누구도 나를 규정할 수 없다고만 주장한다면, 우리가 다른 사람의 언어에 좌우되는 근본적 방식을 내가 잘못 이해하고 있는 것입니다. 우리는 낯선 언어 속에 태어나고, 그 언어는 우리 것이 아니며, 우리에겐 그 언어의 모든 선험적 형식 및 실태와 단절하게끔 언어를 재창조할 힘이 없어요. 이것은 윤리적 장면입니다. 나와 언어의 관계에 의무가 숨어 있기 때문입니다. 내가 어떤 사람에게 특정 대접을 해 달라고 주장하거나, 특정 이름으로 부르고 특정 젠더로 간주해 달라고 요구하려 한다면, 나는 내가 지금 주장하고 요구하고 있는 그 사람의 반응에 의존하게 됩니다. 그러니 다른 관계가 거기 있는 것이죠. 그 관계 안에서 우리는 서로에게 반응하고, 서로의 삶을 유지할 의무 및 상대가 삶으로 간주해 달라고 요청한 방식을 존중할 의무를 안게 됩니다. 그 존중이 삶을 지속시키는 것이니까요.

조현준 올해 2020년 2월에 출간된 신간 『비폭력의 힘』(*The Force of Nonviolence*)을 재미있게 읽었습니다. 제가 보기에 이 책은 『집회의 수행성 이론 소고』(*Notes Toward a Performative Theory of Assembly*, 2015) 이후 이어온 연

구의 결론이자 비폭력 윤리학을 정립하려는 힘찬 시도 같습니다. 특히 이 책에 나온 '평등의 상상계' 개념과 관련해, 행위의 실패라기보다는 삶의 주장으로서의 비폭력 철학 사상에 대해 좀 더 말씀해 주시겠습니까? 또한 이 신간이 지금 선생님이 하고 계신 이론의 정치와 관련해 어떤 의미를 갖는지도 알고 싶습니다.

주디스 버틀러 이론의 정치 부분에 대해서는 많이 알지 못합니다만, 경제 권력과 정치 권력이 완전히 그 문을 닫아버렸을 때, 우리가 상상의 지평을 열어보는 것도 때로 중요하다고 말씀드리겠습니다. 제가 만일 여러 다른 삶이 똑같이 가치 있는 어떤 세상을 찾는다면, 저는 잠시 이 세상을 벗어나 상상의 세계로 들어가, 왜 그곳이 우리가 만들고 싶고, 살고 싶은 곳인지를 언어로 말할 것입니다. 그곳은 분명 누군가 살고 있는 역사적 상황을 벗어나 있습니다. 우리는 우리의 언어로 지금의 역사적 상황을 출발점이자 기원으로 받아들입니다. 하지만 또한 거길 벗어난다는 의미에서는 떠나는 것이기도 합니다. 그래서 저의 비폭력 옹호가 보통 비현실적이라고 불리게 되는데, 그게 전 좀 재밌기도 하고, 제 주장이 잘 통하고 있다는 신호로 보이기도 해요! 저는 위협이 되는 타인을 파멸시키려는 경향이 있는, 이기심이라는 이름으로 표시된 정치적 리얼리즘 사상과 결별하고자 합니다. 그래도 이런 주장은 개인의 자아 개념이나 국가, 혹은 인종적 의미의 자아 관념에 기대어 있습니다.

그러나 (팬데믹이 분명히 알려주듯) 우리의 '자아'가 국지적이고 국제적인 관계들이 교차하는 지점이라면, 내가 타인에게 가하는 모든 폭력은 나 자신에 대한 것이며, 또한 우리를 묶는 삶의 관계에 대한 것입니다.

조현준 한국의 페미니즘과 퀴어 진영에서 벌어진 일을 알고 계실지 모르겠습니다만, 현재 급진적 페미니즘과 퀴어 이론가들 사이의 갈등 국면에 관한 우려가 커지고 있습니다. 한국 페미니즘의 역사를 이야기하자면, 1980년대 대학 강단과 학계의 제1의 물결 페미니즘이 1990년대 대학교 총여학생회 중심의 제2의 물결 페미니즘을 거쳐 2010년대 이후 온라인에서 폭발적으로 터진 제3의 물결 페미니즘으로 이어졌습니다. 물론 세대 차이도 있고, 페미니즘 운동의 목적과 방법의 개념화 및 연대 방식의 차이가 있습니다. 여기서는 서로 다른 페미니스트끼리 관점의 갈등을 빚기도 하고, 급진주의 페미니스트와 퀴어 커뮤니티 사이에 적대감도 있습니다. 급진주의 페미니스트는 '퀴어 없는 페미니즘'을 선언했습니다. 한국의 가부장제 남성 중심 여성혐오 사회에 맞서려는 페미니즘 연대에서, 소위 TERF(Trans-Exclusionary Radical Feminist, 트랜스 배제 급진 페미니즘) 집단이 LGBT(Lesbian, Gay, Bisexual, Transgender) 커뮤니티를 배제하려 합니다. 이런 상황은 어쩔 수 없이 겪어야 하는 과정일까요? 이런 상호 파괴적 대립 국면을 벗어날 해법은 어디에 있을까요?

주디스 버틀러 트랜스 배제 집단이 명백한 차별의 목적을 수행하기 위해, 차별 반대라는 페미니즘의 목적을 심히 왜곡했다는 것을 듣게 되어 매우 안타깝습니다. 평등과 자유를 주장하는 페미니즘은 트랜스를 배제할 수 없습니다. 페미니즘이 젠더에 기초한 모든 형태의 차별에 반대하는 것임을 생각해보면, 트랜스 배제 페미니즘 같은 것은 있을 수 없습니다. 페미니즘 이론의 가장 해방적인 차원의 하나는 남자, 여자 같은 범주에 대해 사유한다는 점입니다. 우리는 위계와 규제에 기초한 기존 규정에 맞서 싸웠습니다. 아주 많은 여성들이 강인하고 단호하게 나가면 자신이 여성성을 잃게 된다고 느꼈습니다. 하지만 페미니즘은 여성들에게 여성이 무엇이고 무엇일 수 있는지에 관한 생각을 확장하게 해주었습니다. 또한 생물학이 우리의 사회적 운명을 결정한다는 생각, 즉 생물학이 우리의 정치적 자유, 우리가 하는 일, 우리가 욕망하고 사랑하는 방식을 결정한다는 생각에 모두가 반박할 수 있게 해주었습니다. 태어날 때 배정받은 젠더가 항상 옳은 것은 아닙니다. 해부학이 있기는 하지만, 해부학의 어떤 부분도 우리가 우리 것으로 생각하는 젠더의 형태를 결정해 주지 않습니다. 그런 생각은 대단히 주관적이고 역사적입니다. 그러니 많은 트랜스인에게, 남자와 여자에게, (저처럼) 이분법에 속하지 않는 사람에게 젠더감은 의료적 권위나, 심지어 권위주의적 페미니즘 운동이라도 규정할 수 없습니다. 따라서 우리는 젠더의 자유와 평등을 위해 계속 투쟁해야 합니다. 그것은 페미니즘, 퀴어 행동주의, 트랜스 운동의 강한 연대를 의미합니다. 우리가 진정으로 평등을 위해 헌신한다면 반국가주의와 반자본주의 운동에도 동참할 필요가 있다는 점을 덧붙이고 싶습니다.

조현준 같은 맥락에서, 지난 2020년 2월 한 트랜스젠더 학생이 한국의 한 명문 여자대학교에 합격했다가, 서울에 있는 여섯 개 여자대학 학생들과 TERF 학생들의 대중적 낙인찍기와 혐오 발언 등 강한 압박을 견디지 못해 입학을 포기했습니다. 이 학생은 "온종일 너무 무서웠다. 온

갖 욕을 다 먹더니 마음이 너덜너덜해진 기분이다. (제대로 된 여자가 아니라는 이유로) 내 몇 안 되는 희망조차도 허락하지 않겠다는 그들의 언행을 보면서 두려웠다"고 했습니다. 한국의 제3의 물결 페미니즘과 퀴어 사이의 정치적 갈등이라는 상황을 고려해볼 때 이 문제에 대해서 의견을 나누고 싶습니다. 이론적이고 실천적인 관점에서 이 갈등을 어떻게 생각할 수 있을까요?

주디스 버틀러 페미니즘의 전체 사상이 '제대로 된 여자'라는 관념에 반대하기 위해 있다고 생각해왔습니다! 제대로 된 여자가 누군지 누가 말할 수 있나요? 트랜스 여성이 수술 전이라 음경이 아직 있다고 해서 그 사람이 그 음경과 동일시된다거나 '음경이 있다'는 자체로 위험의 근원이라는 의미가 아닙니다. 성폭력과 강간의 문제는 상대의 의사에 반하는 몸의 폭력적 사용과 관계가 있지, 그 폭력이 음경이라는 신체 부위로 인해 생긴 결과가 아닙니다. 그 신체 부위가 성폭력에 쓰이는 것이죠. 또한 폭력이 신체적 타격, 강간 행위, 성폭력만으로 일어나지 않는다는 사실도 기억해봅시다. 물론 이런 형태를 띨 때도 있고, 우리 모두는 성폭력에 대해 공공연하고도 분명하게 맞서야 합니다. 하지만 다른 형태의 폭력도 있습니다. 제도적, 사회적, 구조적, 상징적 폭력입니다. 우리는 이런 폭력에도 맞서야 합니다. 말씀하신 트랜스 학생은 다른 종류의 폭력을 당했습니다. 협박, 괴롭힘, 검열 말입니다. 자신에게 최적의 환경에서 교육받으려던 그녀의 재능은 트랜스인을 적으로 오인한 사람들 때문에 좌절당했습니다. 우리 모두는 우리의 결정이 추측, 무지, 그리고 공포에서 나오지 않도록 트랜스의 삶에 대해 훨씬 더 많이 알아야 할 것입니다.

조현준 다시 선생님의 연구와 학문적 활동에 대해서 질문하고자 합니다. 현재 선생님은 단순히 젠더나 페미니즘 이론가로서만이 아니라 정치에 기여하는 활동적 지성인으로서 아시아 연대 네트워크를 포함해서 세계적 이론가와 기관 네트워크를 구축하고 계신 것으로 알고 있습니다. 제게는 정말 엄청난 프로젝트로 보입니다. 이 프로젝트와 현재 상황에 대해 소개해 주실 수 있나요? 세계적 이론 네트워크를 생각하고 현실화한다는 것이 선생님께 얼마나 중요한 일인가요?

주디스 버틀러 저는 국제 비평 이론 프로그램 컨소시엄에 참여해왔습니다. 대략적으로 말해 비평적 사고에 기여하는 오백 개 이상의 프로그램을 포함하는 네트워크입니다. 점점 더 많은 대학이 비평적 사고의 가치를 절하하거나, 대학의 연구자들에게 국가 정책을 지지하고 인정하라고 지시하는 상황을 마주하니, 왜 비평 이론이 그토록 중요한 다학제 분야인지 분명하게 밝히는 것이 무엇보다 중요해졌습니다. 물론 우리 모두는 프랑크푸르트학파의 명망 높은 연구의 혜택을 받았습니다만, 그 또한 비평적 사고의 한 가지 형태입니다. 우리는 잡지 『크리티컬 타임즈』(*Critical Times*)와 도서 시리즈 '크리티컬 사우스'(Critical South)를 포함해서 웹사이트와 활동을 갖춘 더 세계적인 그림을 그려보려 합니다. 미국과 유럽이 자신들이야말로 이론 활동의 중심에 있다고 더 이상 생각하지 않는 것도 중요합니다. 앞선 학파의 혜택 및 국가주의, 인종주의, 젠더가 동아시아, 남아시아, 라틴 아메리카, 그리고 아프리카에서 사유되는 방식은 억압의 역사적 상황을 이해하고 우리가 앞으로 나아갈 길을 생각할 아주 다른 틀을 의미합니다.

조현준 우리는 지금 코로나 바이러스의 세계적 발발 한가운데서 삶의 방식을 바꾸고, 자본주의적 사고를 완전히 바꿀 만한 근본적 변화에 직면해 있습니다. 특히 많은 대학이 교육과 충원 방식 면에서 강제된 변화를 해결하고자 필사적으로 애쓰고 있습니다. 저 역시 매주 온라인 동영상 강의를 제작하며, 실시간 원격 강의실에서 학생들과 스크린으로 만나야 합니다.

이런 변화는 바이러스 때문이든 AI 때문이든 가까운 미래에 마주할 여러 변화의 일부일 것입니다. 코로나의 여파로 우리의 일상생활에서 크게 달라지는 점은 무엇일까요? 포스트 코로나 자본주의 시대에 앞으로 개인과 공동체의 소통에서 일어날 일에 대해 우리는 얼마나 준비가 된 것일까요?

주디스 버틀러 원격 강의 규약을 '정상화'하지 않는 일이 중요하다고 생각합니다. 그것에 익숙해져 대면 세미나와 강의를 대체하지 않게 하는 것 말입니다. 결국 배움은 선생이 학생에게 정보를 전달하는 것만이 아니라 교실 안과 교실 바깥에서 소통하고 계속 연결되고 모임을 갖는 것으로도 일어납니다. 사람들이 모이는 세미나와 강의에서는 다른 역학이 발생합니다. 모인다는 것이 교육과 정치에 얼마나 중요한지를 좌시해서는 안 됩니다. 이 시기를 이용해 우리 세상을 연구하고 온라인 연결을 심화할 수도 있겠지만, 한편으론 이 병의 결과로 보이는 사회적 경제적 불평등의 강화를 예측할 수도 있습니다. 온라인 교수법 규약은 우리가 집단이나 공동으로 생각하기와 글쓰기에 참여할 때, 정보만 전달하는 것처럼 대합니다. 많은 대학이 수입이 줄고 있고 경비 절감 방법을 찾고 있기 때문에, 우리는 고등교육을 위해 싸워야 할 것입니다. 교육자도 핵심적 노동자이며, 생각하고 글을 쓰는 것은 핵심적 지식의 실천입니다. 정부가 정보를 줘야 하고 일상의 실천과 안전한 작업 환경에 좋은 지침을 제공해야 한다고 요구할 모든 권리가 우리에게 있듯이, 국가의 권위주의 목적에 쓰이는 감시 방법에 반발할 모든 이유도 우리에게 있습니다. 일부 국가에서 공중위생이라는 명목으로 트랜스 건강권, 출산의 자유를 공격하는 일이 있고, 코로나 팬데믹 시기 동안 가정 바깥의 직업을 유지하려 애를 쓰든 말든 여자들이 집안일과 돌봄 활동을 맡게 될 것도 알고 있습니다. 가정을 '안전한 공간'으로 보려는 환상이 있지만, 봉쇄 조치가 가정폭력을 강화하기도 한다는 것을 우리는 알고 있습니다. 그러니 앞으로는 가정 정치에 대한 생각을 바꿔야 할 것입니다. 너무 많은 사람들이, 그리고 점점 더 많은 수의 사람들이 쓸 만한 집이 없거나, (특히 극한 자본주의 정권하에서) 좋은 건강보험이 없었다는 것을 생각해보면, 우리의 투쟁은 연대해야 합니다. 이 시기를 활용해 새로운 연합체를 만들 수 있고, 집결이 가능한 시간을 고대해볼 수 있습니다.

조현준 마지막으로 한국의 페미니스트 동료, 퀴어 동지, 열렬한 독자들에게 특별히 하고 싶은 말씀이 있으신지요?

주디스 버틀러 제 책을 읽어주셔서 대단히 감사하고, 또 제 책이 매우 어렵게 보여서 죄송합니다. 한번은 친구가 옷에 달 배지를 하나 줬는데 거기 '고뇌할 만한'이라고 쓰여 있었습니다! 제 책이 고뇌할 만한 것인지는 잘 모르겠습니다. 새로운 방식의 생각에 다다르기 위해 고통의 몸부림이 필요할 수도 있습니다. 제 책을 읽는 독자는 눈에 보이지 않는 친구이고, 동행은 어려운 시기를 통과할 힘입니다. 여러분의 기꺼운 참여에 감사하고 있습니다. 하지만 제 생각을 가져다가 여러분의 것으로 만들고, 좋은 것을 훔치고, 나머지는 그냥 두세요. 여러분을 감동시키고 지원해준 책과 문화 작품을 모두 끌어와서 여러분의 방식으로 전진하고, 그러면서 여러분 고유의 생각의 네트워크를 만들고, 그것을 영원히 끝나지 않을 투쟁과 연결하십시오.

Inhalt

:: 파트리크 자흐베 Patrick Sachweh

만하임 대학에서 사회과학을 공부했으며 브레멘 대학 사회학과에서 박사학위를 받았다. 프랑크푸르트 대학과 막스플랑크연구소를 거쳐 브레멘 대학 비교사회학 교수로 재직 중이다. 경험적 연구 방법론을 활용하여 사회적 불평등과 복지국가 비교 연구를 체계화하는 데 중점을 두고 있다. 현재 중산층 내에서 일어나는 다양한 가치 지향적 갈등에 대해 연구하고 있으며, 최근에는 사회적 불평등과 정의에 대한 대중적 인식에 관해 연구를 수행했다. 주요 저서로 『사회적 불평등의 해석 패턴: 사회적 특권과 불이익에 대한 인식과 정당화』『삶의 방식으로서의 자본주의?』(공저) 등이 있다.

:: 자라 렌츠 Sarah Lenz

트리어 대학과 빈 대학에서 사회학과 독문학을 공부했으며 프랑크푸르트 대학 사회학과에서 박사학위를 받았다. 바젤 대학 사회학과를 거쳐 함부르크 대학에서 연구 조교로 재직하면서 독일연구재단(DFG) '지속가능성의 미래' 연구 프로젝트를 이끌고 있다. 사회적 불평등, 디지털화, 지속가능성에 대한 사회학 연구에 중점을 두고 있다. 주요 저서로 『윤리적인 금융 기관: 은행의 규범적 지향과 비판』『위험으로서의 사회: 코로나 팬데믹의 사회학적 상황 분석』(공저) 『구속되지 않은 자본주의』(공저) 등이 있다.

:: 에벨린 슈타머 Evelyn Sthamer

만하임 대학에서 사회학을 공부했고 쾰른 대학에서 사회학 및 실증 연구로 석사학위를 받았다. 프랑크푸르트 사회연구소에서 연구 조교로 재직하면서 독일연구재단(DFG) '불평등 해석과 정의 지향' 연구 프로젝트를 이끌고 있다. 주요 논문으로 「부유한 사람들이 불평등을 점점 더 부당하게 여기는 이유는 무엇인가?: 독일에서 불평등과 정의에 대한 인식 변화」 등이 있다.

:: 다니엘라 시크 Daniela Schiek

베를린 자유대학에서 사회학을 공부했으며 뒤스부르크-에센 대학에서 박사학위를 받았다. 빌레펠트 대학 사회학과에서 교수자격학위를 취득했다. 함부르크 대학 사회학 교수로 재직 중이다. 빈곤, 세대, 정체성 문제 등에 대하여 다양한 질적 연구 활동을 수행하고 있다. 주요 저서로 『전형적 생애 모델의 노동자들: 불안정 노동의 생애적 차원』『질적 온라인 설문조사』(공저) 『빈곤의 세대들』(공저) 등이 있다.

:: 카르슈텐 울리히 Carsten G. Ullrich

함부르크 대학과 베를린 자유대학에서 사회학을 공부했으며 브레멘 대학에서 박사학위를 받았다. 만하임 대학을 거쳐 뒤스부르크-에센 대학의 질적 사회 연구 방법론 교수로 재직 중이다. 질적 연구 방법론을 토대로 빈곤, 의료, 지식, 사회 정책 등에 대하여 다양한 연구 활동을 펼치고 있다. 주요 저서로 『복지국가의 사회학』 『질적 온라인 설문조사』(공저) 『빈곤의 세대들』(공저) 등이 있다.

:: 미리암 샤트 Miriam Schad

마르부르크 대학에서 경제학과 사회학을 공부했으며 도르트문트 공과대학 사회학과에서 박사학위를 받았다. 에센문화연구소를 거쳐 도르트문트 공과대학 사회학 교수로 재직 중이다. 사회적 불평등에 초점을 맞추고 환경사회학 및 가족사회학을 중점적으로 연구하고 있다. 주요 저서로 『사치와 포기에 대하여: 불안정한 생활 상황에서의 환경 친화적인 일상 행동』 「세대에서 세대로: 중산층의 가족 및 직업적 사고방식의 맥락에서 본 지위 유지 전략」(공저) 등이 있다.

:: 니콜레 부르찬 Nicole Burzan

보훔 루르 대학에서 사회과학을 공부했으며 하겐 대학 사회학과에서 박사학위를 받았다. 하겐 대학과 도르트문트 대학을 거쳐 도르트문트 공과대학 사회학과 교수로 재직 중이다. 독일사회학회 회장을 역임했다. 사회적 불평등의 사회학, 사회학 이론, 경험적 사회 연구 방법론, 시간사회학 및 문화사회학 등에 대하여 광범위한 연구를 펼쳐 왔다. 주요 저서로 『노인의 일상 생활에서 시간의 조직화』 『문화연구의 양적 방법론』 『사회적 불평등: 주요 이론 소개』 『사회학 사전』(공저) 등이 있다.

:: 지그하르트 네켈 Sighard Neckel

빌레펠트 대학과 베를린 자유대학에서 사회학, 철학, 법학을 공부했으며 베를린 자유대학에서 박사학위를 받았다. 지겐 대학, 빈 대학, 프랑크푸르트 대학을 거쳐 함부르크 대학 사회학과 교수로 재직 중이다. 프랑크푸르트 사회연구소의 이사를 역임했으며 듀크 대학, 취리히 대학 등에서 방문 교수로 활동했다. 독일을 대표하는 현대 사회학자 중 한 명으로, 사회적 불평등의 상징적 재생산, 금융사회학, 현대 자본주의 사회 분석 등에 중점을 두고 다양한 연구 활동을 이어 왔다. 주요 저서로 『지위와 수치심: 사회적 불평등의 상징적 재생산에 대하여』 『성과와 소진: 경쟁 사회에서의 번아웃』(공저) 『글로벌 금융 계급』(공저) 등이 있다.

:: 슈테판 포스빙켈 Stephan Voswinkel

마르부르크 대학과 괴팅겐 대학에서 사회과학을 공부하고 괴팅겐 대학에서 사회과학 박사학위를, 뒤스부르크-에센 대학에서 사회학 교수자격을 취득했다. 2001년부터 프랑크푸르트 사회연구소 연구원으로 활동 중이다. 노동사회학, 경제사회학, 인정의 사회학에 중점을 두고 현대 사회에서 노동의 규범에 관한 폭넓은 연구를 전개하고 있다. 주요 저서로 『인정과 평판』 『어떤 고객지향인가?: 서비스 노동에서의 인정』(공저) 『비정상적 정상성?』(공저) 등이 있다.

:: 주디스 버틀러 Judith Butler

미국의 철학자, 젠더 및 퀴어 이론가, 후기구조주의 페미니즘 학자. 현재 버클리 소재 캘리포니아 대학에서 비교문학 및 비평이론 프로그램 교수로 재직 중이다. 1990년 젠더 수행성 이론을 발전시킨 『젠더 트러블』을 발표하며 페미니즘 담론 안팎을 뒤흔들었고 여성주의, 퀴어 연구에 큰 영향을 미쳤다. 최근에는 정치철학, 윤리학, 그리고 퀴어 이론의 성과들을 바탕으로 인간으로서의 삶의 가능성과 공동체의 윤리적 관계성을 모색하고 있다. 오늘날 가장 영향력 있는 철학자로 평가받으며 젠더 및 성소수자 권리운동, 이스라엘-팔레스타인 분쟁, 신자유주의 저항운동 등 다양한 분야에서 목소리를 내고 있다. 국내에 소개된 저서로 『권력의 정신적 삶』 『위태로운 삶』 『혐오 발언』 『젠더 허물기』 등이 있다.

:: 김광식

서울대 철학과를 졸업하고 독일 베를린 공과대학 과학·기술·철학과에서 인지문화철학 전공으로 박사학위를 받았다. 서울대 철학사상연구소 연구원을 거쳐 서울대 기초교육원에서 교양교육을 담당하고 있다. 저서로 『행동지식』 『김광석과 철학하기』 『다시 민주주의다』(공저) 『세상의 붕괴에 대처하는 우리들의 자세』(공저) 『근대 사회정치철학의 테제들』(공저) 등이 있고, 논문으로 「인지문화철학으로 되짚어 본 언어폭력」 「인지문화철학으로 되짚어 본 동성애혐오」 등이 있다.

:: 김보명

여성학을 공부했으며 미국 애리조나 주립대 여성학과에서 미국 제2물결 페미니즘의 역사적 시간성과 인종 정치학의 관계에 대한 논문으로 박사학위를 받았다. 현재 부산대 사회학과에서 일하고 있다. 공저서로 『교차성×페미니즘』 『한국 세계시민교육이 나아갈 길을 묻다』가 있다.

:: 김수아

서울대 언론정보학과를 졸업하고 동대학원에서 언론정보학 석사 및 박사학위를 받았다. 현재 서울대 언론정보학과/여성학협동과정에서 가르치고 있다. 미디어와 젠더를 전공하였으며, 주요 저서로 『다시 보는 미디어와 젠더』(공저) 『핵심 이슈로 보는 미디어와 젠더』(공저) 『모두를 위한 성평등 공부』(공저) 등이 있다.

:: 김원식

연세대 철학과를 졸업하고 동대학원에서 하버마스 연구로 박사학위를 받았다. 국가안보전략연구원 연구위원으로 재직 중이다. 저서로 『배제, 무시, 물화』 『하버마스 읽기』가 있으며, 『프랑크푸르트학파의 테제들』 『포스트모던의 테제들』 『현대 정치철학의 테제들』 『현대 페미니즘의 테제들』 등을 공저했다. 역서로 『이성의 힘』 『지구화 시대의 정의』 『분배냐, 인정이냐?』(공역) 등이 있다.

:: 김주호

고려대에서 사회학, 정치외교학 학사를 마쳤다. 독일 마르부르크 대학 사회학과를 졸업한 후 프랑크푸르트 대학 사회학과에서 지그하르트 네켈 교수의 지도로 박사학위를 받았다. 경상국립대 사회학과에서 조교수로 재직 중이다. 역서로 『기업가적 자아』가 있으며, 논문으로 「자본주의 비판과 민주주의 요구의 결합」 「현 시대의 자율성을 바라보는 두 시선」 「포퓰리즘과 민주주의」 등이 있다.

:: 문성훈

연세대 철학과를 졸업하고 서울대 대학원을 거쳐 독일 프랑크푸르트 대학 철학과에서 악셀 호네트 교수의 지도로 박사학위를 받았다. 서울여대 교양대학 현대철학 담당 교수로 재직 중이며 『베스텐트』 한국판 책임편집자를 맡고 있다. 저서로 『미셸 푸코의 비판적 존재론』 『인정의 시대』, 공저서로 『프랑크푸르트학파의 테제들』 『포스트모던의 테제들』 『현대 정치철학의 테제들』 『현대 페미니즘의 테제들』 『근대 사회정치철학의 테제들』 등이 있으며, 역서로 『정의의 타자』 『인정투쟁』 『분배냐, 인정이냐?』(이상 공역) 『사회주의 재발명』 등이 있다.

:: 이예슬

서울대 여성학협동과정에서 석사학위를 받았으며, 석사학위논문 제목은 『페미니즘 실천으로서의 성평등 교육: 초등 교사들의 경험과 협상』이다.

:: 이현재

독일 프랑크푸르트 대학에서 인정 이론과 페미니즘을 접목시킨 논문으로 철학 박사학위를 받았다. 서울시립대 도시인문학연구소 교수로 재직 중이다. 최근에는 몸, 섹슈얼리티, 젠더 등을 신물질론의 관점에서 재구성하는 일에 관심을 기울이고 있다. 저서로 『여성의 정체성』 『현대 페미니즘의 테제들』(공저) 『공간에 대한 철학적 이해』(공저) 『여성혐오, 그 후』 『악셀 호네트』 『디지털 포스트휴먼의 조건』(공저) 등이 있으며, 공역서로 『인정투쟁』 『그따위 자본주의는 벌써 끝났다』 『불평등과 모욕을 넘어』 『포스트메트로폴리스 2』 등이 있다.

:: 정대성

연세대 철학과를 졸업하고 독일 보훔 대학에서 독일 관념론과 사회정치철학 전공으로 박사학위를 받았다. 연세대 근대한국학연구소 HK교수로 재직 중이다. 공저서로 『이성의 다양한 목소리』 등이 있으며, 역서로 찰스 테일러의 『헤겔』과 클라우스 피베크의 『자유란 무엇인가: 헤겔 법철학과 현대』를 비롯하여 『청년 헤겔의 신학론집』 『비판, 규범, 유토피아』 『언어, 의미 그리고 철학』 등이 있다.

:: 정대훈

서울대 철학과를 졸업하고 동대학원에서 데카르트 연구로 석사학위를 받았다. 독일 프랑크푸르트 대학에서 크리스토프 멘케 교수의 지도 아래 「주체성과 예술: 헤겔과 니체에 따른 근대의 구성」으로 박사학위를 받았다. 한국산업기술대 지식융합학부에서 교육전담교원으로 재직 중이다. 저서로 『근대 사회정치철학의 테제들』(공저), 역서로 『데카르트』 『뉴레프트리뷰 3』(공역) 등이 있으며, 논문으로 「칸트의 존경 이론에서 주관적 전회와 존경의 절취」 「헤겔의 역사철학적 비극관」 「정신의 도야」 「선택의지의 자유란 어떻게 이해되어야 하는가」 「'지식의 의지' 개념 분석을 중심으로 한 푸코와 니체의 사상적 관계에 대한 고찰」 등이 있다.

:: 조현준

경희대 영문학과를 졸업하고 동대학원에서 박사학위를 받았다. 현재 경희대 후마니타스 칼리지에서 인문중핵교과 담당 교수로 재직 중이며, 한국비평이론학회에서 학술이사로 활동 중이다. 저서로 『젠더는 패러디다』 『주디스 버틀러, 젠더 트러블』 『쉽게 읽는 젠더 이야기』 『영화로 읽는 페미니즘 역사』가 있다. 역서로 『젠더 트러블』 『젠더 허물기』 『써커스의 밤』 『젠더 정체성은 변화하는가』가 있다.

:: 추지현

서울대 사회학과에서 박사학위를 받았다. 현재 서울대 사회학과 교수로 재직 중이다. 공저서로 『절멸과 갱생 사이』 『마스크가 말해주는 것들』 『미투가 있다/잇다』 『누가 여성을 죽이는가』, 공역서로 『범죄학과 사회이론』이 있다.

:: 홍찬숙

서울대 영어영문학과를 졸업하고 이화여대 대학원 여성학과를 거쳐 독일 뮌헨 대학 사회학과에서 울리히 벡 교수의 지도로 박사학위를 받았다. 현재 서울대 여성학협동과정 시간강사이며 서울대 여성연구소 객원연구원이다. 저서로 『울리히 벡』 『울리히 벡 읽기』 『개인화: 해방과 위험의 양면성』 『한국의 압축적 개인화와 문화변동: 세대 및 젠더 갈등의 사회적 맥락』(근간), 공저서로 『문화사회학의 이해』 『정보혁명』 『세월호가 묻고 사회과학이 답하다』 등이 있으며, 역서로 『세계화 시대의 권력과 대항권력』 『장거리 사랑』(공역) 『자기만의 신』 등이 있다.

능력주의와 페미니즘

베스텐트 한국판 8호

1판 1쇄 발행 2021년 9월 10일
1판 2쇄 발행 2022년 2월 20일

편저자 연구모임 사회 비판과 대안
지은이 주디스 버틀러 외
옮긴이 김광식 외
펴낸이 안희곤
펴낸곳 사월의책

편집 박동수
디자인 김현진

등록번호 2009년 8월 20일 제396-2009-126호
주소 경기도 고양시 일산서구 중앙로 1388 동관 B113호
전화 031)912-9491 | **팩스** 031)913-9491
이메일 aprilbooks@aprilbooks.net
홈페이지 www.aprilbooks.net
블로그 blog.naver.com/aprilbooks

ISBN 978-89-97186-83-9 94100
ISBN 978-89-97186-10-5 (세트)

* 책값은 뒤표지에 있습니다.